AF250173

LES LOIS

DE

PROPRIÉTÉ IMMOBILIÈRE

EN ALGÉRIE

PAR

M. Eug. ROBE

cour impériale d'Alger, ancien bâtonnier de l'Ordre

ALGER

IMP. DE L'AKHBAR, JULES-BREUCO ....

1864

LES LOIS

DE LA

PROPRIÉTÉ IMMOBILIÈRE

EN ALGÉRIE

LES LOIS

DE

LA PROPRIÉTÉ IMMOBILIÈRE

EN ALGÉRIE

PAR

M. Eug. ROBE

Avocat à la Cour impériale d'Alger, ancien bâtonnier de l'Ordre

ALGER

IMPRIMERIE DE L'AKHBAR, JULES BREUCQ, GÉRANT

1861

PRÉFACE

C'est en 1788 que le capitain Philipp prit possession de l'Australie, aujourd'hui la plus belle et la plus florissante des colonies anglaises. Le premier acte de la conquête fut d'évincer les indigènes de tout le sol qui fut déclaré constituer une dépendance du domaine de la couronne Britannique.

Pendant trente-quatre années, le gouvernement anglais s'occupa peu ou point des terres, et la colonie, pendant ce temps, ne fut qu'un dépôt de *convicts*, une contrée improductive. Ce n'est qu'en 1822 qu'elle commença à se révéler. Un nouveau gouverneur, sir Thomas Brisbane, homme d'énergie et de caractère, venait d'être nommé ; par son initiative, la question agraire fut posée et discutée. On sut bientôt en Europe ce qu'était ce pays lointain, et quelles ressources il offrait au travail et au capital. Des compagnies de colonisation se formèrent ; des concessions furent faites aux marins, aux soldats libérés et à tous ceux qui justifiaient du capital nécessaire pour subvenir aux frais de premier établissement (ce capital était de 12,500 fr.) : en quelques années, la colonisation prit un essor immense. De nombreuses voies de communications furent créées, des rivières furent canalisées, et le régime municipal fondé et développé au fur et à mesure que la colonisation progressait. Les habitants des villes, commerçants, industriels, médecins et avocats, quittaient tout pour la campagne. C'était aux champs qu'était la fortune : *in agris fortuna, non urbe.*

Les concessions furent d'abord essentiellement temporaires, révocables à la volonté du gouvernement. C'est en 1831 que l'administration se décida à vendre, en toute propriété et aux enchères publiques, une partie des terres que les *squatters* (éleveurs de bestiaux) laissaient libres ou que l'on séparait de leur *run* (station, domaine dont on jouit à titre précaire). Les terres vendues étaient toujours cadastrées au préalable. Ces aliénations, d'abord fort restreintes, furent ensuite protégées et multipliées par un acte du parlement de la métropole de 1846 et définitivement réglementées et généralisées en 1861, époque où la question agraire reçut une solution définitive.

Ce qu'il y a de remarquable dans cette période de constitution du droit de propriété privée, c'est que souvent le colon est obligé de défendre lui-même son bien contre les déprédations ou la résistance des tribus.

Telle est l'histoire résumée de la question des terres en Australie, histoire remplie d'incidents, de luttes et absorbant toute l'activité de la colonie.

L'Algérie, qui ressemble tant à l'Australie par sa configuration, son climat et ses productions terriennes, a eu aussi sa question agraire (1). Mais si

(1) Les mines de fer, de plomb, de mercure et autres métaux que possède l'Algérie compensent avantageusement, au point de vue de la richesse industrielle et durable, les mines d'or de l'Australie. Au surplus, il serait facile de démontrer que les gîtes aurifères de la colonie anglaise ne sont entrés que pour une faible part dans les éléments de sa prospérité.

l'Angleterre a déclaré tout le sol australien propriété de l'Etat, la France au contraire a respecté la propriété individuelle. De là des moyens de colonisation différents, des conditions économiques différentes et une législation différente. En Australie, les indigènes étant refoulés, tout le sol a été ou sera vendu à l'immigration; en Algérie, avec l'inviolabilité du droit de propriété et de la possession traditionnelle de l'Arabe, l'État n'a qu'un domaine restreint; l'aliénation de ce domaine a été originairement soumise au régime absolu des concessions; c'est la vente qui est aujourd'hui la règle générale.

La France s'est-elle trompée en appliquant ici un principe contraire à celui inauguré en Australie par l'Angleterre? Il serait oiseux de poser aujourd'hui cette question. Disons seulement que le principe que nous avons fait prévaloir, était recommandé par les idées générales de l'époque, les mœurs et les habitudes des populations indigènes et le but de la conquête.

Le temps des théories est passé; la colonie a sa constitution foncière, il faut la respecter, en tirer tout le bien possible et l'améliorer avec les leçons de l'expérience, de manière à corriger ce qu'elle a de défectueux dans la forme et les garanties que les transactions immobilières et le droit de propriété exigent.

Avec elle, l'immigration européenne trouve encore une large place sur le territoire algérien. Que l'État reconnaisse et détermine ce qui lui appartient et le livre, sans entrave et sans lenteur, à la colonisation ; qu'il use, si besoin est, des moyens variés de l'expropriation que les lois mettent à sa disposition, et que des circonstances particulières peuvent faciliter ; qu'il abandonne à elle-même l'activité individuelle et lui accorde, surtout dans les campagnes, un peu de ces libertés municipales qui, sans danger pour le principe d'autorité, relèveraient la dignité du colon et lui donneraient confiance ; qu'il reporte toutes les ressources de sa puissance sur les grands travaux d'utilité publique ; que, d'un autre côté, le capital individuel, enhardi par les efforts de l'État, devienne un peu moins commercial et un peu plus colonisateur ; qu'il comprenne enfin qu'en Algérie, comme en Australie, l'avenir et la force sont *aux champs*, et ne craigne pas de solliciter l'achat du melk indigène ; le propriétaire arabe ne saurait se soustraire à la fatalité des lois économiques. De la combinaison de ces volontés, sortira infailliblement et promptement, cette mâle verdeur de progrès qui fait l'objet de nos aspirations.

Les lois qui forment cette constitution sont les lois les plus importantes et les plus essentielles de notre code algérien, parce que le sol est le seul capital producteur propre à la colonie. Je voudrais que tout le monde les connût et s'en préoccupât. Cependant il n'en est rien; elles n'appartiennent encore qu'à un petit nombre de privilégiés. A quoi cela tient-il ? Cela tient, sans doute, à plusieurs causes que je ne dois pas rechercher; mais l'une d'elles consiste certainement dans l'absence d'un ouvrage spécial. C'est cette lacune que j'ai voulu combler.

Mon livre n'est pas un livre de doctrine et de jurisprudence; ce n'est pas non plus un exposé de théories économiques et de systèmes de colonisation offerts aux méditations de l'administration : c'est simplement la collection des lois particulières qui régissent le sol de l'Algérie, avec les documents accessoires et officiels qui en déterminent l'esprit et le but, et l'histoire succincte de leurs origines et de leur formation. Je crois que réduit à ces proportions, il présentera quelqu'intérêt pratique et servira à la vulgarisation du droit de propriété tel qu'il a existé et tel qu'il existe dans notre colonie.

Alger, 15 septembre 1864.

EUG. ROBE.

LES LOIS

DE LA

PROPRIÉTÉ IMMOBILIÈRE

EN ALGÉRIE

CHAPITRE I.

Sénatus-Consulte du 22 avril 1863. — Travaux préparatoires. Appréciation générale.

Lorsqu'en 1830, la France jetait les premières assises de sa domination sur l'ancienne Régence d'Alger, elle y trouvait la propriété rurale divisée en trois grandes catégories : la propriété du Beylik, la propriété des corporations et la propriété *melk* ou privative. Ces trois variétés de propriété furent l'objet d'une première législation coloniale qui se résume et se caractérise dans la capitulation du 5 juillet, l'ordonnance du 1er octobre 1844 et la loi du 16 juin 1851. Cette législation, d'abord restreinte à certaines portions du sol algérien, puis généralisée avec le droit absolu pour l'Européen d'acquérir les *melk*, décida que les biens du Beylik et des corporations appartiendraient à l'État et que la propriété privée serait respectée.

Lors de l'élaboration de la loi du 16 juin, on avait eu plus spécialement l'occasion de rencontrer une forme de propriété qui, par sa physionomie toute particulière, excitait les recherches de la curiosité : c'était la propriété *arch*, le territoire possédé collectivement par les tribus. En réalité, cette possession collective était rare, et nous croyons que si on ne s'en était pas rapporté à l'apparence, que si, mettant de côté des idées systématiques qui n'avaient d'autre autorité qu'une certaine notoriété, on eût pénétré plus profondément dans la tribu, on eût vite reconnu que le territoire *arch* n'était pas toujours, ainsi que nous le verrons plus tard, ce que l'on croyait.

Quoi qu'il en soit, on s'est demandé quel était le caractère de cette possession collective ? Était-ce un véritable droit de propriété, ou n'était-ce qu'un droit de simple jouissance révocable à la volonté de l'État, seul maître du fonds ? Le législateur de 1851 ne paraît pas avoir voulu résoudre ce qu'il croyait être une difficulté ; il réserva le sol *arch*, et en prohiba le démembrement au profit de personnes étrangères à la tribu.

Mais la question, une fois posée, continua à occuper l'attention publique et l'administration. Partant de ce fait erroné que la terre *melk* n'existait pas dans les territoires *arch*, et de ce principe que les terres conquises par les musulmans ne pouvaient être l'objet d'aucune appropriation privative, principe dont l'exactitude était contredite par l'histoire et nos observations chez les tribus avoisinant les villes, on fut généralement disposé à refuser le droit de propriété aux tribus. De ce système est né le *cantonnement* qui consistait à diviser les territoires *arch* en deux parts : l'une qui serait attribuée à la tribu en toute propriété, l'autre qui resterait à l'État pour être employée aux besoins de la colonisation européenne.

Ce système eut pour adversaires les personnes qui, connaissant plus complétement la nature de la possession des tribus, voulaient consacrer cette possession avec tous les avantages politiques qui y étaient attachés. Il fut aussi combattu par ceux dont la tendance était de préférer la colonisation par les indigènes à la colonisation par les Européens.

Ces deux systèmes, bien que radicalement différents par le principe d'où ils procédaient, devaient néanmoins atteindre le même but économique. En effet, ce qu'il fallait pour les territoires *arch* et le bien général de la colonie, c'était la détermination et la fixation du droit des tribus, l'appropriation, la reconnaissance et la délimitation de la terre arabe. Avec cela, on appliquait au sol *arch*, mais dans des conditions plus larges, l'opération prescrite par l'ordonnance du 24 juillet 1846 pour les territoires de colonisation, on achevait de constituer la propriété algérienne, et on arrivait à la liberté complète des transactions immobilières, à la mise en culture de tout le sol, à la vraie production coloniale et à la consolidation définitive de notre conquête.

Il y avait un autre point par lequel les deux combinaisons se touchaient : c'est que, pour toutes les deux il n'y avait de litigieux que la possession collective; c'est que toutes les deux respectaient la propriété privative, la terre *melk* : circonstance capitale, essentielle, et qui a fait que nous, personnellement, avons toujours été peu inquiet sur le choix qui serait fait.

La controverse avait pris de telles proportions qu'il en était résulté une certaine agitation dans la colonie. Cela ne devait pas surprendre. L'Algérie est une colonie essentiellement agricole ; sa production, c'est-à-dire sa richesse, ne peut être qu'une richesse particulièrement terrienne ; aussi sa grande affaire a-t-elle toujours été et sera-t-elle toujours, en réalité, la question des terres, comme ses lois agraires ont toujours constitué et constitueront toujours sa législation principale. La difficulté n'était peut-être, au fond, qu'une question de droit, mais elle était telle qu'une loi était nécessaire pour la résoudre.

C'est Sa Majesté l'Empereur qui prit l'initiative de la solution par la lettre qu'Elle a adressée, à la date du 6 février 1863, à M. le Maréchal duc de Malakoff, Gouverneur général de l'Algérie.

Voici cette lettre :

« Monsieur le Maréchal,

« Le Sénat doit être saisi bientôt de l'examen des bases générales de la Constitution de l'Algérie ; mais, sans attendre sa délibération, je crois de la plus haute importance de mettre un terme aux inquiétudes excitées par tant de discussions sur la propriété arabe. La bonne foi comme notre intérêt bien compris nous en font un devoir.

« Lorsque la Restauration fit la conquête d'Alger, elle promit aux Arabes de respecter leur religion et leurs propriétés. Cet engagement solennel existe toujours pour nous, et je tiens à honneur d'exécuter, comme je l'ai fait pour Abd-el-Kader, ce qu'il y avait de grand et de noble dans la promesse des gouvernements qui m'ont précédé.

« D'un autre côté, quand même la justice ne le commanderait pas, il me semble indispensable, pour le repos et la prospérité de l'Algérie, de consolider la propriété entre les mains de ceux qui la détiennent. Comment en effet compter sur la pacification d'un pays lorsque la presque totalité de la population est sans cesse inquiétée sur ce qu'elle possède ?

« Comment développer sa prospérité lorsque la plus grande partie de son territoire est frappée de discrédit par l'impossibilité de vendre et d'emprunter ? Comment enfin augmenter les revenus de l'État lorsqu'on diminue sans cesse la valeur du fonds arabe qui seul paie l'impôt ?

« Établissons les faits : On compte en Algérie trois millions d'Arabes et deux cent mille Européens dont cent vingt mille Français. Sur une superficie d'environ 14 millions d'hectares dont se compose le Tell, 2 millions sont cultivés par les indigènes. Le domaine exploitable de l'État est de 2 millions 690 hectares, dont 890 mille de terres propres à la culture, et 1 million 800 mille de forêts ; enfin, 420 mille hectares ont été livrés à la colonisation européenne ; le reste consiste en marais, lacs, rivières, terres de parcours et landes.

« Sur les 420 mille hectares concédés aux colons, une grande partie a été soit revendue, soit louée aux Arabes par les concessionnaires, et le reste est loin d'être mis en rapport. Quoique ces chiffres ne soient qu'approximatifs, il faut reconnaître que, malgré la louable énergie des colons et les progrès accomplis, le travail des Européens s'exerce encore sur une faible étendue, et que ce n'est certes pas le terrain qui manquera de longtemps à leur activité.

« En présence de ces résultats, on ne peut admettre qu'il y ait utilité à cantonner les indigènes, c'est-à-dire à prendre une certaine portion de leurs terres pour accroître la part de la colonisation.

« Aussi, est-ce d'un consentement unanime que le projet de cantonnement soumis au conseil d'État a été retiré. Aujourd'hui il faut faire davantage : convaincre les Arabes que nous ne sommes pas venus en Algérie pour les opprimer et les spolier, mais pour leur apporter les bienfaits de la civilisation. Or, la première condition d'une société civilisée, c'est le respect du droit de chacun.

« Le droit, m'objectera-t-on, n'est pas du côté des Arabes ; le sultan était autrefois propriétaire de tout le territoire, et la conquête nous l'aurait transmis au même titre ! Eh quoi ! l'État s'armerait des principes surannés du mahométisme pour dépouiller les anciens possesseurs du sol, et, sur une terre devenue française, il invoquerait les droits despotiques du Grand-Turc ! Pareille prétention est exorbitante, et voulût-on s'en prévaloir, il faudrait refouler toute la population arabe dans le désert et lui infliger le sort des Indiens de l'Amérique du Nord, chose impossible et inhumaine.

« Cherchons donc par tous les moyens à nous concilier cette race intelligente, fière, guerrière et agricole. La loi de 1851 avait consacré les droits de propriété et de jouissance, existant au temps de la conquête ; mais la jouissance, mal définie, était demeurée incertaine. Le moment est venu de sortir de cette situation précaire. Le territoire des tribus une fois reconnu, on le divisera par douars, ce qui permettra plus tard à l'initiative prudente de l'administration d'arriver à la propriété individuelle. Maîtres incommutables de leur sol, les indigènes pourront en disposer à leur gré, et de la multiplicité des transactions naîtront entre eux et les colons des rapports journaliers plus efficaces, pour les amener à notre civilisation, que toutes les mesures coërcitives.

« La terre d'Afrique est assez vaste ; les ressources à y développer sont assez nombreuses pour que chacun puisse y trouver place et donner un libre essor à son activité, suivant sa nature, ses mœurs et ses besoins.

« Aux indigènes, l'élevage des chevaux et du bétail, les cultures naturelles du sol.

« A l'activité et à l'intelligence européennes, l'exploitation des forêts et des mines, les desséchements, les irrigations, l'introduction des cultures perfectionnées, l'importation de ces industries qui précèdent ou accompagnent toujours les progrès de l'agriculture.

« Au gouvernement local, le soin dès intérêts généraux, le développement du bien-être moral par l'éducation, du bien-être matériel par les travaux publics. A lui le devoir de supprimer les réglementations inutiles et de laisser aux transactions la plus entière liberté. En outre, il favorisera les grandes associations de capitaux européens, en évitant désormais de se faire entrepreneur d'émigration et de colonisation, comme de soutenir péniblement des individus sans ressources, attirés par des concessions gratuites.

« Voilà, Monsieur le Maréchal, la voie à suivre résolument, car, je le répète, l'Algérie n'est pas une colonie proprement dite, mais un royaume arabe. Les indigènes ont comme les colons un droit égal à ma protection, et je suis aussi bien l'empereur des Arabes que l'empereur des Français.

« Ces idées sont les vôtres, elles sont aussi celles du ministre de la guerre et de tous ceux qui, après avoir combattu dans ce pays, allient à une pleine confiance dans son avenir une vive sympathie pour les Arabes. J'ai chargé le maréchal Randon de préparer un projet de sénatus-consulte dont l'article principal sera de *rendre les tribus ou fractions de tribu, propriétaires incommutables des territoires qu'elles occupent à demeure fixe et dont elles ont la jouissance traditionnelle, à quelque titre que ce soit.*

« Cette mesure, qui n'aura aucun effet rétroactif, n'empêchera aucun des travaux d'intérêt général, puisqu'elle n'infirmera en rien l'application de la loi sur l'expropriation pour cause d'utilité publique ; je vous prie donc de m'envoyer tous les documents statistiques qui peuvent éclairer la discussion du Sénat.

« Sur ce, Monsieur le Maréchal, je prie Dieu qu'il vous ait en sa sainte garde.

« NAPOLÉON. »

Cette lettre était un programme économique et politique tout à la fois. Elle abordait carrément la question et la résolvait sans hésitation et sans réticences. *Pas de cantonnement. La possession collective des tribus constituera un droit de propriété ; c'est notre intérêt et notre devoir d'en agir ainsi.* Tel est le résumé de la pensée du Souverain.

L'opinion publique toujours prompte à s'alarmer et qui, au surplus, avait toujours été favorable au cantonnement, fut vivement émue. Quelques passages mal compris de la lettre impériale firent craindre des dangers chimériques. La presse algérienne fut à peu près unanime pour réclamer en faveur de la colonisation européenne, et elle le fit avec vivacité et conviction. Ce fut, d'un autre côté, un orage de brochures et d'opuscules. La presse de la métropole qui, jusqu'alors, s'était peu ou point occupée de la colonie, s'empara aussi de l'évènement. Tous les journaux de Paris le commentèrent, les uns pour le louer, les autres pour réclamer. L'Algérie choisit des délégués pour plaider sa cause près de l'Empereur et du Sénat. Ces délégués, pris dans les rangs les plus honorables et les plus éclairés de la population européenne, partirent pour Paris et publièrent leur programme. Ce programme respectait le principe du manifeste de l'Empereur, mais il demandait qu'une certaine portion du territoire des tribus fût réservée à l'immigration européenne.

A l'intérêt que tout le monde portait au débat, on voyait qu'il s'agissait bien pour l'Algérie d'un de ces grands faits qui déterminent le cours de la vie d'un pays.

Le conseil d'État qui avait été chargé d'élaborer le projet de sénatus-consulte annoncé par la lettre impériale, eut bientôt terminé son travail. Son rapporteur, M. le général Allard, commissaire du gouvernement, le déposa au Sénat dans le courant du mois de mars. Voici l'exposé des motifs :

« Messieurs les Sénateurs,

« Lorsque la France, après une glorieuse expédition, plantait à toujours son drapeau sur le sol de l'Algérie et prenait possession du territoire qu'elle venait de conquérir, elle s'engageait, vis-à-vis des populations arabes, à respecter leur religion et leurs propriétés.

« Cet engagement solennel se trouve dans toutes les capitulations que les Arabes ont acceptées à diverses époques, dans un grand nombre d'actes des gouvernements qui se sont succédés depuis 1830 et enfin il vient d'être noblement renouvelé dans une lettre adressée, le 6 février dernier, par l'Empereur, à S. Exc. le Maréchal duc de Malakoff, gouverneur de l'Algérie.

« Sa Majesté déclare « qu'elle tient à honneur d'exécu-
« ter, comme elle l'a fait pour Abd-el-Kader, ce qu'il y
« avait de grand et de noble dans les promesses des
« gouvernements qui l'avaient précédée.

« Il faut convaincre les Arabes, ajoute l'Empereur, que
« nous ne sommes pas venus en Algérie pour les oppri-
« mer et les spolier, mais pour leur apporter les bienfaits
« de la civilisation. Or, la première condition d'une so-
« ciété civilisée, c'est le respect du droit de chacun. »

« Le principe qui vient d'être affirmé de nouveau d'une manière si éclatante, ayant été proclamé lors de l'entrée de l'armée française à Alger, l'administration française ne dut élever alors d'autre prétention sur les territoires conquis que celle de se mettre en possession du domaine de l'État algérien, tel qu'il se trouvait constitué entre les mains des Turcs. C'était là son droit légitime et incontestable.

« Mais quels étaient le caractère, la nature, l'étendue et la situation de ce domaine ?

« C'est en cherchant à faire cette détermination, qu'on rencontra, dans l'exécution, des difficultés, des incertitudes et des prétentions qui ont pu troubler plus d'une fois les indigènes et créer à l'administration française de grands embarras.

« A la chute d'Alger, les Turcs disparureut, ne laissant après eux ni agents, ni registres, ni plans, ni archives, ni aucun document authentique qui permît de reconnaître, à des signes certains, le véritable domaine de l'État. On procéda à cette recherche avec la ferme intention de respecter la propriété indigène ; mais, dans la situation qui lui était faite, l'administration fut exposée à s'égarer de très bonne foi dans la revendication de certains territoires considérés comme faisant partie du domaine de l'État.

« Pour apprécier sainement toutes les difficultés qui se présentèrent, il importe de bien connaître la nature de la propriété arabe, telle qu'elle se trouvait constituée à l'époque de la conquête.

« Cette propriété peut être divisée en trois catégories :

« 1° Les territoires connus sous la dénomination de Blad-el-Maghzen.

« Ils sont occupés par des tribus qui ont reçu des Turcs conquérants la pleine jouissance du sol, sous la condition de fournir un service militaire ou certaines corvées.

« Si l'obligation attachée à la terre n'était pas remplie, la jouissance tombait en deshérence et la terre faisait retour au Beylik. Mais cette circonstance ne se présentait presque jamais, car l'indigène se montrait toujours jaloux de s'acquitter de ses devoirs de Maghzen, dans l'accomplissement desquels il trouvait un honneur et une source de revenus.

« Cette obligation ayant disparu, de fait, avec les Turcs, on se crut en devoir de disposer des terres comme si le contrat n'était pas exécuté de la part des détenteurs, et de considérer le sol comme faisant partie du domaine du Beylik.

« 2° Les territoires dénommés Blad-el-Arch dans les provinces d'Alger et de Constantine, et Sabéga dans la province d'Oran.

« Les tribus qui les occupent semblaient n'avoir sur le sol que les droits de jouissance, et, en l'absence des titres contraires, l'administration française crut pouvoir conclure que la nu-propriété du sol de ces territoires appartenait à l'État, se fondant subsidiairement sur l'opinion de certains jurisconsultes dont le nom faisait autorité, et qui soutenaient, conformément aux principes du Coran, que, dans les pays conquis par les musulmans, le sol appartient tout entier au souverain, et que les individus n'ont que des droits de jouissance.

« L'administration crut donc qu'elle pouvait entrer légitimement en transaction avec les tribus pour détacher une partie de leur territoire au profit de l'Etat, et la rendre disponible pour les besoins de la colonisation.

« Ces théories sur l'état de la propriété en pays *arcy*,

s'appliquaient à plus de la moitié du sol algérien. Elles ne s'appliquaient pas à la terre *melk* ;

« 3° Terres *melk*.

« On désigne sous ce nom celles sur lesquelles les indigènes exercent de véritables droits de propriété et qu'ils peuvent vendre, donner ou transmettre par héritage. De grandes difficultés surgissent à propos de cette nature de terres, pour la vérification des titres de propriété.

« Une ordonnance du 21 juillet 1846 chercha à apporter quelque régularité dans cette vérification ; mais elle ne fournit qu'un remède insuffisant, et on arriva enfin à reconnaître que la loi seule pouvait, avec autorité, régler une situation pleine d'incertitudes et de dangers.

« C'est alors qu'intervint la loi du 16 juin 1851 sur la constitution de la propriété en Algérie. Deux de ses dispositions étaient ainsi conçues :

« Art. 10. — La propriété est inviolable, sans distinc-
« tion entre les possesseurs indigènes et les possesseurs
« français ou autres.

« Art. 11. — Sont reconnus tels qu'ils existaient au
« moment de la conquête ou tels qu'ils ont été maintenus,
« réglés ou constitués postérieurement par le gouverne-
« ment français, les droits de propriété et les droits de
« jouissance appartenant aux particuliers, aux tribus et
« aux fractions de tribus. »

« Les hommes les plus compétents avaient été appelés à concourir à la préparation de cette loi, et pour qu'il ne pût exister aucun doute sur les intentions du gouvernement, l'exposé des motifs présenté par M. le général

Randon, déjà ministre de la guerre, contenait ce passage
significatif :

« Il importe, en premier lieu, de ne pas tarder davan-
« tage à déterminer le caractère et la nature de la pro-
« priété indigène, trop négligée jusqu'ici par la législation,
« et à en proclamer hautement l'inviolabilité. Cette décla-
« ration sera le plus sûr moyen de fonder, sur la con-
« fiance dans notre justice, la foi dans la perpétuité de
« notre domination. »

« Malgré des déclarations si loyales et d'aussi équitables
intentions, la loi de 1851, se bornant à reconnaître les
droits de propriété et de jouissance tels qu'ils existaient
au moment de la conquête, les doutes ne cessèrent pas :
les termes de l'article 11 de cette loi furent eux-mêmes
l'objet de commentaires et d'interprétations, notamment
en ce qui était relatif aux droits de jouissance, devant la
définition desquels le législateur avait reculé ; et quelques années plus tard, on arrivrait à l'opération connue
sous le nom de *cantonnement.*

« On sait en quoi consiste cette opération. Elle repose
sur cette base, que les terrains immenses qu'occupent les
tribus sont disproportionnés avec leurs besoins, qu'il est
possible, sans dommage réel pour les populations, de les
restreindre, et qu'en échange du sacrifice qu'elles auraient
à faire, elles deviendront propriétaires incommutables des
territoires qui leur seraient laissés, au lieu de simples usu-
fruitières qu'elles étaient auparavant.

« Par cette sorte de transaction, l'administration française obtenait la libre disposition des terres qu'elle con-

cédait ou vendait ensuite, afin de satisfaire aux exigences expansives de la colonisation.

« Un projet de décret relatif au cantonnement des indigènes était soumis, il y a quelques mois, à l'examen du conseil d'Etat. Le principe de la mesure rencontra de graves objections et le gouvernement en ordonna le retrait.

« Qu'a produit jusqu'à présent cette opération ?

« Dans les six dernières années, les commissions de cantonnement qui ont fonctionné dans les trois provinces ont abouti à cantonner 16 tribus, présentant ensemble une population de 56,489 âmes et occupant des territoires d'une étendue totale de 343,387 hectares.

« Ces territoires ont été réduits à 282,024 hectares, ce qui laissait, en moyenne, 5 hectares par individu, ou 25 hectares par famille, et l'administration française s'est réservé 61,633 hectares, soit un cinquième à un sixième des territoires civils.

« Il s'est produit à la suite de ces opérations un fait significatif qui mérite d'être signalé. Lorsque les terres obtenues par le cantonnement furent aliénées par l'Etat, des Arabes les rachetèrent aux Européens ou se présentèrent en concurrence avec eux aux enchères pour rentrer en possession du sol qui venait d'être détaché du territoire de leur tribu; d'autres, n'ayant pas les moyens de se porter acquéreurs, sollicitèrent des Européens la faveur d'être maintenus sur les terrains à titre de fermiers.

« Ces faits devaient appeler de plus en plus l'attention du gouvernement sur le caractère et les conséquences des opérations dites de cantonnement. Ils prouvaient, en outre, combien sont grands chez les Arabes le sentiment de la propriété, et ce besoin de la terre que quelques personnes sont portées à leur contester.

« Est-il bien vrai, d'ailleurs, que la terre manque en Algérie à la colonisation ? Sur deux cent mille Européens qui s'y trouvent, un quart à peine se livre à la culture du sol.

« Le nombre des immigrants s'augmente d'une manière très lente ; il ne s'est pas élevé, dans ces dernières années, au-dessus de trois à quatre mille.

« Vingt-deux mille concessions de terres, comprenant 4 à 500,000 hectares environ, ont été faites depuis l'origine de la conquête, et il résulte de documents officiels que, dans le septième à peine de ces concessions, des cultures sérieuses ont été entreprises et les cahiers des charges exécutés.

« Ces résultats ne sont pas de nature à justifier l'utilité même du cantonnement, au point de vue des besoins réels.

« Sous d'autres rapports, l'opération a eu pour conséquence inévitable d'inquiéter les tribus, de frapper de discrédit la propriété arabe, et d'apporter dans le produit des impôts arabes une diminution réelle.

« Le temps était donc venu d'abandonner ce système et d'entrer dans une voie nouvelle qui pût nous conduire à l'apaisement des passions, au développement de l'agriculture, et amener ainsi, dans un temps rapproché, la diminution des sacrifices que la possession de l'Algérie impose depuis si longtemps à la France.

« Je crois de la plus haute importance... », dit l'Em-

pereur dans la lettre que nous avons déjà citée, « de
« mettre un terme aux inquiétudes excitées par tant de
« discussions sur la propriété arabe ; la bonne foi comme
« notre intérêt bien compris nous en font un devoir...

« Il me semble indispensable, pour le repos et la pros-
« périté de l'Algérie, de consolider la propriété entre les
« mains de ceux qui la détiennent. Comment, en effet,
« compter sur la pacification d'un pays, lorsque la pres-
« que totalité de la population est sans cesse inquiétée
« sur ce qu'elle possède ? Comment développer sa pros-
« périté, lorsque la plus grande partie de son territoire
« est frappée de discrédit par l'impossibilité de vendre
« ou d'emprunter? Comment enfin augmenter les revenus
« de l'Etat, lorsqu'on diminue sans cesse la valeur du
« fonds arabe, qui seul paye l'impôt ? »

« Telle a été la grande et généreuse pensée de la lettre
du 6 février dernier, et tel est aussi, Messieurs les Sénateurs, l'esprit du sénatus-consulte que nous avons l'honneur de soumettre à vos délibérations.

« L'article 1er de ce projet tranche de la manière la plus
nette la question devant laquelle avait reculé le législateur
de 1851, en disant que « les tribus ou fractions de tribus
« sont déclarées propriétaires des territoires dont elles
« ont la jouissance permanente et traditionnelle, à quel-
« que titre que ce soit. »

« Son objet, en reconnaissant la propriété arabe, est de
mettre un terme, dans les tribus et dans les douars, aux
incertitudes qui avaient régné jusqu'ici sur leur véritable
situation et de leur rendre la sécurité qu'ils avaient perdue.

« Pour arriver d'une manière certaine à la reconnaissance de cette propriété, il faudra commencer par la délimiter en réunissant dans un mémoire descriptif tous les renseignements relatifs à son bornage périmétrique.

« La répartition du territoire de la tribu entre les douars ou les fractions de la tribu sera la conséquence de cette première opération, et enfin, le partage définitif du sol entre les membres des douars constituera la propriété individuelle qui est le but final et indispensable de la mesure.

« Ces dernières opérations ne pourront être entreprises d'abord indistinctement et partout. Il est des tribus situées dans nos territoires civils qui confinent aux villages que nous avons fondés, et qui, par le contact avec les populations européennes, ont déjà participé, dans une certaine mesure, à leurs mœurs et à leurs usages.

« Elles ont ressenti plus immédiatement les bienfaits de la protection de nos armes et de la civilisation. C'est évidemment par elles qu'il faudra commencer la constitution de la propriété individuelle.

« La mesure, rayonnant de tous nos points d'occupation, s'étendra ensuite de proche en proche jusqu'aux tribus qui seraient d'abord moins en état de le comprendre immédiatement et auxquelles notre éloignement ne nous permettrait pas de prêter un appui aussi efficace.

« Le gouvernement devra rester seul juge du choix des tribus dans lesquelles la propriété individuelle pourra être ainsi successivement constituée.

« On comprend combien il est nécessaire de maintenir entre ses mains une faculté qui, suivant qu'il en sera fait usage avec prudence ou avec témérité, pourra avoir des conséquences utiles ou dommageables.

« Il sera opportun dans quelque cas de constituer la propriété individuelle ou de famille dans certaines tribus qui y auraient été préparées par des relations d'habitudes et d'intérêts avec les Européens.

« Il pourra convenir, au contraire, de maintenir l'indivision dans d'autres tribus moins en contact avec nous, suite de leur éloignement de nos centres de colonisation ou de commandement : l'indivision est d'ailleurs en général dans les mœurs des indigènes, et nous ne pouvons avoir la prétention de changer ces mœurs par notre seule volonté.

« Il faudra attendre que le temps et l'exemple aient fait comprendre le bienfait de la vie actuelle et déterminé les tribus à le solliciter.

« Enfin, vis-à-vis de certaines tribus qui, bien que soumises, voudraient fermer leur territoire à l'élément européen, le gouvernement devra user de son autorité pour rompre le faisceau de la propriété.

« La prudence ou l'énergie de l'administration la guideront dans la conduite qu'elle devra suivre.

« Le gouvernement ne perdra pas de vue que la tendance de sa politique doit en général être l'amoindrissement de l'influence des chefs, et la désagrégation de la tribu. C'est ainsi qu'il dissipera ce fantôme de féodalité que les adversaires du sénatus-consulte semblent vouloir lui opposer.

« Comment comprendre, d'ailleurs, les dangers d'une féodalité dans un pays où les tribus, vivant d'une manière patriarcale comme les antiques tribus d'Israël ou comme les clans de l'Ecosse, n'ont d'autre lien qu'une religion commune que notre intérêt politique commande de respecter, où la solidarité n'existe pas plus que la nationalité, et où les chefs sont nommés et révoqués par le gouvernement français?

« La constitution de la propriété individuelle, l'immixtion des Européens dans la tribu, favorisée par l'abrogation du paragraphe 2 de l'article 14 de la loi de 1851, art. 7 du sénatus-consulte, qui l'avait interdite jusqu'ici, seront un des plus puissants moyens de désagrégation.

« L'Arabe, devenu propriétaire définitif, protégé dans son droit par les armes françaises, se sentira beaucoup plus indépendant qu'il ne l'est aujourd'hui, plus disposé à cultiver une terre qui lui appartiendra et qui ne pourra plus lui être ravie.

« Ce qui s'est passé à la suite du cantonnement, l'ardeur avec laquelle les Arabes ont cherché à rentrer, par le rachat, dans la possession des terres qui leur avaient été enlevées, prouve combien est développé chez eux le sentiment de la propriété.

« Si, poussé par l'amour de l'argent, l'Arabe veut vendre même à vil prix la propriété qui lui aura été attribuée, qu'importe : cette propriété aura acquis une mobilité qu'elle n'avait pas auparavant, et la colonisation en profitera tôt ou tard.

« La délivrance des titres sera plus puissante encore que toutes les déclarations de principes et achèvera de rétablir partout la confiance.

« Reprocherait-on au projet de sénatus-consulte de ne

pas précipiter assez la constitution de la propriété individuelle, et de constituer, comme moyen intermédiaire, une
propriété collective pleine de périls. Ce serait une erreur !
On ne constitue pas la propriété collective ; on l'accepte
comme un fait créé par le temps et la tradition et on reconnaît ce fait transitoirement.

« D'ailleurs, ne faudrait-il pas nécessairement un temps
assez long pour délimiter les douze cents tribus qui
existent dans le Tell ? Le premier besoin est de les rassurer dès à présent sur leur propriété, et de leur donner
une sécurité qu'elles n'ont pas eue jusqu'ici. Ce premier
bienfait leur sera assuré par la déclaration contenue dans
l'art. 1er du projet.

« Après la déclaration des droits de propriété, il devient
indispensable de les constater et de les définir : ce sera
l'objet de la délimitation et du bornage du périmètre de
chaque tribu. Cette opération serait beaucoup plus facile
qu'on ne semble le croire généralement.

« Le Tell est la région de l'Algérie où il est réellement
urgent de fonder la propriété. C'est une zone qui s'étend
de l'ouest à l'est, depuis le Maroc jusqu'à la Tunisie ;
s'appuie au nord, sur le littoral de la mer et se termine,
dans le sud, à la ligne où commence le Sahara. Cette zone
présente, en moyenne, une profondeur de 120 kilomètres
environ dans les provinces d'Oran et d'Alger, et de 240
kilomètres dans la province de Constantine. Les principaux jalons auxquels on peut rattacher ses limites au sud
sont les points fortifiés de Sebdou, Daïn, Saïda, Tiaret,
Boghar, Bouçada, Biskra et Tebessa, sur lesquels flotte
le drapeau français.

« C'est dans cet espace ainsi circonscrit et nettement déterminé, d'une superficie totale de 14,100,000 hectares, que se trouvent établies d'une manière permanente les douze cents tribus environ qui se partagent le sol.

« Ces tribus du Tell y exploitent la terre, les unes à l'aide de fermes bâties en pierres, en pisé ou en branchages ; les autres en vivant sous la tente, pour conduire de front la culture des céréales et l'élève du bétail, et pour se soustraire à l'insalubrité des plaines pendant la saison des chaleurs.

« Dans ces petits mouvements d'émigration, elles ne sortent jamais du territoire de la tribu, et se meuvent annuellement sur des espaces restreints, d'après une loi uniforme, tellement uniforme, qu'elles n'ont, à proprement parler, que des *campements d'été* et des *campements d'hiver.*

« Les populations kabyles ou arabes se distinguent tout d'abord les unes des autres par des dénominations génériques, correspondant à des groupes qui sont de véritables petits États, appelés *tribus*, ayant chacune à part leur origine, leur histoire, leurs intérêts politiques.

Cette division de la population indigène en tribus a son empreinte sur le sol, où elle est tracée par des limites fixes, telles que cours d'eau, chaînes de montagnes, accidents de terrains, cimetières, puits, sources, arbres séculaires, amas de pierres en guise de bornes, que les notables de la tribu connaissent d'une manière parfaite, et que chaque génération se transmet par la tradition.

« Ainsi les membres d'une tribu, qu'ils soient sédentaires ou qu'ils usent de la tente pour leur exploitation,

savent qu'ils ne peuvent étendre les sillons de leur culture au-delà des limites de la tribu, ni les franchir en
conduisant leurs troupeaux au pacage, sans donner lieu à
un conflit qui autrefois était réglé le plus souvent par les
armes, et que vide aujourd'hui l'administration locale en
se basant sur le droit établi par la notoriété publique.

« Pour exécuter l'art. 2 du sénatus-consulte, il suffira
donc de recueillir ces limites dans un mémoire descriptif
et explicatif, dont la forme et la teneur seront réglées
de telle manière que ce mémoire soit une sorte de titre
pour la délimitation de la tribu.

« La reconnaissance des limites de chaque tribu remet-
tra en question des litiges depuis longtemps pendants
entre elles ; car on n'ignore pas que, dans plusieurs localités, il existe, sur les confins des tribus ou fractions de
tribus limitrophes, des terrains sur lesquels chacune
d'elles élève des prétentions de propriété, et que ces terrains contestés restent inexploités depuis des siècles. Ces
litiges seront réglés facilement par des arbitres choisis
par les intéressés, ainsi que cela se pratique en France,
et leur retour sera rendu impossible dans l'avenir par un
bornage.

« L'opération du bornage s'étendra à tout le périmètre
de la tribu, même à ces limites non contestées qui ne sont
visibles sur le sol que pour les indigènes.

« La délimitation de la tribu ainsi opérée, on devra
procéder immédiatement à la répartition de son territoire
entre les différents groupes qu'elle contient, et qui se distinguent les uns des autres par des appellations spéciales.
Ce sont ces groupes auxquels les indigènes appliquent la

dénomination administrative de *Ferka*, *Douar*, *Haouch*, et qui représentent, avec juste raison, à nos yeux, une commune.

« On estime que les douze cents tribus comprennent approximativement dans leur ensemble dix mille douars.

« La répartition du territoire des tribus entre ces groupes rassurera, une fois pour toutes, les populations indigènes sur nos intentions.

« Quant à la propriété individuelle, elle se trouve déjà constituée, dans toutes les tribus kabyles, sur des bases aussi claires et aussi précises qu'en France.

« Chaque propriété est entourée d'une haie ou d'un mur en pierres sèches qui ne seraient pas franchis par la charrue ou par le troupeau, sans que le fusil ne vienne protester contre cette violation. C'est déjà un cinquième du Tell, dans lequel il n'y a absolument rien à faire.

« A côté de ces tribus kabyles, il y en a d'autres de la même origine, qui n'ont pas conservé la langue et les coutumes de leurs pères, mais qui ont retenu les habitudes relatives à la constitution de la propriété individuelle. On peut estimer que ces tribus occupent également au moins un autre cinquième de la zone tellienne.

« Les opérations de la délimitation n'auront donc, en définitive, à s'exercer que sur les tribus *Maghzen* et les tribus de terre *Arch*, c'est-à-dire sur les trois derniers cinquièmes du Tell. Or, il est à remarquer que la partie cultivable du sol qu'elles occupent est divisée en parcelles qui ont des désignations particulières et dont la contenance est approximativement connue des indigènes, soit au moyen de l'unité agraire qui porte les noms de

Zouidja, dans la province d'Alger, de *Djedba* dans la province de Constantine, de *Sekka* dans la province d'Oran, soit par les quantités de semences évaluées en mesure du pays, qu'elles peuvent recevoir.

« On comprend dès-lors que, là où la propriété est collective, on aura déjà devant soi des indications très-sérieuses pour opérer un partage entre les intéressés, et que, là où la propriété individuelle sera constituée, il suffira, pour qu'elle puisse devenir l'objet de transactions entre Européens et musulmans, de se prémunir contre le retour de ventes fictives ou frauduleuses, telles qu'il s'en est effectué au début de la conquête.

« L'art. 3 délègue à un règlement d'administration publique le soin de déterminer les formes de la délimitation des territoires, de leur répartition entre les douars, et de l'aliénation des biens appartenant aux fractions de tribus ou aux douars, ainsi que les conditions sous lesquelles la propriété individuelle sera constituée, et le mode de la délivrance des titres.

« L'art. 4 a voulu comprendre, sous des désignations de *rentes, redevances* et *prestations* dues à l'État, les impôts de toute nature qui sont perçus sur les indigènes.

« L'art. 3 maintient la perception de ces impôts, sans préjudice, bien entendu, de ceux qui pourraient être établis plus tard.

« L'art. 5 réserve les droits de l'État à la propriété des biens beylicks, et ceux des propriétaires des biens melks, sur l'origine desquels il ne saurait y avoir aucune contestation.

« Il réserve également le domaine public et le domaine

de l'État, tels qu'ils ont été constitués et définis par la loi
du 16 juin 1851.

« L'art. 6 consacre, conformément aux intentions de
l'Empereur, le principe de non rétroactivité. Il aura pour
effet de régulariser les transactions intervenues jusqu'à ce
jour entre l'État et les indigènes, sur la foi desquels seront établis des droits qu'il importe de sauvegarder.

« L'art. 7 abroge les deuxième et troisième paragraphes
de l'art. 14 de la loi du 16 juin 1851, qui interdisaient à
d'autres qu'à l'État l'aliénation du droit de propriété ou de
jouissance sur le sol du territoire d'une tribu, au profit de
personnes étrangères à la tribu. Ainsi, la propriété dans
les tribus deviendra susceptible d'une libre transmission,
et donnera aux Européens et aux compagnies un essor
nouveau pour la colonisation.

« Ce cas s'est présenté récemment à l'occasion des projets d'une compagnie cotonnière qui trouverait dans cette
disposition des facilités qui semblaient lui être refusées
auparavant.

« Enfin, il convenait de faire comprendre aux populations indigènes que les nouveaux droits qu'elles vont pui-
ser dans le sénatus-consulte ne font aucun obstacle à
l'exercice du droit d'expropriation pour cause d'utilité publique, tel qu'il est déterminé par les art. 18, 19 et 20 de
la loi de 1851, au règlement des indemnités et aux formes
stipulées par l'art. 21 de la même loi, et qui sont applicables dans les territoires militaires comme dans les territoires civils.

« Il n'est aussi dérogé en rien aux prescriptions de
l'ordonnance du 31 octobre 1845, relative au séquestre

des biens appartenant aux indigènes, jusqu'à ce qu'une loi en ait autrement ordonné.

« Telles sont, Messieurs les Sénateurs, les dispositions du sénatus-consulte qui est soumis à vos délibérations. Nous avons la ferme espérance qu'elles rassureront les indigènes sur nos intentions, qu'elles ramèneront chez eux la confiance et l'activité agricole, et qu'ainsi la terre reprendra la valeur qu'elle avait dans le commerce entre musulmans ; ce commerce n'avait été arrêté que par l'incertitude qui régnait sur la propriété elle-même.

« Elles pourront avoir pour conséquence, dans un délai plus ou moins éloigné :

« L'extension plus rapide des territoires civils, et surtout celle des pouvoirs judiciaires et réguliers ;

« L'organisation, sur une plus grande surface, du système municipal ;

« L'établissement de l'impôt foncier, auquel conduiront naturellement la délimitation et la constitution de la propriété ;

« Celui des droits d'enregistrement sur les transmissions dont cette propriété sera l'objet ;

« L'augmentation des revenus de l'Algérie, et, par suite, le développement plus rapide des travaux publics.

« Ces considérations sont le commentaire naturel de l'acte de justice et de bonne politique qu'il s'agit d'accomplir, et elles méritent à un haut degré, de fixer l'attention du législateur. »

Comme on le voit, l'esprit général du projet, c'est la nécessité de rassurer les tribus contre toute idée de refoulement ou de spoliation ; c'est l'obligation d'honneur pour la France et un intérêt réel pour la colonisation de respecter la jouissance collective et traditionnelle des indigènes et des douars, tout en ne procédant qu'avec prudence à l'individualisation du sol ; c'est, en d'autres termes, le développement et la mise en application de la pensée qui a dicté la lettre de l'Empereur.

M. de Casabianca, rapporteur de la Commission du Sénat, donna lecture de son rapport à la séance du 8 avril. Ce rapport complète l'exposé des motifs. Nons le donnons avec le texte des articles arrêtés par la Commission, texte qui n'est autre (sauf quelques légères modifications) que celui du projet du Conseil d'État.

« Messieurs les Sénateurs,

« Le projet de sénatus-consulte dont vous nous avez confié l'examen a pour but de constituer d'une manière définitive la propriété indigène dans les territoires de l'Algérie occupés par les Arabes.

« Ce projet soulève des questions d'une haute gravité qu'il était de notre devoir de soumettre à une discussion approfondie. Aussi non-seulement nous avons eu plusieurs conférences avec les commissaires du Gouvernement, mais encore nous avons entendu les colons français de l'Algérie par l'organe de leurs principaux délégués, ainsi que des officiers supérieurs que le ministre de la guerre nous a désignés comme s'étant livrés, sur les lieux, pendant un grand nombre d'années, à l'étude spéciale des coutumes et de l'organisation des tribus arabes.

« Nous venons vous rendre compte des résultats de nos investigations.

« Les dispositions du projet de sénatus-consulte ne peuvent être appréciées sans quelques notions générales sur la situation géographique de l'Algérie, sur les éléments divers de sa population, l'état actuel de la propriété indigène et l'administration intérieure des tribus.

« L'Algérie se divise en deux parties :

« Le Tell au Nord.

« Le Sahara au Sud.

« Sa superficie, qui égale à peu près celle de la France, est d'environ 54 millions d'hectares.

« Sa population se compose de 3 millions d'indigènes et de 200,000 Européens.

« Le Tell commence au littoral de la Méditerranée, et s'étend des frontières de Tunis à celles du Maroc jusqu'au Sahara. Il embrasse la Kabylie dans ces vastes limites.

« Il est habité par les 200,000 colons européens dont 120,000 Français, par 700,000 Kabyles et 1,500,000 Arabes, divisés en 1,200 tribus qui se fractionnent en 10,000 douars.

« Sa contenance est de 14 millions d'hectares.

« Les Kabyles en occupent un cinquième.

« 2 millions d'hectares sont cultivés annuellement par les Arabes ; 4 à 500,000 ont été concédés aux Européens ; le restant consiste en landes et terres de parcours, ou fait partie du domaine public ou du domaine de l'Etat.

« Ce dernier domaine comprend environ 2,600,000 hectares, dont 900,000 cultivables.

« Le Sahara ne renferme que d'immenses pâturages, sauf quelques cultures dans les accidents de terrain, près des limites du Tell, et sauf les oasis clair-semées dans les plaines sablonneuses qui le terminent au sud.

« On évalue approximativement sa superficie à 40 millions d'hectares, sa population à 800,000 Arabes, et le nombre des tribus à 200.

« La propriété individuelle est constituée en Kabylie, comme en France, suivant des lois qui paraissent avoir été empruntées aux Romains. Il en est de même dans les oasis. Chaque champ y est limité par des murs, des fossés ou des haies.

« Le sol que les tribus arabes occupent dans le Tell se divise en terres de parcours et en terres de culture. Les premières sont en commun ; on répartit les autres en lots d'une contenance moyenne de 10 hectares entre les familles qui possèdent des attelages de bœufs. Chaque lot est la quantité de terrain qu'un attelage laboure et ensemence dans une saison. Les familles conservent presque toujours les mêmes champs, sans avoir le droit de les aliéner si elles cessent de les cultiver, sauf les jachères. Si ces champs redeviennent en friche, le conseil du douar ou de la tribu se réunit et prononce la déchéance. Ces champs retournent alors au fonds commun, d'où l'on distrait les parts nécessaires aux familles nouvelles qui se constituent.

« Ainsi la propriété ne s'acquiert et ne se constitue que par le travail.

« Ces règles sont exactement observées dans les tribus qui avoisinent les centres européens ou la Kabylie ; mais dans l'intérieur de l'Algérie, et surtout près des frontières du Sahara où l'on n'apprécie point encore tous les avantages de la propriété individuelle, la distribution des terrains est faite par les chefs arabes et change souvent d'année en année.

« Un Arabe qui s'était fait remarquer par son courage ou par sa piété, et qui avait longtemps cultivé le même terrain, obtenait quelquefois un titre du gouvernement turc. Il pouvait alors transmettre ce terrain à ses descendants ou même en disposer au profit des tiers. C'est la propriété connue sous la dénomination de *melk*, qui a toujours été respectée.

« Le projet de sénatus-consulte la confirme.

« La famille reste longtemps unie, alors même qu'elle se compose de plusieurs branches. Le père exerce une autorité presque absolue ; mais dès que ses facultés physiques ou intellectuelles s'affaiblissent, il est remplacé, sans distinction de primogéniture, par celui des membres de la famille qui s'est montré supérieur aux autres.

« Le douar ou la réunion de plusieurs tentes est administré et commandé par le cheikh ; la tribu par le caïd.

« C'est le cadi qui rend la justice ; ses sentences peuvent être déférées en appel à la cour impériale d'Alger. Si une communauté d'intérêts rallie entre elles plusieurs tribus, elles sont placées sous la direction d'un agha

« Tous ces chefs sont soumis à l'autorité française, qui les nomme et les révoque à son gré.

« L'impôt ne frappe que les produits. Il est établi sur

les troupeaux (1) par tête de bétail, et sur les céréales à raison des parts de culture que chaque famille a ensemencées pendant l'année. Il s'aquitte en une seule fois et en numéraire.

« L'impôt sur les céréales varie suivant l'abondance de la récolte (2).

« Le Gouvernement ne perçoit aucune taxe si la récolte est mauvaise.

« Les rôles individuels sont préparés par les chefs de douars, et contrôlés successivement par le caïd et l'agha qui les déposent au bureau arabe. Après que le général commandant la division, ou le préfet, suivant que le territoire est militaire ou civil, les ont rendus exécutoires, ils sont remis au receveur des contributions directes qui en opère le recouvrement. Chaque famille est avertie dans le Tell de la somme qu'elle doit payer, et peut adresser ses réclamations soit à ses chefs immédiats, soit à l'autorité française.

« Dans le Sahara, les distances ne permettent pas que la perception de l'impôt soit individuelle.

---

(1) L'impôt sur les troupeaux, appelé *zekat*, est de :

    3 fr. 50 c. par chameau ;
    2 fr. 50 c. par bœuf ;
    »   10 c. par mouton ;
    »   05 c. par chèvre.

(2) L'impôt sur les céréales, nommé *achour*, se divise en quatre catégories, selon que la récolte a été très bonne, bonne, médiocre ou mauvaise.

Dans le premier cas, la taxe est de 75 fr., à raison de chaque part de culture ;

    Dans le second, de 50 fr. ;
    Dans le troisième, de 25 fr. ;
    Dans le quatrième, la taxe est nulle.

« C'est la tribu qui le paie collectivement ; mais comme la taxe porte presque exclusivement sur les troupeaux, la famille en connaît d'avance le montant proportionné au nombre des têtes de bétail qu'elle possède. Il n'y a donc point lieu à arbitraire.

« Le sombre tableau que l'on a présenté quelquefois des exactions et des cruautés commises par les cheiks, les caïds et les aghas sur leurs malheureux administrés, a été emprunté aux époques de guerres et de troubles, où notre puissance n'était pas encore affermie dans l'intérieur de l'Algérie ; mais depuis la reddition d'Abd-el-Kader, les chefs arabes ne sont plus que les délégués de la France sur qui retombe la responsabilité de leurs actes. Aussi des mesures sévères ont-elles mis fin à ces désordres. Il est fait droit à toutes les réclamations légitimes des indigènes, et la justice civile et administrative leur est aussi impartialement rendue que le permet l'état social d'une population éparse dans un immense territoire et constamment armée.

« Telle est l'organisation de la tribu arabe. Quoique évidemment adaptée aux coutumes et aux besoins d'un peuple qui la conserve depuis tant de siècles, elle a le vice inhérent à toutes les institutions musulmanes. Elle s'oppose à tout progrès, à toute amélioration. Elle condamne l'agriculture à une perpétuelle enfance.

« Aujourd'hui, comme il y a mille ans, le laboureur effleure à peine la terre, et y jette sur un sillon unique et sans engrais, quelques grains qu'il abandonne jusqu'à la récolte à la protection du prophète. Que faut-il pour l'arracher à ce déplorable usage, à cette chétive existence ?

L'attacher au sol comme le Kabyle, en substituant à son droit précaire de jouissance le droit de propriété, source de toute richesse publique et privée.

« Lorsqu'il sera devenu maître absolu du champ qu'il doit féconder de ses sueurs, il ne tardera pas à échanger sa tente, d'abord contre une cabane, ensuite contre une ferme, son fusil contre une bêche, sa charrue en bois contre nos instruments aratoires.

« L'assemblée législative avait posé les bases de cette transformation sociale dans sa loi du 16 juin 1851; dont les articles 10 et 11 sont ainsi conçus :

« Art. 10. — La propriété est inviolable, sans distinction, « entre les possesseurs indigènes et les possesseurs fran-« çais ou autres.

« Art. 11. — Sont reconnus, tels qu'ils existaient au mo-« ment de la conquête, ou tels qu'ils ont été maintenus, « réglés ou constitués postérieurement par le Gouverne-« ment français, les droits de propriété et les droits de « jouissance appartenant aux particuliers, aux tribus et « aux fractions de tribus. »

« Cette loi définissait en même temps le domaine public et le domaine de l'État. Elle ne rangeait dans ce dernier domaine que les forêts et les biens du *beylick*, dont le gouvernement turc s'était réservé la libre disposition, en ne les concédant jamais aux indigènes qu'à titre provisoire et à charge de redevance.

« Quant aux autres immeubles, l'État s'interdisait la faculté d'en opérer la distraction au détriment des possesseurs, si ce n'est pour cause d'utilité publique moyennant une juste et préalable indemnité.

« En ce qui concerne les colons, les titres qui leur avaient été délivrés les mettaient à l'abri de toute recherche et ne les soumettaient à d'autres engagements qu'à ceux qu'ils avaient contractés eux-mêmes.

« Ainsi cette grande question de la propriété semblait définitivement résolue sur toute l'étendue du territoire algérien. Malheureusement, la loi de 1851 avait laissé subsister, par l'ambiguïté de son texte, des incertitudes sur les droits des tribus arabes. Elle s'était bornée à maintenir les droits dont ces tribus jouissaient antérieurement à la conquête ; et comment les constater dans un pays où n'existaient ni législation précise, ni titres réguliers, sauf de rares exceptions ?

« De là une situation précaire qui inquiète à la fois les indigènes et les colons, et retarde indéfiniment la mise en valeur d'un sol que nul n'a la certitude de conserver.

« Cet état de choses ne pouvait manquer d'appeler la haute sollicitude de l'Empereur. Sa mémorable lettre du 6 février dernier a proclamé la nécessité d'asseoir dans toute l'Algérie la propriété sur des bases immuables.

« Quels que soient les droits de la France victorieuse sur les territoires occupés par les Arabes vaincus et soumis, l'Empereur a manifesté l'intention de convertir, par un acte solennel, cette possession en propriété incommutable.

Le projet de sénatus-consulte que le conseil d'État a préparé par ses ordres, qu'un décret impérial nous a transmis, sanctionne cette grande détermination.

« L'art. 1er du projet du gouvernement est ainsi conçu :

« Les tribus ou fractions de tribus sont déclarées pro-

« priétaires des territoires dont elles ont la jouissance
« permanente et traditionnelle, à quelque titre que ce
« soit. »

« Plusieurs membres de la commission ont combattu
cette rédaction comme établissant en faveur des tribus
arabes un droit de propriété préexistant. D'après eux, la
disposition de l'art. 1er est, de la part de la France, un
acte de libéralité, et il importe essentiellement de lui conserver ce caractère.

« La majorité de la commission n'a point partagé cet
avis. Si la loi du 16 juin 1851 n'a pas formellement décidé la question de propriété au profit des tribus arabes,
on ne saurait contester qu'elle n'ait au moins laissé cette
question douteuse. Le projet de sénatus-consulte n'a point
pour but d'interpréter cette loi pour ou contre le domaine. La déclaration formulée dans l'art. 1er n'est ni une
reconnaissance des droits antérieurs des tribus, ni une
renonciation à ceux de l'État. C'est le sénatus-consulte
qui, sans réagir sur le passé, dispose pour l'avenir, et de
son autorité suprême met un terme à un litige qui lèse
l'intérêt public. Voilà ce qu'exprime l'art. 1er.

« La rédaction proposée par le gouvernement doit
donc être maintenue. Elle substitue un fait matériel et
facile à vérifier (la jouissance continue) aux constatations
légales qu'exigeait la loi du 16 juin 1851 et qu'il fallait
chercher dans une législation confuse où le droit civil
se confond avec le dogme religieux ; mais si les tribus
arabes n'ont plus à craindre désormais de se voir troubler
dans leurs possessions actuelles, c'est sous la condition
expresse de ne jamais revendiquer les terrains qu'elles

pouvaient posséder antérieurement et qui sont passés dans le domaine ou de l'État ou des colons européens.

« Pour faire mieux ressortir l'indivisibilité de ces deux dispositions, nous avons reporté à l'article 1er l'article 6 qui confirme tous les actes, partages et distractions de territoires intervenus entre l'État et les indigènes.

« Nous avons retranché de l'art. 1er ces mots : *fractions de tribus*, qui ne correspondent à aucune division territoriale actuellement existante. Il n'y a eu en Algérie que des tribus et des douars. Les fractions de tribus constituées séparément y sont inconnues.

« Le projet de sénatus-consulte ne devait d'abord concerner que les territoires du Tell ; mais depuis on a pensé que les limites du Tell et du Sahara n'étaient pas partout nettement définies ; que cette partie méridionale de l'Algérie renfermait, indépendamment des oasis, quelques terrains cultivés où la propriété individuelle pouvait être établie comme dans le Tell ; que les tribus pastorales du Sahara avaient toutes des territoires distincts, et qu'il était utile de comprendre ces territoires dans une délimitation générale.

« Ces motifs ont déterminé le Gouvernement à appliquer le projet à toutes les tribus arabes de l'Algérie.

« Voici en quels termes nous avons arrêté la rédaction de l'art. 1er :

« Les tribus de l'Algérie sont déclarées propriétaires
« des terrains dont elles ont la jouissance permanente et
« traditionnelle, à quelque titre que ce soit.

« Tous actes, partages ou *distractions de territoires*
« antérieurement intervenus entre l'État et les indigènes

« relativement à la propriété du sol, sont et demeurent
« confirmés. »

« Cet article, ainsi modifié dans son texte primitif, a été
accepté par les commissaires du Gouvernement.

« L'objet principal du sénatus-consulte c'est la constitution de la propriété individuelle : mais elle ne peut avoir
lieu qu'à la suite d'opérations successives dont la première
est la délimitation des territoires des tribus.

« En effet, si l'on ne commençait point par fixer les limites de ces territoires, on s'exposerait à donner aux membres d'une tribu des terrains qui appartiendraient à ceux
des tribus voisines. Ces limites sont généralement mar-
quées par des signes apparents et non contestés ; néanmoins, lorsqu'il s'agira de tracer des lignes invariables,
des différends pourront s'élever. Ils seront décidés administrativement, sauf les questions de propriété qui appartiendraient au domaine judiciaire.

« On procédera ensuite à la distraction des biens domaniaux et des biens melk. Aussitôt après aura lieu la répartition du territoire ainsi délimité entre les douars. Cette
répartition est d'une nécessité absolue. Le douar c'est la
commune ; il a son administration spéciale, ses champs
de culture, son fonds commun, et même quelquefois des
coutumes particulières.

« Le projet du Gouvernement ne renferme aucune disposition relative aux terres de parcours. Nous avons com-
blé cette lacune. Il nous a paru essentiel non seulement
de rassurer les indigènes par la consécration de leurs
droits sur le sol dont ils jouissent, mais encore de prévenir les appréhensions que leur inspirerait la constitution

de la propriété individuelle si elle devait entraîner la suppression de la communauté des pâturages. L'Arabe tient
à son troupeau plus encore qu'à son champ, et le troupeau qui vit en plein air ne subsiste que par le parcours.

« Ainsi, en opérant la répartition des territoires des
tribus entre les douars, on réservera les terres affectées à
la dépaissance.

« La propriété des terrains de culture sera ensuite divisée entre les membres des douars partout où cette mesure
sera reconnue possible et opportune.

« Les commissaires du Gouvernement nous ont fait observer que si la propriété individuelle pouvait être constituée sans retard dans les tribus limitrophes des centres
européens et de la Kabylie, où presque chaque famille
avait des possessions distinctes, il n'en était point ainsi
dans les autres tribus, surtout dans celles voisines du
Sahara.

« L'indivision y est non seulement conforme à leurs
habitudes à demi-nomades, mais encore à leurs préjugés
religieux. Leur imposer la propriété individuelle avant
qu'elles aient pu en apprécier les bienfaits par le contact
avec les colons, ce serait compromettre, par une précipi-
tation imprudente, le succès d'une mesure dont l'exécution
rencontrera de si graves obstacles. En effet, lorsqu'on
réfléchit aux formalités qu'exige le partage en nature entre
trois ou quatre héritiers d'une succession composée d'immeubles, on ne peut se dissimuler les difficultés de la tâche que le Gouvernement aura à remplir pour diviser équi-
tablement de si vastes territoires entre 1,500,000 Arabes
formant 3 à 400,000 familles, pour décrire et borner les

parts de manière à ne pas susciter plus tard d'inextricables litiges ; mais nous avons une confiance pleine et entière dans le soin religieux que le pouvoir exécutif apportera à l'accomplissement d'un grand acte solennellement proposé par l'Empereur et sanctionné par le premier corps de l'Etat.

« Pour mieux exprimer sa pensée, la commission a ajouté au texte du projet que ces diverses opérations auront lieu dans le plus bref délai, sous la réserve que nous venons d'énoncer.

« Dans la répartition entre les membres des douars, on tiendra compte des droits acquis et des usages locaux. Des titres seront remis aux co-partageants.

« Quoique la propriété des douars ne doive être que transitoire, il était nécessaire de prévoir le cas où, soit dans un intérêt public, soit dans l'intérêt de la colonisation, il conviendrait de traiter avec eux pour obtenir la concession d'une partie de leur territoire.

« Un règlement d'administration publique déterminera les conditions et les formes de cette aliénation, ainsi que celles des diverses opérations que nous venons de mentionner.

« Telle est l'économie des art. 2 et 3 du projet de loi dont la rédaction a été arrêtée, de concert avec les commissaires du Gouvernement, de la manière suivante :

« ART. 2. — Il sera procédé administrativement et dans « le plus bref délai :

« 1° A la délimitation du territoire des tribus ;

« 2° A leur répartition entre les différents douars de « chaque tribu du Tell et des autres pays de culture,

« avec réserve des terres qui devront conserver le carac-
« tère de biens communaux ;

« 3° A l'établissement de la propriété individuelle entre
« les membres de ces douars, partout ou cette mesure
« sera reconnue possible et opportune.

« Des décrets impériaux fixeront l'ordre et les délais
« dans lesquels cette propriété individuelle devra être
« constituée dans chaque douar.

« ART. 3. — Un règlement d'administration publique dé-
« terminera :

« 1° Les formes de la délimitation des terrritoires des
« tribus ;

« 2° Les formes et les conditions de leur répartition
« entre les douars et de l'aliénation des biens appartenant
« aux douars ;

« 3° Les formes et les conditions sous lesquelles la pro-
« priété individuelle sera établie, et le mode de délivrance
« des titres. »

« Les articles qui suivent n'apportent que de très légères modifications à la loi de 1851.

« L'article 4 maintient les rentes, redevances et prestations dues à l'État par les détenteurs des territoires des
tribus. Ces désignations générales comprennent les impôts
de toute nature perçus actuellement sur les indigènes.
Nous avons réservé au Gouvernement la faculté d'opérer
dans l'assiette de ces impôts les changements qui pourraient être jugés nécessaires.

« Cette réserve ne se trouvait que dans l'exposé des
motifs ; il nous a paru plus régulier de l'ajouter au texte
même de l'article.

« L'article 5, relatif au domaine public, au domaine de l'Etat et aux biens melk, ne contient aucune dérogation à la loi du 16 juin 1851.

« L'article 14 de cette loi était ainsi conçu :

« Chacun a le droit de jouir et de disposer de sa pro-
« priété de la manière la plus absolue, en se conformant
« à la loi.

« Néanmoins aucun droit de propriété ou de jouissance
« portant sur le sol du territoire d'une tribu ne pourra
« être aliéné au profit de personnes étrangères à la tribu.

« A l'État seul est réservée la faculté d'acquérir ces
« droits dans l'intérêt des services publics ou de la colo-
« nisation, et de les rendre en tout ou en partie suscepti-
« bles de libre transmission. »

« Le projet de sénatus-consulte confirme le premier paragraphe et abroge les deux autres.

« La situation de l'Algérie en 1851 rendait nécessaire la prohibition des achats imprudents qui pouvaient placer quelques colons aventureux au milieu des tribus arabes, frémissant encore de leur récente défaite.

« Ce motif n'existe plus aujourd'hui.

« La libre transmission de la propriété privée donnera un nouvel essor à la colonisation, et hâtera la fusion des indigènes et des Européens, que la multiplicité des rapports commerciaux et la communauté du travail ont déjà commencée.

« Désormais, rien ne s'opposera à la vente des biens melk, même au profit de personnes étrangères à la tribu ; mais nous avons cru devoir interdire le trafic prématuré des droits éventuels afférents aux Arabes sur les territoires à répartir, jusqu'à ce que la propriété nouvelle soit régulièrement constituée par la délivrance des titres. Ce trafic aurait fait passer entre les mains d'avides spéculateurs ces terrains, même avant leur partage définitif ; et il faut autant que possible que leur possession reste à celui qui doit les mettre en valeur.

« Le dernier article du projet se borne à maintenir les dispositions de la loi de 1851 qui n'ont pas été abrogées par les articles précédents, et spécialement celles relatives à l'expropriation forcée pour cause d'utilité publique et au séquestre.

« D'après les termes de l'article 18 de cette loi, l'expropriation est autorisée pour la fondation des villes, villages ou hameaux, ou pour l'agrandissement de leur enceinte ou de leur territoire.

« Ainsi, quel que soit le développement de la colonisation, le Gouvernement aura toujours le droit d'y ajouter tous les terrains dont elle pourra avoir besoin.

« Si la France se montre généreuse envers les indigènes, si elle les couvre de la protection de ses lois, si elle améliore progressivement leur position morale et matérielle, elle a le droit d'être rigoureuse envers ceux qui méconnaîtraient ses bienfaits, qui renouvelleraient contre son autorité d'impuissantes attaques.

« Le Gouvernement se réserve la faculté de séquestrer leurs biens et de les réunir au domaine, pour les causes et suivant les formes spécifiées dans l'ordonnance du 31 octobre 1845, que la loi de 1851 a expressément maintenue. Le projet de sénatus-consulte donne à cette mesure une consécration nouvelle.

« Cette loi continue également à régler les droits des propriétaires de la Kabylie et des oasis, droits qu'elle a déclarés inviolables par son article 10.

« Et maintenant que vous connaissez en détail toutes les dispositions du projet de sénatus-consulte, vous remarquerez combien étaient peu fondées les appréhensions manifestées par les colons français. Aucune de ces dispositions ne lèse ni leurs droits, ni leurs intérêts. S'agit-il, en effet, ou de leur retirer en tout ou en partie les concessions qui leur ont été faites, ou d'affaiblir les garanties administratives et judiciaires que leur assure leur qualité de Français? L'avenir de la colonisation n'est point menacé par la constitution de la propriété dans les mains des Arabes. Les colons la sollicitent eux-mêmes avec instance et voudraient qu'elle fût immédiate. L'État ne se dessaisit point par le sénatus-consulte des terrains qui pourraient plus tard être livrés aux colons. Les 4 à 500,000 hectares qui leur ont été concédés dans l'espace de plus de vingt ans ne sont pas encore défrichés. Le domaine en possède 900,000 autres destinés à des concessions nouvelles, et il peut, en outre, par voie d'expropriation, dans les cas prévus par la loi et moyennant une juste et préalable indemnité, opérer sur les territoires des Arabes toutes les distractions qui deviendraient nécessaires.

« Ainsi, alors même que l'immigration européenne prendrait des développements inespérés, elle trouverait plus de terrains qu'elle ne pourrait en exploiter.

« Que les colons se rassurent; les sympathies de leurs concitoyens, la bienveillance et la protection de l'Empereur, l'appui des grands corps de l'État ne leur feront jamais défaut. Tous nous rendons justice au courage, au dévouement qu'ils ont déployés en cimentant par le travail la conquête d'une terre arrosée du sang de nos soldats. Ils ont déjà reçu un éclatant témoignage des sentiments du Sénat dans un rapport, où ont été décrits avec tant d'éloquence les obstacles qu'ils ont eus à vaincre, les succès qu'ils ont obtenus. Bien loin de nuire à leur noble et patriotique entreprise, le projet de sénatus-consulte que nous allons voter leur assurera l'indispensable concours de cette population arabe qui, devenue propriétaire, initiée à notre agriculture, contribuera à réaliser avec eux les généreuses pensées exprimées dans la lettre de l'Empereur, et répondra à l'attente de la France.

« Au moment où la commission, après avoir entendu la lecture du rapport, se disposait à procéder au vote, un membre, voulant formuler l'opinion que la minorité avait émise dans le cours de la discussion. a présenté une note conçue en ces termes :

« L'opinion de la minorité se résume ainsi :

« Le projet de sénatus-consulte contient une déclara-
« tion de principe bonne et libérale : la reconnaissance de
« la propriété aux habitants. Mais il faut, dans son applica-
« tion, ne pas donner à ce principe des conséquences qui
« le rendraient dangereux pour notre occupation et em-
« pêcheraient tout progrès et toute civilisation en Algérie.

« La minorité croit que la reconnaissance de la pro-
« priété aux Arabes satisfait le principe, tandis que la con-
« stitution successive. mais prochaine, de la propriété
« individuelle, délivrée de toute entrave, sans passer par

« une propriété collective, répond aux objections fondées
« sur la puissance qui serait donnée à l'agrégation fatale
« de la tribu.

« Elle croit que la propriété individuelle sera le plus
« puissant moyen de civilisation, de fusion des deux races
« et de progrès.

« Elle s'associe très franchement au principe généreux
« qui reconnaît la propriété de la terre aux Arabes, en
« constatant la grande libéralité que cet acte prouve de la
« part de la France. La propriété de l'État sur la plus
« grande partie des terres, autres que les terres *melk*,
« c'est-à-dire possédées individuellement dès aujourd'hui,
« a toujours été revendiquée par la France par sa con-
« quête ; toutes les administrations ont soutenu cette re-
« vendication depuis trente-deux ans : c'est donc, à son
« avis, un abandon fait par le Gouvernement français aux
« Arabes, qui n'ont qu'un droit de jouissance révocable,
« que l'on transforme en un droit permanent de pro-
« priété.

« Elle soutient la propriété individuelle comme un
« grand principe de progrès dans toute société. La pro-
« priété collective lui paraît opposée à toute civilisation ;
« l'homme ne peut être complet que quand il est libre et
« peut devenir propriétaire. Ces vérités, vraies partout, le
« sont plus spécialement en Algérie.

« Elle considère la tribu comme une organisation très
« défectueuse, comme le cadre de toutes les insurrections,
« comme un danger public.

« *Elle croit que la propriété collective, loin d'être*
« *un acheminement vers la propriété individuelle, but*

« *à atteindre, sur lequel nous sommes tous d'accord,*
« *sera un obstacle presque insurmontable.*

« Elle croit que la propriété individuelle libre est le
« meilleur acheminement à une colonisation féconde, et
« qu'il suffit de se poser ces deux questions : « Que de-
« viendra l'Algérie, livrée aux tribus arabes, avec la pro-
« priété collective ? que deviendra-t-elle, au contraire,
« avec la propriété individuelle qui, seule, peut amener
« une population européenne et une fusion des deux
« races ? »

« Par la tribu, le peuple arabe est livré à l'arbitraire des
« chefs, à leur domination civile, et souvent religieuse, qui
« le rend incapable de tout progrès et de toute émanci-
« pation morale ; c'est la tribu qui, depuis des siècles,
« maintient ce peuple dans l'ignorance et l'incurie ; c'est
« par elle que la terre reste inculte, que les forêts dispa-
« raissent, que le bétail s'amoindrit, que l'industrie agri-
« cole est impossible, le progrès moral nul, la barbarie
« perpétuée ; et c'est cette institution, que la minorité
« craint de voir renforcée par la propriété que le sénatus-
« consulte abandonne à l'agglomération arabe.

« Par la propriété individuelle, les Arabes se civilise-
« ront, se mêleront avec les Européens, la terre sera cul-
« tivée, les forêts conservées, le bétail amélioré, l'indus-
« trie prospère ; en un mot, la civilisation se répandra et se
« propagera.

« D'un autre côté, elle voit le fanatisme et l'immobilité
« représentés par la tribu ; de l'autre, le progrès et l'acti-
« vité développés par l'individu. Pour arriver au contact
« et à la fusion de l'Européen et de l'Arabe, elle croit que

« la propriété individuelle successivement organisée est
« indispensable.

« Quant à l'exécution et à la période nécessairement
« transitoire pour arriver à la propriété individuelle, elle
« pense qu'il faudra commencer par délimiter administra-
« tivement les tribus et les douars, pour arriver à un lotis-
« sement individuel, soit sur les principes d'une quotité
« par chef de famille, soit par tête de bétail, ce qui serait
« discuté plus tard et spécifié par un règlement d'adminis-
« tration publique ; que des titres de propriété devraient
« ainsi être délivrés à l'individu seulement ; que la pro-
« priété devrait être affranchie de toute entrave et soumise
« au droit commun.

« Elle ne voit pas de difficultés d'exécution : les Arabes
« qui ont attendu pendant plus de trente ans, avec une
« menace perpétuelle pour les terres dont ils jouissaient,
« pourront attendre pendant la période courte, mais né-
« cessaire, pour arriver à la propriété individuelle ; ras-
« surés par la reconnaissance de leur propriété sur la
« terre, on trouvera chez les Arabes même un concours
« empressé. Ils auront ainsi, par l'abandon que l'État fait
« de ses droits sur les terres qu'ils occupent, une menace
« de moins, et ils seront assurés d'avoir prochainement
« une propriété incontestée.

« Elle pense que la propriété collective, renforçant la
« tribu, sera un obstacle presque insurmontable quand il
« s'agira de la désagréger et de répartir les terres.

« Elle croit que, pour répondre aux objections tirées du
« système agricole des Arabes, la réserve de terrains com-
« munaux, pour l'élève du bétail surtout, est suffisante ;

« que, tout en respectant le principe de la propriété indi-
« viduelle, de vastes communaux répondront aux besoins
« et aux habitudes arabes.

« Enfin, elle indique comme conséquence de son opi-
« nion, qui se résume par la constitution de la propriété
« individuelle, *sans passer par la propriété collective* :

« 1° Un acte de générosité de la part de la France ;

« 2° Une satisfaction et une facilité données à la coloni-
« sation ;

« 3° Un bienfait pour le peuple arabe ;

« 4° Un affaiblissement de la tribu ;

« 5° Une garantie de sécurité ;

« 6° Une augmentation d'impôts.

« Par ces motifs, la minorité a combattu les dispositions
« qui reconnaissent la propriété collective, même à titre
« transitoire. »

« Après la lecture de cette note, la commission a persisté
dans son opinion ; elle a décidé qu'une réfutation spéciale
de ce document était inutile, et que l'ensemble du rapport
y répondait suffisamment. Elle a ensuite voté la rédaction
de ce rapport et le texte du projet de sénatus-consulte,
qui ont été adoptés à l'unanimité moins une voix.

« En conséquence votre commission a l'honneur de vous
proposer l'adoption du projet de sénatus-consulte dont la
teneur suit :

« PROJET DE SÉNATUS-CONSULTE

*Relatif à la constitution de la propriété en Algérie
dans les territoires occupés par les Arabes.*

« Art. 1ᵉʳ. — Les tribus de l'Algérie sont déclarées propriétaires des terrains dont elles ont la jouissance permаnente et traditionnelle, à quelque titre que ce soit.

« Tous actes, partages ou distractions de territoires intervenus entre l'Etat et les indigènes, ralativement à la propriété du sol, sont et demeurent confirmés.

« Art. 2. — Il sera procédé administrativement et dans le
plus bref délai :

« 1° A la délimitation des territoires des tribus ;

« 2° A leur répartition entre les différents douars de
chaque tribu du Tell et des autres pays de culture , avec
réserve des terres qui devront conserver le caractère de
biens communaux ;

« 3° A l'établissement de la propriété individuelle entre
les membres de ces douars, partout où cette mesure sera
reconnue possible et opportune.

« Des décrets impériaux fixeront l'ordre et les délais
dans lesquels cette propriété individuelle devra être constituée dans chaque douar.

« Art. 3. — Un règlement d'administration publique déterminera :

« 1° Les formes de la délimitation des territoires des
tribus ;

« 2° Les formes et les conditions de leur répartition

entre les douars et de l'aliénation des biens appartenant aux douars;

« 3° Les formes et les conditions sous lesquelles la propriété individuelle sera établie, et le mode de délivrance des titres.

« Art. 4. — Les rentes, redevances et prestations dues à l'Etat par les détenteurs des territoires des tribus continueront à être perçues comme par le passé, jusqu'à ce qu'il en soit autrement ordonné par les décrets impériaux rendus en la forme des règlements d'administration publique.

« Art. 5. — Sont réservés les droits de l'Etat à la propriété des biens du Beylick et ceux des propriétaires des biens melk.

« Sont également réservés le domaine public, tel qu'il est défini par l'article 2 de la loi du 16 juin 1851, ainsi que le domaine de l'Etat, notamment en ce qui concerne les bois et forêts, conformément à l'article 4, paragraphe 4 de la même loi.

« Art. 6. — Le second et le troisième paragraphes de l'art. 14 de la loi du 16 juin 1851 sur la constitution de la propriété en Algérie sont abrogés; néanmoins, la propriété individuelle, qui sera établie au profit des membres des douars, ne pourra être aliénée que du jour où elle aura été régulièrement constituée par la délivrance des titres.

« Art. 7. — Il n'est pas dérogé aux autres dispositions de la loi du 16 juin 1851, notamment à celles qui concernent l'expropriation pour cause d'utilité publique et le séquestre. »

Le Sénat, après une discussion animée qui dura deux jours, adopta sans modifications, le travail de sa Commission, à la majorité de 117 voix contre 2.

Cette discussion, qui a posé la question à une hauteur que les questions algériennes n'avaient pas l'habitude d'atteindre, a été une bonne fortune pour la colonie. Elle a découvert à la France et montré à l'Europe ce qu'il y a de vitalité dans sa population, de richesse dans son sol et de puissance dans son avenir. Jusque-là, l'Algérie n'avait été pour le public qu'un point ordinaire ou insignifiant de l'archipel colonial de la France ou qu'un vaste camp où on faisait des généraux et des soldats, qu'un pays vu à travers une distance ignorée et les préjugés du passé, dont on ne s'occupait que par hasard, sans intérêt et sans attrait, laissant à l'État le soin d'une conservation et d'un entretien que l'on se plaisait à considérer comme onéreux. Aujourd'hui, grâces au bruit qui s'est fait et à l'agitation que la constitution de la propriété arabe a jeté dans les esprits ; grâces aux discours si éloquents et si nourris de faits des hommes les plus compétents sur les matières algériennes, MM. Ferdinand Barrot, Dupin, Barbaroux, Michel Chevalier, d'un côté, MM. les généraux de Montauban, de La Rue et Charron, de l'autre, l'Algérie n'est plus une colonie, c'est une seconde France, à quelques heures de la métropole, avec des terres immenses et d'une production exceptionnelle, des chemins de fer et des forêts, un soleil éblouissant, un climat d'une salubrité et d'une mansuétude constatées, des institutions qui, bien que défectueuses, ont déjà un caractère national, un vaste débouché pour le commerce français, et la première étape de cette route qui doit nous mettre en communication avec ce pays encore inconnu et mystérieux qui, sous le nom de Soudan, est, selon nous, destiné à jouer un grand rôle dans nos relations commerciales et politiques.

L'effet moral a été immense et le voile qui semblait nous couvrir encore s'est tout à coup déchiré pour laisser voir à l'Europe ce que nous sommes, ce que nous faisons et ce que nous méritons.

« De la présentation seule du sénatus-consulte, disait M. Ferdinand Barrot, résulte un grand bien dont l'Algérie doit tenir compte et dont elle doit se réjouir.

« Ce qui a toujours manqué aux questions algériennes, ce sont les solutions ; ce qui a manqué aux intérêts algériens, c'est d'avoir pu trop rarement se produire directement et pour ainsi dire constitutionnellement dans les délibérations des grands corps de l'État.

« Eh bien, aujourd'hui les solutions viendront, tenons-le pour certain, car nous voyons engagés dans ces questions le génie, la volonté et la puissance de l'Empereur, et déjà, sous cette impulsion décisive, voici que le Sénat est appelé à commencer l'œuvre de la constitution algérienne promise et attendue depuis tant d'années.

« D'un autre côté, l'opinion publique elle-même s'est émue ; la question algérienne s'est posée dans la polémique quotidienne avec un caractère éminemment national. Les avis se font jour dans des sens très divers et souvent très contradictoires ; mais dans cette libre discussion, à côté d'erreurs ou de propositions insensées, se produiront de sages et salutaires opinions ; la lumière se fera par l'étude, et de la conscience publique jaillira la vérité. »

Chacun, dans cette glorieuse et salutaire campagne, a pu, soit dans les sphères individuelles, soit dans les sphères officielles, avoir telle ou telle opinion sur la nature des moyens de solutions ; mais tout le monde nous a été sympathique ; tout le monde, à part quelques tristes et regrettables exceptions, a été algérien.

Nous le disons en toute conviction : si, à cette heure, il y a encore des Algériens qui s'opiniâtrent à regarder en arrière et à croire que le sénatus-consulte du 22 avril eût pu et dû être autre, il est de leur devoir de se consoler, de se résigner et d'espérer, en pensant aux avantages dont nous venons de parler. L'opposition, par cela seul qu'elle serait inutile et nuisible, n'aurait plus de raison ; de plus, ce serait de l'injustice. Si la loi produit tout le bien qu'elle renferme (c'est là une question d'exécution), la colonisation algérienne, qui ne peut vivre que de liberté, débarrassée du système restrictif qui l'étreint, trouvant à acheter des terres particulières à défaut de terres domaniales, ne tardera pas à devenir ce qu'elle doit être. « Le sénatus-consulte, a dit M. Baroche, président du Conseil d'État, si vous me permettez d'y revenir, se propose un grand but qui, bien certainement, concourra d'une manière puissante au développement de la colonisation, qui n'est pas moins l'objet des vœux et de la sollicitude du Gouvernement que de ceux de l'honorable M. Michel Chevalier. »

CHAPITRE II.

Texte et explication du Sénatus Consulte. — Recherches historiques. — Documents accessoires.

ART. Ier.

Les tribus de l'Algérie sont déclarées propriétaires des terrains dont elles ont la jouissance permanente et traditionnelle, à quelque titre que ce soit.

Tous actes, partages ou distractions de territoires intervenus entre l'État et les indigènes, relativement à la propriété du sol, sont et demeurent confirmés.

Ainsi que nous l'avons vu, cette déclaration de propriété au profit des tribus est la base du Sénatus-Consulte. Elle a été examinée et jugée au point de vue politique et au point de vue économique. Tout a été dit à cet égard.

Nous n'y reviendrons pas. Seulement, il nous a toujours semblé que le côté historique et légal avait été un peu négligé dans la discussion. Comme c'est peut-être cette circonstance qui a amené ou prolongé une partie de la controverse, nous demanderons la permission d'exposer dans cet ordre d'idées le résumé de nos investigations personnelles.

La capitulation du 5 juillet 1830 n'avait à nos yeux rien à faire au débat. D'abord, faite exclusivement pour Alger, nous ne pensons pas qu'il soit entré dans l'esprit de la France de l'appliquer, soit tacitement, soit expressément, aux tribus, au fur et à mesure de leur soumission. Et puis les actes de guerre de cette nature sont des actes qu'un vainqueur généreux et loyal ne doit pas violer, mais qu'il est de son droit et même de son devoir de corriger et de modifier au moyen d'une interprétation large, et, au besoin, d'une modification sage, lorsque les intérêts généraux l'exigent. C'est dans ce sens, du reste, que nous en avons agi en Algérie depuis que nous y sommes. Ainsi, pour n'en citer que quelques exemples : n'avons-nous pas soumis les propriétés des indigènes d'Alger et autres lieux au régime de nos lois générales par l'ordonnance du 1er octobre 1844 et la loi du 16 juin 1851 ? Ne les avons-nous pas mises sous le joug de l'ordonnance du 21 juillet 1846, ordonnance si exorbitante du droit musulman, et cependant si salutaire dans ses effets ? N'avons-nous pas à peu près supprimé le habbous, cette institution traditionnelle, presqu'aussi vieille que l'islamisme, et que la religion et les mœurs avaient élevée presqu'à la hauteur d'un dogme ?

Dans un autre ordre de faits, n'avons-nous pas, par le décret du 31 décembre 1859, distrait les musulmans de léurs juges et un peu aussi de leurs lois naturels, en déférant leurs contestations aux magistrats français? N'avons-nous pas, par cette innovation si nécessaire et si capitale (selon nous, c'est ce qui a été fait de plus grave, de plus efficace et de plus heureux en faveur de la civilisation et de la *rédemption* des indigènes, pourvu qu'on ne tarde pas à apporter dans les dispositions relatives à l'exécution les améliorations que l'expérience réclame), permis à notre magistrature d'interroger et d'interpréter le Coran, de pénétrer au foyer domestique du musulman, et d'en corriger les abus et les énormités?

Et qui pourrait reprocher à la France toutes ces transformations morales? qui pourrait s'en plaindre? Évidemment, ce ne sont pas les indigènes, qui ne demandent peut-être pas mieux que de vivre complètement sous la loi française.

Il est vrai que la France, en établissant son autorité sur les tribus, leur a maintenu leurs territoires ; mais elle ne les leur a pas garantis et n'a rien préjugé sur la propriété du sol ; c'était cette propriété qu'il s'agissait de rechercher et de juger.

Nous étions donc, sous ce rapport, maîtres de la situation lorsqu'il s'est agi de constituer la propriété arabe.

La loi du 16 juin 1851 ne nous engageait pas davantage. Cette loi, dont le caractère a souvent été exagéré, n'a évidemment rien statué au sujet du territoire des tribus. Elle n'innove pas sur ce point, pas plus, du reste, qu'elle n'innove sur beaucoup d'autres. Elle se borne à prescrire le respect pour l'état de choses tel qu'il existait alors. La question restait donc encore entière. Il s'agissait toujours de savoir quel était cet état de choses au regard du so *arch*. Seulement au point de vue du principe rigoureux posé dans la loi de 1851, on devait tenir pour constant que la recherche du droit de propriété pour les terres arch n'était pas soumise à des règles exceptionnelles et que ce droit devait être certifié conformément à la loi commune.

D'un autre côté, on croit généralement que *melk* et *arch* sont deux termes opposés et contradictoires; que l'un signifie propriété privée, l'autre propriété de l'Etat; or, c'est là une confusion.

Une terre *melk* est une terre sur laquelle le droit privatif de propriété existe, sur laquelle l'État ne saurait avoir aucune prétention. Une terre *arch* est celle qui appartient en propriété ou en jouissance à une tribu (arch), prise collectivement. Mais les melk ne sont pas essentiellement la propriété d'un seul ou de plusieurs dénommés; ils peuvent appartenir à une collection de personnes et à des établissements publics; par conséquent le territoire arch n'est pas nécessairement un sol non melk, un sol beylick, par cela seul qu'il est possédé par la tribu. Il n'est non melk ou beylick qu'autant que le droit de propriété n'est pas à la tribu, mais à l'Etat; et c'est là la question. Ainsi une terre arch ou de tribu peut être melk, et une terre melk peut être arch.

Ces trois points bien précisés, continuons.

On se fait généralement une idée inexacte du caractère et des conditions de l'établissement des Arabes en

Afrique. On s'est habitué à croire que les Arabes étaient
venus avec un gouvernement tout organisé et des cons-
titutions toutes faites ; qu'ils avaient pris possession du
pays au moyen d'un refoulement ou d'une extermination
absolue de l'élément indigène ; que leur chef s'était ad-
jugé tout le sol au nom du Prophète et du comman-
deur des croyants, et que les choses avaient ensuite
marché avec une régularité parfaite. Or, rien n'est plus
faux ; et c'est cette erreur qui, acceptée avec d'autant
plus de confiance qu'elle dispensait de tout examen, a
fait qu'on ne s'est pas entendu sur tant de points sur lesquels toutes les opinions auraient pu se rencontrer.

La première invasion arabe, qui commença en l'an 27
de l'hégire (647-648 de J.-C.) et qui se personnifie pour
nous dans la personne de Sidi-Ocba, l'un de ses chefs,
ne fut qu'une invasion de guerriers. Ce fut une armée
qui en réalité ne s'empara pas des campagnes et se cantonna dans les villes. On peut même dire que les indigènes, connus sous le nom de Berbères, voyant en elle un
instrument pour se débarrasser du joug odieux de la domination byzantine, l'accueillit avec faveur. Ce qui le
prouverait, c'est qu'en 442 de l'hégire (1051-1052 de J.-C.)
lorsqu'eut lieu la seconde invasion sous la conduite de
Mounès-ibn-Yaya, l'élément arabe avait disparu comme
puissance ; il était même à peu près complètement absorbé
par l'élément berbère qui avait ressaisi l'autorité politique
et son indépendance après la chute des Byzantins. C'é-
taient des dynasties berbères qui régnaient dans tout le
pays, même à Cairouan, capitale fondée par Sidi-Ocba.
Cependant, tout en se laissant absorber, les Arabes

avaient converti à l'islamisme les Berbères polithéistes.

Cette seconde invasion fut une véritable émigration. C'étaient des tribus entières avec les femmes et les enfants. Elles passèrent comme un violent incendie sur toute la partie ouverte de l'Afrique septentrionale, pillant, saccageant et accablant les populations indigènes de vexations de toutes sortes. Le premier élan de fureur passé, les principales nations d'entre les Berbères, telles que les Sanadhja et les Zenata, tentèrent une résistance plus efficace. C'est alors que l'invasion se disloqua. Une partie des tribus arabes alla dans le Djerid : au Mzab, à Touggourt, etc.; l'autre partie, ayant fait un semblant de paix avec les souverains berbères qui de Tunis, Bougie, Tlemcen et le Maroc, gouvernaient l'Afrique, resta dans le Tell, plus particulièrement le Tell oriental.

Ces dernières tribus se tinrent dans la campagne. Elles s'arrêtèrent bientôt sur des territoires qu'elles se mirent à cultiver. Ces territoires, les unes les avaient conquis et les conservaient de par la force, ou comme condition de leur neutralité ou de leur soumission; les autres les avaient obtenus des sultans berbères en récompense de services rendus ou de fidélité promise, car à cette époque les Arabes, incapables tout à la fois d'obéir et de commander, constituaient, selon l'expression de notre savant bibliothécaire, M. Berbrugger, une troupe de condottieri, vendant leur bravoure aux souverains dont nous venons de parler, souverains qui en avaient d'autant plus besoin qu'ils étaient toujours en guerre les uns contre les autres. Il faut ajouter que certaines de ces tribus payaient l'impôt à ces souverains, tout en cherchant à s'en exonérer à chaque occasion; d'autres vivaient complètement indépendantes.

En l'an 767 de l'hégire (1365-1366 de J.-C.), le sultan de Tlemcen, Abou Hammou, ayant éprouvé une défaite sous les murs de Bougie et ayant de plus à lutter contre un prétendant au trône, cessa d'une part de défendre les défilés de l'Atlas qui donnaient entrée dans la plaine, et d'autre part eut besoin d'un renfort de guerriers pour se maintenir au pouvoir. C'est alors que les tribus qui étaient allées guerroyer ou s'établir dans le Sud firent irruption dans le Tell central, à la suite de laquelle elles possédèrent tout le pays des Zenata, c'est-à-dire à peu près toute l'étendue qui se trouve entre le Maroc et Alger. Le sultan Abou Hammou, soit par nécessité, soit par crainte, ne s'opposa pas à cette nouvelle prise de possession.

Ces envahissements réitérés des Arabes avaient naturellement obligé une grande partie des Berbères à s'éloigner et à émigrer à leur tour.

C'est alors qu'une partie de la race berbère habitant le Tell, se concentra dans les montagnes du Djurjura, sous le nom de Kabyles, ou se refugia dans le Sud, dans le *pays de la soif*. Néanmoins des tribus berbères se maintinrent isolées parmi les Arabes.

Telles sont, en résumé, les circonstances dans lesquelles les Arabes s'établirent sur le sol africain. Ils arrivent en bandes pillardes ; puis ils se fixent dans les campagnes. Ils plantent leurs tentes ou sur des territoires dont ils s'emparent par la force et qu'ils conservent par le droit de la guerre et des traités, ou sur des territoires qui leur sont abandonnés pour prix d'un service de guerre ou pour obtenir qu'ils mettent fin à leurs brigandages.

Cette prise de possession et cette fixation au sol ne se sont point faites d'un seul jet, en un jour, mais elles se sont faites. Les Arabes étaient nomades, il a fallu que la nécessité, le goût de l'agriculture et l'espoir d'une amélioration dans leur état, les fît renoncer à leurs habitudes errantes. Au reste, les tribus qui n'ont pu se faire à la vie agricole et qui ont voulu demeurer exclusivement pasteurs s'en retournèrent dans les régions sahariennes, où d'autres étaient restées. D'un autre côté, les Arabes étaient, à cette époque, vus dans le Tell vec aune défaveur naturelle par les Berbères et leurs souverains qui les subissaient plutôt qu'ils ne les accueillaient, ne parvenaient pas à les gouverner et n'obtenaient que de rares impôts. C'était donc souvent des tiraillements et des luttes qui retardaient le grand travail d'établissement. Néanmoins, il était achevé à la fin du xv⁰ siècle de J.-C.

« Il faut se rappeler, dit Ebn Kaldoun, que les Arabes, « étaient d'une race d'une fierté extraordinaire, n'ayant « jamais connu l'humiliation d'obéir à un sultan, ni subi « la nécessité de payer la dîme. »

Maintenant, quel a été le caractère de cet établissement au point de vue du droit de propriété sur le sol sur lequel les Arabes se fixaient ? Leur possession était-elle incommutable et attributive de tous les priviléges attachés à la propriété ? ou n'était-elle que précaire, révocable et au simple titre de jouissance ?

Il nous semble que poser la question après ce que nous avons dit, c'est la résoudre.

Il ne faut pas oublier, en étudiant cette partie de l'histoire des Arabes, que chez les peuples indigènes qui les avaient absorbés une première fois, et qui, ensuite, vécurent au milieu d'eux pendant plusieurs siècles, la propriété privative était la propriété par excellence, et que les notions qu'ils avaient sur le droit en cette matière avaient passé à travers l'époque de la domination romaine.

Ce que nous ne devons pas perdre de vue davantage, parce que c'est un fait dominant et capital, c'est que les Arabes de la seconde invasion, c'est-à-dire ceux qui sont restés en Afrique, étaient organisés par tribus. Leur établissement sur le sol se fit aussi par tribus, chacune d'elles ayant des chefs propres, s'administrant et se gouvernant indépendamment des autres, prenant ou obtenant et possédant un territoire particulier et distinct, et ce de par la conquête on en vertu de cessions faites par les maîtres du pays. Tous ces territoires n'ont pas, comme ou le croit, été conquis par un gouvernement, par le gouvernement des Arabes, représenté par un émir ou un calife, qui l'aurait ensuite distribué à sa volonté à ses compagnons d'armes, de telle sorte qu'une donation de ce genre serait nécessaire pour transférer au moins à l'origine le droit de propriété, car de gouvernement arabe, il n'en existait pas, et ce sont les tribus agissant comme tribus qui ont appréhendé la terre.

Lorsque nous étudions les origines du droit de propriété en France, nous voyons que les Francs qui ont envahi la Gaule étaient divisés par bandes. Lorsqu'une bande s'emparait d'un territoire, tout ce territoire devenait la propriété du chef de la bande; il en distribuait ultérieurement certaines parcelles à ses guerriers, à la charge de certaines obligations consistant le plus souvent en services de guerre ; c'est ce qu'on appelait *bénéfices* ; ce que le chef conservait portait le nom d'*alleu*, *terre allodiale*.

Les choses se passèrent autrement avec les Arabes. C'était bien aussi la bande guerrière, la tribu qui faisait mainmise sur le sol, mais c'était elle qui avait tout le bénéfice de l'appropriation, et non son chef et encore moins un gouvernement général. L'esprit d'égalité dans la famille, ou plutôt de solidarité, qui est le propre du caractère arabe, répugnait à une pareille absorption ; seulement la tribu de l'invasion était la tribu des bords de la mer Rouge, avec les idées d'unité et de pouvoir patriarchal, dont les membres issus d'un auteur commun ne faisaient qu'une seule famille sous l'autorité du plus noble, du plus ancien, du plus illustre. Cette famille, c'était un être un et indivisible, une aggrégation vivant de la vie des temps bibliques. Son territoire ne faisait qu'un seul patrimoine pour lequel l'idée de division n'était pas même compréhensible.

Ce qu'il y a de curieux, c'est que nous retrouvons encore aujourd'hui, en Algérie, presque toutes les tribus qui ont fait la seconde invasion; seulement quelques-unes ont changé de nom par suite du déplacement de l'autorité locale, ou de la formation ou de l'agrandissement d'une ferka qui a dominé les autres ; quelques autres se sont tellement développées que certaines de leurs ferkas sont devenues de véritables tribus avec une dénomination différente. D'un autre côté on en voit qui s'affaiblissent et se laissent absorber par de plus puissantes.

Un fait non moins capital, c'est que les territoires que les tribus occupaient vers la fin du xve siècle, elles les occupent encore aujourd'hui. Il y en a bien qui, dans les troubles causés par la guerre, ont transporté ou ont été obligées de transporter leurs tentes en d'autres lieux, mais celles-ci ne sont relativement pas nombreuses.

Ce double travail de comparaison n'est pas sans difficultés ; mais il est possible avec l'ouvrage d'Ibn Kaldoun et les éléments de géographie algérienne que nous possédons.

Si ces faits sont confirmés par l'histoire, nous devons aujourd'hui considérer la tribu comme propriétaire de son territoire.

La possession, c'est dans toutes les sociétés, le moyen par excellence d'acquérir la propriété des choses, parce que c'est un moyen qui dérive du droit des gens, pour ne pas dire du droit naturel. Partout c'est sur la possession qu'est basé le droit de propriété, et même sur une possession violente et spoliatrice. D'un autre côté, la propriété, la détention incommutable et l'hérédité, qui en est la conséquence, est l'état normal et nécessaire des peuples, quels qu'ils soient, le but vers lequel ils tendent dès qu'ils existent, la fin qu'ils se proposent dans tous leurs agissements.

Le peuple musulman particulièrement accorde une très grande autorité au fait de la possession. Alors que les législations modernes exigent une possesion de trente années pour prescrire un immeuble, la loi islamique n'en demande en général que dix, quinze ou vingt.

Elle va même plus loin, car elle veut que celui qui *vivifie* une terre, c'est-à-dire la défriche et la cultive, en devienne immédiatement propriétaire.

Or, que les Arabes aient commencé leur possession (violente ou non, peu importe), avec l'intention d'être maîtres absolus de ce qu'ils possédaient ; qu'ils l'aient continuée dans cet esprit pendant un temps immémorial, d'une manière paisible (ou avec l'obligation de se défendre contre les Berbères dépossédés ou voisins, peu importe encore); que ce soit la tribu qui ait occupé et maintenu l'occupation, dans son propre intérêt, pour elle-même, en vertu de son initiative personnelle et collective, en dehors de toute intervention de la part d'un gouvernement politique supérieur, absorbant et se personnifiant par lui-même et par lui seul, c'est incontestable. Donc, nous pouvons dire que la possession traditionnelle de la tribu est attributive du droit de propriété collective, mais privative en même temps, comme la possession de l'individu ; et que la terre *arch* est, en principe, une terre *melk*, relativement à la tribu. Au point de vue du droit rigoureux (on sait que nous ne traitons la question qu'à ce point de vue), nous ne pouvons pas plus contester aux tribus la propriété de leurs territoires, qu'on ne pourrait dans deux cents ans inquiéter la validité des concessions que l'Etat fait aujourd'hui, des terres dont il s'est emparé par la guerre ou qui lui ont été cédées par les possesseurs, ou qu'il s'est attribué en vertu des lois.

Pour donner au système qui consiste à soutenir que la propriété de la terre *arch* appartient à l'Etat et la jouissance à la tribu, une couleur originale et une sorte d'appui dogmatique, on a imaginé une manière de habbous général frappant toute la terre d'Afrique considérée comme terre de conquête, et ayant pour conséquence de la rendre insusceptible de propriété privative, l'Etat représentant de Dieu, pouvant seul être propriétaire.

D'abord nous ne voyons pas bien comment ce habbous d'une nature si nuageuse pourrait se concilier avec les conditions dans lesquelles a eu lieu l'établissement en Afrique des tribus arabes. Et puis, que les tribus, soient en jouissance par voie de habbous, ou autrement, leur droit ne change pas; il est, aux termes et d'après l'esprit des lois que nous avons faites sur l'immobilisation, aussi complet et aussi efficace dans une hypothèse que dans l'autre.

Enfin où a-t-on pris ce habbous auquel on fait jouer un rôle si considérable et si arbitraire ? Encore une fois il faut avoir bien soin de distinguer dans les institutions théocratiques ce qui est la loi positive de ce qui n'est que la loi ou la parabole religieuses. Ces deux choses ne se concilient pas aussi souvent qu'on le pense communément. Ce habbous général dont le Coran ne parle pas, n'est mentionné que dans les écrits de quelques jurisconsultes mystiques et dans une forme et un langage tellement obscurs qu'il faut bien reconnaître que ce n'est là qu'une de ces fictions de fantaisie, qu'une de ces métaphores outrées sans portée civile et pratique, et dont le sentiment religieux de l'Orient aime tant à revêtir la narration historique. La preuve, c'est qu'on ne retrouve pas ce habbous dans l'application. En effet, si en fait la *consécration* avait eu lieu pour la terre d'Afrique, nous n'aurions trouvé à notre arrivée en 1830, d'autre droit de propriété que celui émanant d'une charte directe du gouvernement ; et encore la légalité de cette charte eût-elle été contestable, puisque l'immobilisation rend la terre inaliénable. Mais ce que nous avons trouvé était bien différent. Le droit de propriété était reconnu en principe, dans toutes les parties de l'ancienne régence ; il était assis et constitué avec plus ou moins de certitude, dans des proportions plus ou moins larges, mais cela n'infirme pas l'autorité du fait.

Nous avons aussi lu que le hokor, loyer de la terre, que quelques tribus payaient et paient toujours à l'Etat, était exclusif de tout droit de propriété à leur profit ; que lorsqu'on est fermier ou considéré comme tel, on ne peut prescrire contre son titre.

Pour donner à une institution sa signification exacte, il faut remonter à son origine; si on ne le fait, on risque fort de se tromper en prenant des lieux communs pour autorité. C'est ce qui est encore arrivé à propos du hokor.

D'après ce que nous savons sur le régime politique et social des tribus, nous pouvons affirmer qu'elles n'ont pas été soumises au hokor à l'origine de leur établissement sur la terre d'Afrique, circonstance qui suffirait déjà pour neutraliser l'importance que l'on voudrait attribuer au paiement du hokor. Ces tribus rebelles à toute autorité et qui ne voulaient même pas payer la dîme, comme le dit Ibn Kaldoun, ne payaient certainement pas un fermage pour la terre qu'elles cultivaient. Mais nous pouvons ajouter quelque chose de plus. Le hokor n'a jamais été un impôt général chez les tribus arabes de l'Afrique septentrionale ; il était spécial au beylick de Constantine, et c'est

un bey (le dernier si nous ne nous trompons) qui l'a
établi comme ressource pécuniaire, comme mesure finan-
cière, dans le but de venir au secours d'un trésor épuisé.
Ahmed Bey ne pouvant augmenter ni le zeccat, ni la
lezma, usa d'une pratique qui est à l'usage de tous les
gouvernements qui ont besoin d'accroître leur budget :
il imagina le hokor pour remplacer le *gherama*, qui constituait une redevance d'une utilité insuffisante ou d'une
perception difficile. Cet impôt était tellement une contribution ordinaire, qu'il frappait les possesseurs d'azels
(terres domaniales) comme les territoires arch.

Et puis, en admettant que le souverain ou les souverains
qui ont eu recours au hokor, l'aient établi avec la pré-
supposition que le sol qu'ils frappaient était considéré
comme terre de l'Etat, ce serait là un de ces principes théo-
riques qui ne détruirait pas le droit et qui n'aurait aucune valeur. Le sol des provinces chez les Romains
était aussi considéré comme la propriété du peuple conquérant, *quasi prædia populi Romani ;* les possesseurs
n'en avaient que le *domaine bonitaire*, payant la dîme
sur la récolte en témoignage de leur qualité d'usufruitiers.
Mais la majesté de Rome, une fois sauvegardée par les
édits, la nécessité et la réalité reprenaient leurs droits ;
et la distinction entre le domaine quiritaire et le domaine
bonitaire n'était plus qu'une fiction.

Cette situation générale, conséquence nécessaire d'é-
vénements certains, et de l'organisation intérieure du
peuple arabe, n'a été ni empêchée ni modifiée par la conquête turque.

Lorsqu'au commencement du xvie siècle les Barberousse

firent reconnaître dans cette partie de l'Afrique appelée aujourd'hui l'Algérie, la suzeraineté du sultan de Constantinople, l'Afrique était encore dominée par trois dynasties d'origine berbère : les Mérinites du Maroc, les Zianites de Tlemcen, et les Hafsites de Tunis. L'Algérie était plus particulièrement au pouvoir des Zianites ; mais l'action de ce pouvoir était presque nulle sur les tribus arabes et même berbères, ainsi que nous l'avons vu ; elle n'était pas plus efficace sur une foule de petits États qui s'étaient formés dans les villes et organisés presqu'à l'état de république. Le pouvoir du sultan était, en dehors d'un rayon restreint, un pouvoir à peu près nominal, satisfait de la perception de l'impôt, quand cette perception se réalisait.

Il est à remarquer que beaucoup de ces sortes de républiques étaient administrées par le chef d'une tribu voisine, tant l'influence de la tribu était prépondérante. C'est ainsi qu'à l'arrivée d'Aroudj à Alger, cette ville avait pour chef le cheick de la tribu arabe des Taaleba, qui occupait la Mitidja.

Ces circonstances ont facilité le coup de main qui a livré le Moghreb aux corsaires. Mais on connaît le caractère et les conditions de cette occupation ; on sait qu'elle ne rechercha pas l'origine de la possession du sol, qu'elle ne modifia en rien les règles sur lesquelles elle pouvait reposer, et que, sur ce point, elle respecta en principe le fait accompli. Les deys et les beys ne voulaient qu'une chose en dehors des villes : c'était la soumission des tribus manifestée par le paiement de l'impôt. Mais, comme d'une part il n'y avait aucun esprit de justice dans leur autorité et que l'impôt se multipliant à l'infini était vexatoire et odieux, que d'autre part la tribu se soumettait avec peine à un gouvernement étranger qu'elle abhorrait, et qu'une fois domptée elle se mettait à ronger son frein en gardant constamment déployé le drapeau de la révolte, c'étaient des séditions presque continuelles et un état de guerre presque permanent. ·Les tribus étaient souvent maltraitées ; quelquefois on les déplaçait, on confisquait leurs biens ou on les donnait à d'autres ; quelquefois aussi elles étaient obligées d'aller s'établir sur un autre territoire. Quelquefois encore ces révolutions arrivaient en temps de paix par·suite de l'arbitraire du pouvoir ou des appréhensions des tribus.

Disons en passant que c'est dans ces circonstances et à cause d'elles que les tribus berbères qui étaient restées dans le Tell quittèrent cette contrée pour aller rejoindre leurs frères du Djurjura ou du pays saharien. Il ne resta plus guère dans le Tell (en n'y comprenant plus la Kabylie) que des Arabes et des Turcs.

Mais ces événements étaient exorbitants de la règle; ce n'était pas l'exercice d'un droit qui aurait attribué à l'Etat la propriété de tout le sol et permis ainsi de disposer du territoire des tribus (personne ne songeait à ce prétendu droit); c'étaient purement et simplement des actes de violence et d'iniquité qui n'impliquaient même de la part de leurs auteurs qu'un abus de la force dans des cas déterminés, et qui n'avaient d'effet que pour les tribus qui en étaient les victimes.

Cependant, nous dire que, sous le gouvernement turc, la constitution de la propriété s'est légèrement modifiée. Sous la période berbère, la propriété arabe était à peu près partout collective, exclusivement aux mains des tribus ; sous la période turque, elle commença à s'individualiser, ou, si on l'aime mieux, à se fractionner. Le beylick concéda à ses serviteurs, à ses créatures, des étendues de terres plus ou moins grandes, qu'il sépara de ses domaines ou qu'il enleva aux territoires arch. Cela avait lieu surtout dans les environs des villes. Et puis, il arriva aussi que des puissants dans la tribu parvinrent à se former un lot particulier, et, avec le temps et leur influence, à s'en faire reconnaître le maître exclusif pour eux et les membres de leur famille.

Il arriva encore que dans certaines tribus (celles voisines du Sahel d'abord), la rigueur avec laquelle le chef faisait le partage annuel du sol arch, se relâcha ; au lieu de se faire tous les ans, ce partage ne se fit plus que d'une manière très irrégulière ; c'est alors que chacun prit l'habitude de se considérer comme propriétaire du lot qu'il possédait et cultivait depuis 8, 10, 15 ou 20 années ; cette idée d'appropriation, cette prétention à une propriété individuelle, n'était souvent que particulière à certains possesseurs ; quelquefois cependant elle se généralisait, et chaque membre de la tribu, ou plutôt chaque famille ou chaque douar, revendiquait et faisait prévaloir le même bénéfice.

C'est ainsi que se forma, en Algérie, la propriété individuelle à l'aide d'emprunts au domaine de l'Etat, sorte d'*ager publicus* à la disposition exclusive du souverain, et de démembrements du fonds arch. C'est la seconde période de la constitution de la propriété. La première période appartient à la propriété purement collective ; il est bien entendu toujours que nous ne parlons que des **Arabes**.

Cette formation de la propriété individuelle qui, dans beaucoup de cas, n'était à proprement parler, que la propriété collective fractionnée, fut, comme la constitution de cette dernière, l'œuvre des circonstances et des dispositions naturelles de l'homme. Elle eut lieu presqu'imperceptiblement, peu à peu, par suite d'un concours de faits non prévus, comme se font toutes les révolutions de cette nature. Il serait impossible de saisir et d'apprécier chacune des phases de cet événement ; il serait aussi impossible de le suivre pas à pas ; mais ce que nous savons avec certitude, c'est qu'elle se réalisa dans un certain laps de temps. Lorsque nous arrivâmes en 1830, la propriété individuelle existait. Bien plus, nous croyons qu'aujourd'hui elle existe pour une partie notable des territoires arch.

Nous pourrions appuyer notre opinion qui, nous l'avouons, n'est pas, sur ce dernier point, celle qui est généralement acceptée, sur ce qui se passe dans la justice indigène depuis la promulgation du décret du 31 décembre 1859. Tous les jours nous voyons des indigènes, et en grand nombre, des extrémités les plus reculées du Tell, saisir nos tribunaux de questions de propriétés relatives à des immeubles importants. Dans ces litiges, il n'est pas rare de rencontrer des actes de ventes et de partages remontant à deux ou trois siècles.

Peut-on dire, en présence de ce fait, que la propriété individuelle est inconnue ou est chose rare dans les tribus?

Nous devons ainsi résumer l'histoire de la propriété en Algérie antérieure à 1830. A la première époque de la

seconde invasion, et sous la suzeraineté des sultans ber-
beres, la tribu s'établit sur le sol, la propriété collective
se forme. Sous le gouvernement turc, la propriété collective des tribus est quelquefois l'objet de violences et de
démembrements, mais elle se maintient; le domaine de
l'État se constitue plus fortement et s'agrandit; la propriété collective se fractionne; la propriété individuelle
s'établit.

Maintenant, terminons en disant : Oui, l'art. 2 du Sénatus-Consulte est un acte de générosité, en ce sens que la
France était libre, au point de vue des besoins politiques
et de l'intérêt général, d'adopter l'un ou l'autre des deux
systèmes en présence; mais c'est aussi et surtout un acte
de légalité.

ART. II.

Il sera procédé administrativement et dans le
plus bref délai :

1° A la délimitation des territoires des tribus;

2° A leur répartition entre les différents douars
de chaque tribu du Tell et des autres pays de
culture, avec réserve des terres qui devront conserver le caractère de biens communaux;

3° A l'établissement de la propriété individuelle entre les membres de ces douars, partout
où cette mesure sera reconnue possible et opportune.

Des décrets impériaux fixeront l'ordre et les délais dans lesquels cette propriété individuelle devra être constituée dans chaque douar.

La valeur d'une loi n'est pas seulement dans son texte et son esprit, elle est aussi et surtout dans la manière dont on l'applique. C'est à tel point qu'un de nos grands orateurs contemporains disait un jour *que l'exécution des lois le préoccupait beaucoup plus que leur formation.*

Ce qui est vrai en règle générale est particulièrement vrai pour le sénatus-consulte du 22 avril.

Nous n'avons pas autorité pour donner notre avis sur les conditions dans lesquelles cette loi devra recevoir son exécution. L'importance des intérêts engagés, la gravité du sujet et la sollicitude des fonctionnaires chargés de la direction nous donnent toutes garanties à cet égard ; disons seulement ou plutôt répétons que ce que chacun a voulu et veut toujours pour sauver la colonisation, c'est la suppression de la propriété collective et la liberté des transactions immobilières; que par conséquent le but que tout le monde désire, que tous les systèmes ont recherché, sera d'autant plus sûrement atteint que l'opération du partage des territoires des douars sera poursuivie avec activité.

Il est rare qu'une loi dont l'exécution est à longue échéance puisse produire le bien qu'elle peut renfermer ; on finit bien vite par désespérer de son efficacité, par la condamner sans appel, et on trouve que le mal n'a fait que s'aggraver.

En matière criminelle, pour que la peine soit réellement efficace, il faut qu'elle suive le crime de près ; il en est de même de la mise à exécution d'une loi.

A côté de cela, nous ne devons pas nous dissimuler que l'exécution complète de la loi est une œuvre immense. C'est certainement l'acte administratif le plus considérable, le plus grand et le plus réellement utile qui se soit produit depuis la conquête ; opération complexe en même temps que difficile ; mission grande, honorable et exigeant une connaissance parfaite des hommes et des choses du pays, en même temps que grosse de responsabilité et de labeur !

Bien que les opérations des commissions provinciales ne doivent être le plus souvent, selon nos prévisions, qu'un travail de reconnaissance de droits et d'application de titres, il n'en sera pas moins un travail considérable, un travail d'administrateur, de politique, de jurisconsulte et de juge ; et cette fonction de jurisconsulte et de juge est d'un caractère d'autant plus délicat que les règles à suivre ne sont pas bien fixées, qu'un sage arbitraire sera souvent nécessaire et que l'autorité et l'influence morale des personnes seront souvent aussi acceptées comme raison de décider.

On a dit que l'individualisation du sol des tribus ne se concilierait pas avec les goûts, les aptitudes et les habitudes des indigènes qui aiment les possessions indivises et collectives et s'y complaisent. Cette opinion est, selon nous, le résultat d'une connaissance insuffisante du peuple arabe.

Tout le temps que la tribu a constitué une véritable

famille, une agrégation d'individus unis par le lien étroit
de la consanguinité et que l'autorité du chef a été une
véritable autorité patriarcale ,les idées et les traditions de
la famille se sont maintenues. Tous les membres ne formant, pour ainsi dire, que les rameaux d'un même tronc,
n'avaient ni fortune distincte, .ni, dans une certaine limite,
de personnalité différente ; ils formaient une grande société
qui absorbait tous les intérêts, une grande unité dans laquelle toutes les individualités se confondaient. Il s'ensui-
vait qu'il n'y avait de propriété que la propriété de la
famille, la propriété de la tribu ; la vie était commune, le
patrimoine était commun ; chaque membre, ou chaque
rameau avait bien son lot particulier, mais c'était une affaire de jouissance précaire et momentanée et de convenances intérieures.

Mais bientôt le chef ne fut plus un patriarche ; il dégé-
néra en caïd ; l'autorité paternelle devint une autorité
légale, politique, officielle ; un travail de dislocation commença peu à peu, et se fit insensiblement, d'abord dans
les idées, puis dans les faits ; le sentiment de la consanguinité s'affaiblit et se rétrécit ; les rameaux se détachè-
rent du tronc ; on se cantonna par groupes de parents ;
chaque tente devint le centre d'un intérêt spécial, d'une
famille particulière qui eut naturellement ses besoins propres, ses aspirations égoïstes et des tendances plus étroites.
C'est ainsi que la tribu cessa d'être une grande famille, une
communauté, pour n'être plus qu'un centre de population,
qu'une confédération de tentes avec un caractère politique
et officiel plus déterminé.

C'est le gouvernement turc qui provoqua cette désor-

ganisation et qui s'efforça de l'activer par toutes sortes de
mesures.

C'est ce changement, à la fois moral et po itique, qui
prépara la formation de la propriété individuelle, dont
nous avons parlé ; nécessairement, et comme conséquence,
le chef de la tente chercha à isoler son bien, comme il
avait isolé ses enfants sous sa tutelle. Aussi, pouvons-
nous dire que partout où l'Arabe a pu sortir de l'indivision
et s'approprier un lot de terre, il l'a fait ; et si aujourd'hui
il est vrai que certains territoires arabes du Tell soient
encore dans un état de possession collective, c'est parce
qu'il n'a pas été permis aux habitants, par suite de certaines circonstances, soit politiques, soit sociales, soit de
convenances agricoles, de diviser cette possession.

L'altération profonde que l'autorité de la tribu a subie
dans son caractère et dans son assiette et l'action enva-
hissante que le gouvernement turc a cherché à exercer
sur l'agrégation est un fait qui, à un certain point de vue,
peut être comparé à la domination romaine sur les tribus
berbères. Lorsque les Romains soumirent l'Afrique, la
tribu berbère, dont le berceau est aussi en Orient, était
exactement ce qu'était la tribu arabe lors de la seconde
invasion, c'est-à-dire que son organisation était essentiellement patriarcale et que la propriété immobilière
était généralement collective. Il était dans la politique et
dans le droit public de Rome de laisser à peu près libres
les peuples soumis et de leur permettre de continuer à
vivre sous leurs propres lois, tout en cherchant à les pénétrer et à se les assimiler dans de certaines limites, au
moyen du *jus romanum*, amendé par une certaine légis-

lation provinciale, laquelle à son tour était aussi amendée par l'édit du préteur de la province. Les lois romaines ne manquèrent donc pas d'agir de près ou de loin sur les tribus berbères ; ce qui fit qu'à un moment donné, on trouve ces tribus vivant sous une sorte de régime municipal par les *djemmâas* et en possession de la pleine propriété individuelle. C'est l'état dans lequel on les voit aujourd'hui dans la Kabylie.

La tribu arabe n'est pas encore arrivée à cet état de division terrienne, mais elle est en voie d'y parvenir ; elle possède le germe et les aspirations de cette individualisation. Si elle n'a pas encore atteint le sommet (le sénatus-consulte le lui fera toucher d'un seul jet par le fait seul de sa mise à exécution), cela tient d'abord à la différence du temps écoulé depuis l'époque où les faits générateurs se sont produits et ensuite et surtout à ce que l'action désorganisatrice du pouvoir patriarcal est moins vigoureuse chez elle qu'elle ne l'a été chez la tribu berbère.

Telles sont, selon nous, les seules raisons qui distinguent l'état de la propriété chez ces deux peuples dont on a peut-être trop souvent coutume de parler, sous ce point de vue, comme de deux termes opposés.

Au reste, ce qui se passa dans la tribu arabe ne doit pas nous étonner ; le même fait se produisit dans la tribu sédentaire des Francs Germains, avant l'invasion de la Gaule et dans la bande guerrière après l'invasion ; c'est ce dont on se convaincrait facilement si on voulait étudier l'histoire de la formation et du développement des villages dans certaines parties de la France.

Les peuples n'ont qu'un berceau ; leur premier âge

est partout le même : ils ne se distinguent que par la durée de leur enfance et les conditions de leur développement.

L'Arabe a donc aujourd'hui, par instinct et par tradition, le sentiment et le désir de la propriété individuelle. Si nous nous sommes habitués à croire le contraire, c'est parce que nous n'avons pas voulu nous rendre compte du morcellement qui, à une certaine époque, a transformé la tribu.

Une remarque que nous avons eu l'occasion de faire en étudiant les mœurs judiciaires des Arabes, est venue confirmer notre appréciation. L'Arabe est un Normand en fait de procès ; il dispute un lopin de terre d'une valeur insignifiante avec plus d'acharnement qu'un colon européen ne défend un riche domaine. Pour ce lopin situé dans les tribus les plus reculées de la région tellienne, il n'y a de sacrifices qu'il ne s'impose ; il plaidera d'abord devant le cadi ; puis il ne manquera pas de relever appel et partira pour Alger ou toute autre localité où se trouve le tribunal qui doit le juger ; il restera là pendant un mois, pendant deux mois, attendant une solution, et il ne quittera pas la place sans l'avoir obtenue. Si, après le second degré de juridiction, il y en avait un troisième et un quatrième, l'Arabe les épuiserait avec la même persistance.

Cette disposition particulière aux Arabes ne prouve-t-elle pas qu'ils n'ont pas besoin du contact des Européens pour s'initier à la vie de propriétaire, n'est-elle pas exclusive de cette sympathie traditionnelle pour l'indivision qu'on leur prête ?

Il y aurait, à notre sens, grand inconvénient à ne pas

procéder avec rapidité à l'exécution complète du sénatus-consulte et par conséquent à l'allotissement individuel. En effet, ainsi que nous l'avons déjà dit, nous sommes de ceux qui croient que la propriété individuelle existe, même en l'absence de titres écrits, dans la généralité des territoires de tribus, et que la propriété collective proprement dite, à part les communaux dont le maintien est nécessaire, n'est pas, en beaucoup de localités, l'état normal. Or, ces possesseurs privatifs qui s'étaient jusqu'à ce jour considérés et avec raison comme propriétaires incommutables, vont naturellement commencer à s'inquiéter. Malgré les assurances et les garanties que le sénatus-consulte leur donne, malgré la confiance qu'ils peuvent avoir dans la sagesse de la justice et de l'administration françaises, ils redouteront toujours les éventualités d'une réclamation de la part de la tribu et les incertitudes d'une compétition possible. Les craintes seront d'autant plus grandes que la plupart de ces propriétaires n'ont pas ou ont peu de titres anciens bien établis, bien positifs, que la délimitation de leurs terres est vague et mal précisée et que les opérations administratives ordonnées seront pour l'esprit de chicane et la mauvaise foi une occasion de se produire. Les indigènes se défieront encore longtemps de ce qui viendra de nous, alors même que nous n'apporterons que bienfaits et grandeur; derrière un acte de magnanimité, ils croient toujours apercevoir une pensée secrète et hostile; ils craignent toujours qu'on leur reprenne d'une main ce qu'on leur donne de l'autre; cette défiance est dans leur nature. Et puis, ils se souviennent de ce qui s'est passé pour les rares tribus de la juridiction civile de 1847 à 1852, lorsqu'il s'est agi de procéder à l'application de l'ordonnance du 21 juillet 1846. Il est arrivé que beaucoup d'indigènes propriétaires, par négligence quelquefois, par ignorance presque toujours, ont omis les formalités prescrites pour arriver à l'homologation de leurs droits ; la sollicitude du gouvernement a relevé quelques contrées de la déchéance encourue, mais d'autres ont dû subir la forclusion. Il est vrai que, sur le rapport de la commission des transactions et partages instituée pour tempérer ce que la loi avait de trop rigoureux, le gouvernement a concédé directement aux possesseurs évincés une partie de ce que la déchéance leur enlevait; mais ces lettres de relief et ces concessions n'étaient considérées et n'étaient en réalité que des actes de gracieuseté qui n'étaient pas obligatoires, qui auraient pu ne pas avoir lieu.

Cet événement est encore dans la mémoire des indigènes, qui n'en ont saisi et retenu que le côté qui leur préjudiciait, et ont oublié ou n'ont pas compris ce qu'il y avait de sauveur dans la loi et de générosité dans la conduite du gouvernement à leur égard.

Certes, ainsi que le dit l'exposé des motifs, le sénatus-consulte ne créera pas une propriété collective ; néanmoins, comme il a pour objet de *constituer* et de *reconnaître*, il peut la faire craindre. Quelque généreux qu'il soit pour les Arabes, quelque éclairée que puisse être sa mise à exécution, il y a des appréhensions qui sont inhérentes au fait seul de son existence et que l'on ne peut empêcher. Le droit de propriété est un droit extrêmement susceptible et défiant.

ART. III

Un règlement d'administration publique déterminera :

1° Les formes de la délimitation des territoires des tribus ;

2° Les formes et les conditions de leur répartition entre les douars et de l'aliénation des biens appartenant aux douars ;

3° Les formes et les conditions sous lesquelles la propriété individuelle sera établie, et le mode de délivrance des titres.

Nous donnons le texte du règlement d'administration publique prévu en cet article, ainsi que des instructions générales et circulaires qui ont suivi.

DÉCRET

Portant règlement d'administration publique pour l'exécution du Sénatus-Consulte du 22 avril 1863 relatif à la constitution de la propriété en Algérie, dans les territoires occupés par les Arabes.

Du 23 mai 1863.

NAPOLÉON, par la grâce de Dieu et la volonté nationale, Empereur des Français,

A tous présents et à venir, salut :

Sur le rapport de notre Ministre Secrétaire d'État au département de la guerre ;

Vu la loi du 16 juin 1851 sur la constitution de la propriété en Algérie ;

Vu le sénatus-consulte du 22 avril 1863, relatif à la constitution de la propriété en Algérie dans les territoires occupés par les Arabes, et spécialement l'article 3 ainsi conçu : « Un règlement d'administration publique déterminera : 1° les formes de la délimitation des territoires des tribus ; 2° les formes et les conditions de leur répartition entre les douars et de l'aliénation des biens appartenant aux douars ; 3° les formes et les conditions sous lesquelles la propriété individuelle sera établie et le mode de délivrance des titres ; »

Notre Conseil d'Etat entendu,

Avons décrété et décrétons ce qui suit :

TITRE PREMIER.

Dispositions préliminaires.

Art. 1er — Des décrets, rendus sur les proprositions du Gouverneur général de l'Algérie et sur le rapport du Ministre de la guerre, désigneront successivement les tribus dans lesquelles il sera procédé aux opérations de délimitation et de répartition prescrites par l'article 2 du sénatus-consulte du 22 avril 1863.

Ces décrets seront insérés dans le *Bulletin officiel du Gouvernement* et dans le *Mobacher*.

Ils seront, en outre, affichés dans les chefs-lieux de subdivision et de cercle, et publiés dans les marchés et dans les tribus intéressées.

Cette publication sera constatée par des procès-verbaux

de l'autorité locale et constituera, pour le service des domaines, en ce qui concerne les biens *beylick*, pour les propriétaires de biens *melk*, pour les tribus et pour les douars, une mise en demeure de prendre toutes mesures conservatoires de leurs droits.

Art. 2. — Les opérations de délimitation de tribus et de répartition de leurs territoires entre les douars seront effectuées dans le plus bref délai, par des commissions administratives désignées par le Gouverneur-Général et composées ainsi qu'il suit :

Un général de brigade ou un colonel, ou un lieutenant-colonel, *président* ;

Un sous-préfet ou un conseiller de préfecture, ou un membre du Conseil général de la province, *vice-président* ;

Un officier du bureau arabe militaire ou un agent du bureau arabe departemental ;

Un agent du service des domaines.

A chaque commission seront adjointes par le Gouverneur-Général une ou plusieurs sous-commissions chargées de procéder aux opérations préliminaires de délimitation et de répartition, et de préparer l'instruction des contestations auxquelles ces opérations pourraient donner lieu.

La commission et les sous-commissions seront assistées d'interprètes et d'agents du service topographique.

Art. 3. — Des indigènes désignés par les tribus et par douars les représenteront près des commissions et des sous-commissions et seront admis à leur fournir les observations et les renseignements qu'ils jugeraient convenables.

TITRE II.

Délimitation des territoires des tribus.

Art. 4. — Les commissions procéderont immédiatement sur les lieux, d'après les éléments fournis par les sous-commissions, à la reconnaissance des limites du territoire de chaque tribu, en présence des représentants de la tribu et de ceux des tribus limitrophes.

Elles indiqueront ces limites dans un mémoire descriptif, qui mentionnera toutes les observations des intéressés et auquel seront annexés les plans ou croquis visuels qui seraient nécessaires pour l'intelligence des opérations et des contestations.

Art. 5. — Les commissions statueront sur toutes les contestations auxquelles pourraient donner lieu les opérations de la délimitation, sous la réserve des droits du domaine pour les biens *beylick* et des droits des particuliers pour les biens *melk*.

Elles délibéreront à la majorité des voix. En cas de partage, la voix du président sera prépondérante.

Leurs décisions seront soumises à l'approbation du général commandant la division en territoire militaire, ou du préfet en territoire civil.

Art. 6. — Les commissions feront établir des bornes sur les points où les limites ne seraient pas suffisamment indiquées sur le sol d'une manière durable.

Le bornage sera constaté par un procès-verbal qui sera présenté à la signature des représentants indigènes.

Art. 7. — Les commissions résumeront l'ensemble de

leurs travaux relatifs à chaque tribu dans un rapport auquel seront joints le mémoire descriptif des limites et ses annexes, les décisions rendues et le procès-verbal du bornage.

Ce rapport sera adressé au général commandant la diviaion ou au préfet, selon le territoire, et transmis par lui, avec son avis, au Gouverneur-Général, qui constatera la régularité des opérations.

La délimitation ne sera définitive que lorsqu'elle aura été sanctionnée par des décrets rendus sur les propositions du Gouverneur-Général et sur le rapport du Ministère de la guerre.

TITRE III.

Répartition des territoires des tribus entre les douars.

Art. 8. — La délimitation du territoire de la tribu étant accomplie, les commissions procéderont immédiatement dans le Tell et dans les autres pays de culture, à la répartition du territoire de cette tribu entre les douars qui s'y trouvent compris et à la délimitation de chacun de ces douars.

Art. 9. — La commission opérera la délimitation des douars de la tribu dans les formes prescrites par les articles 4, 5 et 6 du titre précédent, en présence des représentants de la tribu et des douars intéressés.

Il sera fait réserve des terres de la tribu qui devront conserver le caractère de biens communaux, lesquels pourront rester provisoirement indivis entre les douars ou être attribués à l'un ou plusieurs d'entre eux, d'après les usages locaux et les déclarations des intéressés.

Si l'un ou plusieurs des douars se trouvait avoir subi une distraction de son territoire au profit de la colonisation ou d'un service public, il pourrait lui être attribué sur les terres de la tribu, une part proportionnée à la perte qu'il aurait éprouvée.

Art. 10. — Dans les deux mois de la publication prescrite par l'article 1er du présent décret, les propriétaires des biens *melk* et le service des domaines, en ce qui concerne les biens *beylick* situés sur le territoire de la tribu ou des douars, devront, à peine de déchéance, former leur revendication devant le président de la commission.

Les revendications pourront être exercées, dans l'intérêt des absents ou des incapables, par le cheikh du douar.

Il sera dressé un état des propriétés *melk* et *beylick* qui auront été revendiquées, indiquant leurs limites, leurs dénominations particulières, les noms des auteurs de la revendication et les faits invoqués à l'appui. A cet état seront annexés les plans ou croquis visuels qui seraient jugés nécessaires.

Art. 11. — Les revendications seront immédiatement communiquées aux représentants des tribus et des douars intéressés, qui devront, dans le délai d'un mois, à partir du jour de cette communication, sous peine de déchéance, faire opposition à celles des revendications qu'ils ne croiraient pas fondées.

Ce délai expiré sans opposition, les biens *melk* et les

biens *beylick* seront acquis aux auteurs de la revendication.

En cas d'opposition, le revendiquant devra, à peine de nullité, former sa demande en justice dans le mois qui suivra la communication qui lui aura été faite de cette opposition.

Art. 12. — Les contestations auxquelles donneraient lieu les revendications des biens *melk* et *beylick* seront, à la diligence des parties intéressées, portées devant la juridiction compétente.

L'appel sera porté devant la cour impériale d'Alger.

Les instances introduites ne suspendront pas la marche des opérations des commissions.

Art. 13. — L'ensemble des travaux concernant la délimitation des douars et les revendications et les reconnaissances des biens *melk* et *beylick* sera résumé dans un rapport auquel seront annexés les procès-verbaux, plans, copies de jugements et autres pièces relatives aux opérations.

Ce rapport sera adressé au général commandant la division ou au préfet, selon le territoire, et transmis par lui, avec son avis, au Gouverneur-Général qui constatera la régularité des opérations.

Les opérations ne seront définitives que lorsqu'elles auront été sanctionnées par des décrets rendus sur la proposition du Gouverneur-Général et sur le rapport du Ministre de la guerre.

Art. 14. — Une expédition de ces décrets sera, à la diligence de l'administration, enregistrée gratis et transcrite sur un registre spécial au bureau des hypothèques du chef-lieu de la province.

Art. 15. — Le service des contributions diverses établira, d'après ces décrets et les décisions judiciaires intervenues, la matrice foncière du territoire de chaque douar, comprenant :

1° Les biens *beylick* ;

2° Les biens *melk* ;

3° Les biens communaux ;

4° Les biens collectifs de culture.

TITRE IV.

Aliénation des biens appartenant aux douars.

§ 1er. — Biens communaux.

Art. 16. — Des djemâas instituées par le général commandant la division ou par le préfet, dans les douars dont le territoire aura été constitué ainsi qu'il est dit ci-dessus, auront qualité pour consentir l'aliénation par voie d'échange ou par vente, au profit de l'État ou des particuliers, de tout ou partie de leurs biens communaux. Ces ventes auront lieu de gré à gré ou aux enchères publiques.

Art. 17. — Les demandes d'échange seront adressées, par les djemâas. aux généraux ou aux préfets qui en autoriseront, s'il y a lieu, l'instruction.

Il sera fait estimation contradictoire des biens, par experts désignés par les parties intéressées. Un tiers-expert sera désigné par le cadi.

Les résultats de l'expertise seront constatés par un procès-verbal affirmé par les experts.

Le dossier de l'affaire, accompagné de la délibération de la djemâa, constatant le consentement des intéressés, d'un extrait de la matrice foncière et d'un plan des immeubles, sera renvoyé au général ou au préfet, qui statuera sur l'utilité ou les conditions de l'échange, et autorisera, s'il y a lieu, à passer l'acte avec l'échangiste.

Si la valeur de l'échange est inférieure à 5,000 francs, le contrat sera approuvé par le Gouverneur-Général.

Tout échange d'une valeur supérieure sera soumis à notre approbation.

Art. 18. — Les aliénations par vente de gré à gré seront instruites et autorisées comme les échanges, dans les formes établies par l'article précédent.

Art. 19. — Les aliénations aux enchères seront soumises aux formalités suivantes :

Les demandes seront adressées aux généraux ou aux préfets qui autoriseront l'instruction, s'il y a lieu.

Il sera fait une estimation de l'immeuble, pour la détermination de la mise à prix, par un expert désigné par l'autorité administrative du ressort.

Le procès-verbal d'expertise sera soumis à la délibération de la djemâa, qui donnera son avis sur les conditions de la vente et sur la mise à prix.

Le cahier des charges de la vente, appuyé du procès-verbal d'expertise, de la délibération de la djemâa, d'un extrait de la matrice foncière et d'un plan de l'immeuble, sera soumis au général ou au préfet, qui décidera s'il y a lieu de procéder à la vente.

La mise en vente sera précédée de publications qui indiqueront le jour de la vente et le lieu où seront déposés le cahier des charges et le plan.

Les adjudications auront lieu en présence des intéressés ou de leurs mandataires, et sous la présidence d'un délégué de l'administration.

Les adjudications ne seront valables et exécutoires qu'après l'approbation du Gouverneur-Général.

Art. 20. — Le prix de vente sera versé, pour le compte du douar, dans la caisse du receveur des contributions diverses de la circonscription.

Art. 21. — Les actes d'échange, de vente de gré à gré ou aux enchères, seront soumis à l'enregistrement et transcrits au bureau des hypothèques du chef-lieu de la province.

Art. 22. — En cas d'expropriation pour cause d'utilité publique, il sera procédé vis-à-vis des douars à l'exercice du droit et au règlement de l'indemnité, conformément aux dispositions de la loi du 16 juin 1851.

Le montant de l'indemnité sera versé, pour le compte du douar, dans la caisse du receveur des contributions diverses de la circonscription.

§ 2. — Terrains de culture.

Art. 23. — Les terrains de culture dont jouissent les membres des douars ne peuvent être aliénés tant que la propriété individuelle n'a pas été constituée, conformément aux dispositions du titre V du présent décret.

Art. 24. — Après qu'il aura été statué sur les contes-

tations conformément à l'art. 12, et que les biens revendiqués comme *melk* ou comme *beylick* auront été reconnus appartenir au douar, ces biens seront réunis, suivant leur nature, soit aux communaux, soit aux terres de
culture destinées à être réparties individuellement. Dans
le cas où la répartition individuelle serait consommée au
moment de cette réunion, ces biens pourront donner lieu
soit à des aliénations, soit à une répartition nouvelle, conformément aux dispositions du titre V suivant.

TITRE V

Constitution de la propriété individuelle et délivrance des titres.

Art. 25. — Lorsqu'un décret impérial aura désigné les
douars dans lesquels la propriété individuelle devra être
constituée, il y sera procédé immédiatement par les commissions et sous-commissions administratives instituées
en l'article 2 du présent décret.

Art. 26. — Les commissions prépareront, sur les lieux,
d'après les éléments fournis par les sous-commissions et
de concert avec les djemâas de chacun des douars, un
projet d'allotissement du territoire à partager entre les
familles ou les individus, en tenant compte, autant que
possible, de la jouissance antérieure, des coutumes locales
et de l'état des populations.

Art. 27. — Le projet d'allotissement mentionnera :
1º les noms des familles ou individus au profit desquels
on propose d'attribuer la propriété ; 2º la contenance et
l'indication des lots.

Ce projet sera remis aux djemâas de chaque douar, dans lesquelles il restera déposé pendant un mois et qui devront le communiquer aux intéressés et recueillir leurs observations.

Il sera, en outre, déposé au chef-lieu du cercle et publié dans les marchés.

Art. 28. — Les commissions statueront sur les réclamations auxquelles pourrait donner lieu le projet d'allotissement.

Art. 29. — Lorsque les parties sont d'accord, ou après qu'il aura été statué sur les réclamations, il sera fait, aux frais des parties intéressées, un bornage des lots.

Les commissions résumeront l'ensemble des opérations dans un rapport qui devra être présenté à la signature des djemâas des douars, et auquel seront annexés des plans ou croquis visuels et les décisions rendues.

Ce rapport sera adressé au général commandant la division ou au préfet et transmis par lui, avec son avis, au Gouverneur-Général, qui constatera la régularité des opérations.

La constitution de la propriété individuelle dans chaque douar ne sera définitive que lorsqu'elle aura été sanctionnée par des décrets rendus sur la proposition du Gouverneur-Général et sur le rapport du Ministre de la guerre.

Art. 30. — Le service des contributions diverses établira, d'après ces décrets, la matrice foncière indiquant le numéro de chaque propriété, sa situation, sa dénomination et le nom de son propriétaire.

Art. 31. — Des titres, établis d'après des indications de

la matrice foncière et dans la forme déterminée par l'administration, seront délivrés aux propriétaires.

Ces titres seront soumis au droit fixe d'enregistrement et transcrits au bureau des hypothèques du chef-lieu de la province.

Art. 32. — Sont nuls tous actes d'aliénation consentis par des particuliers portant sur des immeubles dont la propriété individuelle n'aurait pas été préalablement constatée par la délivrance des titres.

La nullité en sera poursuivie, soit par les parties intéressées, soit d'office par l'administration.

Les notaires ou autres officiers ministériels qui auraient prêté leur ministère pour ces aliénations, suivant la gravité des cas, pourront être suspendus ou révoqués, sans préjudice, s'il y a lieu, de dommages et intérêts envers les parties.

TITRE VI

Dispositions générales.

Art. 33. — Les frais de bornage des territoires des tribus et des douars, les frais de justice auxquels seraient condamnés les tribus ou les douars par suite des contestations prévues par l'article 12 du présent décret, seront à la charge des tribus ou des douars intéressés, et supportés par les contribuables de ces tribus ou de ces douars, au prorata du montant de leurs impôts.

Le recouvrement en sera fait suivant le mode qui sera déterminé par l'autorité administrative.

Art. 34. — L'administration règlera annuellement les

conditions auxquelles les tribus sahariennes seront admises à exercer, sur les territoires des douars, les anciens usages de dépaissance de leurs troupeaux.

Art. 35. — L'administration déterminera également les réserves qu'il y aurait lieu d'établir sur les communaux des douars avoisinant les voies de communication, soit pour le campement des convois indigènes, soit pour celui des troupes.

Art. 36. — Le présent décret sera traduit et publié en arabe. Il sera inséré dans le *Bulletin officiel du Gouvernement-Général de l'Algérie* et dans le *Mobacher*. Il en sera de même pour tous les décrets qui seront rendus en exécution des dispositions qui précèdent.

Art 37. — Notre ministre secrétaire d'État au département de la guerre et le Gouverneur-Général de l'Algérie sont chargés, chacun en ce qui le concerne, de l'exécution du présent décret.

Fait à Paris. le 23 mai 1863.

NAPOLÉON.

Par l'Empereur :

Le Maréchal de France, ministre secrétaire d'État au département de la guerre,
Randon.

INSTRUCTIONS GÉNÉRALES

Pour l'exécution du Sénatus-Consulte du 22 avril 1863 et du Règlement d'administration publique du 23 mai suivant, relatifs à la constitution de la propriété en Algérie, dans les territoires occupés par les Arabes.

—

SÉNATUS-CONSULTE DU 22 AVRIL 1863.

Le sénatus-consulte du 22 avril 1863 inaugure un régime nouveau pour la propriété en Algérie dans les territoires occupés par les indigènes.

Sous l'empire de la loi de 1851, aucun droit de propriété ou de jouissance portant sur le territoire d'une tribu ne pouvait être aliéné au profit de personnes étrangères à la tribu. A l'État seul était réservé la faculté d'acquérir ces droits dans l'intérêt des services publics ou de la colonisation, et de les rendre, en tout ou partie, susceptibles de libre transmission.

Les droits de jouissance, dont la nature n'était pas définie, étaient considérés comme des droits incomplets à la possession du sol, et l'on pensait qu'ils pouvaient autoriser le partage de la terre entre ses détenteurs et l'État

Le sénatus-consulte renferme les effets de la conquête et les limites que le droit commun impose aux nations civilisées. Là où la propriété est régulièrement constituée, il l'a doté d'une liberté complète ; là, au contraire, où elle ne présente que des formes vagues, incompatibles avec

7

le progrès agricole et opposant des obstacles aux relations qui doivent naître du contact des Européens et des
indigènes, il la constitue d'après des règles basées sur
une équitable appréciation des droits de chacun.

C'est pour que ce caractère, éminemment libéral, du sénatus-consulte, soit uniformément maintenu dans les mesures de détail auxquelles donnera lieu son exécution,
qu'il est important de déterminer le sens et la véritable
portée de ses diverses dispositions.

Aux termes de l'article 1er, « les tribus de l'Algérie sont
« déclarées propriétaires des territoires dont elles ont la
« jouissance permanente et traditionnelle à quelque titre
« que ce soit. » Cette déclaration de principe s'applique à
toutes les tribus de l'Algérie indistinctement, à celles du
Sahara comme à celles du Tell. Néanmoins, ces effets
pourront être différents, suivant l'état de la propriété dans
les tribus.

Ainsi, dans les tribus où la propriété a un caractère essentiellement *melk*, où les particuliers et les groupes de
population ont le droit d'user sans restrictions de leurs
biens fonciers, la délimitation et la répartition prescrites
par le sénatus-consulte ne constitueront qu'une mesure
administrative qui aura pour résultat de déterminer exactement les circonscriptions, de dégager les biens communaux des biens individuels et de faciliter l'établissement
d'une matrice foncière au moyen de laquelle on pourra
suivre ultérieurement les mutations de la propriété. Les
transactions immobilières entre particuliers sont, dès à
présent, libres dans ces tribus, tandis que celles relatives
aux biens communaux sont assujéties aux formalités ad-

ministratives indiquées par le titre IV du règlement d'administration publique du 23 mai 1863.

Dans les tribus de la province de Constantine, qui sont établies sur des territoires *azel*, le droit de propriété de l'État est réservé en principe. Néanmoins, il est dans l'esprit du sénatus-consulte de reconnaître aux populations de ces tribus, à défaut de compensations possibles sur d'autres territoires, des droits définitifs de propriété sur le sol qu'elles occupent. L'Empereur se réserve de statuer par décisions spéciales sur les propositions qui devront lui être soumises pour constituer au profit de ces tribus la propriété communale et la propriété individuelle. Suivant ces décisions, il sera procédé aux opérations prescrites par le sénatus-consulte et par le règlement.

Dans les tribus qui occupent des territoires *provenant du séquestre*, il conviendra de distinguer : 1° les territoires dont la jouissance a été laissée aux indigènes atteints par le séquestre, comme les Ouled Dhann, par exemple, dans la province de Constantine ; 2° ceux sur lesquels les populations ont été resserrées par suite de l'attribution d'une partie de ces territoires aux besoins de la colonisation, comme cela est arrivé dans la province d'Oran pour les Hachem et les Beni-Amour ; 3° ceux enfin qui ont été entièrement repris aux populations évincées.

Dans le premier cas, le sénatutes-consulte a pour effet d'annuler le séquestre.

Dans le second, le séquestre n'est annulé que sur la partie occupée par les indigènes ; si cette partie du territsire suffit aux besoins de la population, il y sera procédé, sans revenir sur le passé, aux opérations de la délimitation et de la répartition ; si, au contraire, elle est jugée insuffisante, elle sera complétée autant que possible au moyen de compensations.

Dans le troisième cas, le sénatus-consulte, tout en confirmant l'attribution du territoire à la colonisation, sera interprété en ce sens que la tribu évincée devra recevoir, autant que possible, des compensations proportionnelles à ses besoins constatés.

Il sera statué, au sujet de ces tribus. par décisions spéciales de l'Empereur.

Dans les tribus qui occupent des territoires autrefois *maghzen*, comme dans celles qui sont établies sur des territoires *arch* ou *sabega*, le sénatus-consulte doit recevoir son application pleine et entière ; ces tribus réunissent à titre égal les conditions de jouissance permanente et traditionnelle sur lesquelles est basée la déclaration de propriété.

Enfin, en ce qui concerne les tribus cantonnées, le sénatus-consulte a pour double conséquence, d'une part, de confirmer les faits accomplis : d'autre part, d'arrêter les cantonnements en cours d'exécution. Poursuivies simultanément sur divers points du territoire, les opérations du cantonnement étaient arrivées à différents degrés d'instruction ou d'exécution. Il y a lieu de poser en principe que les cantonnements sur lesquels le Conseil consultatif du Gouvernement-Général n'a pas été appelé à se prononcer, conformément à l'article 1er. § 3 du décret du 30 avril 1861, seront considérés comme non avenus. Il en sera de même de ceux qui, bien qu'ayant été soumis au Conseil consultatif, n'ont pas été suivis d'effet avant la promulgation du sénatus-consulte. Pour les tribus qui, par suite des cantonnements effectués n'ont reçu que des titres collectifs de propriété, le sénatus-consulte aura pour effet d'y faire constituer la propriété individuelle, lorsque la mesure sera reconnue possible et opportune. Dans les autres tribus où les cantonnements entrepris seront considérés comme non avenus, toutes les opérations recevront leur exécution successive.

Dans tous les cas, si des ventes, des partages, concessions ou attributions diverses de territoires, au profit d'Européens ou d'indigènes ont été consommées, soit sur des terres domaniales, soit sur des territoires compris dans des projets de cantonnement, soit même sur des territoires de tribus, ces actes, quoique non encore régularisés, devront être confirmés, pourvu toutefois qu'avant la promulgation du sénatus-consulte, les intéressés aient fait acte de possession et d'exploitation réelle. Il sera dressé pour chaque province, par les généraux et par les préfets, un état des prises de possession ainsi effectuées, et elles seront définitivement régularisées par un décret.

Le sénatus-consulte ne touche en rien à l'assiette actuelle des impôts de toute nature, mais il pose, art. 4, un principe nouveau et considérable qui entraîne l'abrogation de la disposition de l'ordonnance du 17 janvier 1845, en vertu de laquelle les impôts arabes sont établis par des arrêtés ministériels. A l'avenir, lorsqu'il y aura lieu d'opérer soit dans l'assiette, soit dans la quotité des impôts, une modification quelconque, cette modification ne pourra être réalisée que par un décret rendu en la forme d'un règlement d'administration publique. Ces garanties nouvelles accordées par le sénatus-consulte aux populations de l'Algérie, sont la conséquence de l'inauguration du droit commun en matière de propriété.

Le sénatus-consulte établit, art. 6, que partout où la propriété est constituée, elle est librement transmissible, même au profit des personnes étrangères aux tribus. La liberté des transactions est donc, dès à présent, pleine et entière dans les tribus de cette catégorie ; elle est restreinte aux *melk* et ne recevra son effet complet qu'au fur et à mesure des opérations à la suite desquelles la propriété communale et la propriété individuelle seront définitivement constituées. Il convient de remarquer, en outre, que lors de ces opérations, les possesseurs de *melk*, quels qu'ils soient, seront tenus d'en faire la déclaration.

L'esprit général du sénatus-consulte étant ainsi compris, il reste à examiner et à expliquer les dispositions du règlement d'administration publique qui s'y rattache.

RÈGLEMENT D'ADMINISTRATION DU 23 MAI 1863.

TITRE Ier.

Un intérêt particulier exige que le champ d'action ouvert par les décrets qui doivent désigner les tribus à délimiter, n'embrasse au début, dans chacune des provinces, que des espaces restreints. L'administration possède de nombreux et précieux documents sur l'état de la propriété en Algérie, mais il reste encore beaucoup à apprendre sur cette question, et l'expérience qui ressortira incontestablement des premières opérations fournira des données précieuses pour les compléter. D'un autre côté, il importe aussi de faire l'épreuve des difficultés ou des facilités d'exéeution qu'on pourra rencontrer, du temps que pourront absorber les opérations et les dépenses qu'elles occasionneront. Par ces motifs, il ne sera formé à l'origine qu'une commission par province qui fonctionnera dans les deux territoires indistinctement.

Les premières tribus à délimiter devront être choisies parmi les plus rapprochées de nos centres de colonisation et d'occupation et particulièrement en territoire civil.

Le choix des présidents des commissions devant avoir une grande importance, leur nomination sera soumise à l'approbation de l'Empereur. Les autres membres seront nommés par le Gouverneur-Général et choisis parmi les fonctionnaires et agents réunissant à la connaissance des affaires arabes l'activité, la vigueur, le dévouement et le zèle nécessaire pour concourir à cette œuvre considérable.

Mais quel que soit le mérite des membres de ces commissions, ils ne sauraient suffire à leur tâche et la poursuivre avec la rapidité que réclame l'intérêt de la colonie s'ils n'étaient secondés par des auxiliaires, tirés des administrations locales, et qui, par leur connaissance approfondie des personnes et des choses de chaque localité, seront à même de réunir simultanément tous les éléments d'une instruction préliminaire. Tel est le motif de la disposition du règlement qui institue les sous-commissions.

Le nombre de ces sous-commissions, leur composition et le mode de nomination des membres, sont laissés à la latitude du Gouverneur-Général.

Il en est de même de la désignation des délégués indigènes qui devront assister les sous-commissions dans leurs travaux préparatoires et représenter plus tard auprès des commissions les intérêts des tribus et des douars. Le nombre de ces délégués ne saurait être fixé à l'avance. Il appartient à l'administration de veiller à ce que la représentation de chaque tribu soit suffisante et efficace. Les chefs investis feront dans tous les cas partie de droit de cette représentation.

Après la promulgation des décrets qui désigneront les tribus dans lesquelles il sera procédé aux opérations de délimitation et de répartition, les commissions et les sous-commissions seront immédjatement instituées. Les représentants des tribus seront en même temps désignés, et c'est seulement alors que seront établis les procès-verbaux qui doivent donner la date certaine à partir de laquelle courra le délai de revendication des biens beylick et des biens melk.

Ces procès-verbaux seront dressés sur le rapport des autorités locales par les généraux commandant les divisions ou par les préfets lorsqu'ils se seront assurés que les décrets ont reçu une publicité suffisante.

Aux termes de l'art. 10 du titre III, les revendications du service des domaines et des propriétaires de *melk* doivent être faites devant le président de la commission. On comprend combien il est utile que ces déclarations soient rendues faciles aux intéressés. Si les tribus à délimiter ne formaient pas un tout compact dans chaque province, ou si, pour des motifs imprévus, les présidents des commissions ne pouvaient se tenir à portée des populations pour recevoir leurs déclarations, il serait nécessaire qu'ils se fissent suppléer par des membres des commissions ou des sous-commissions.

Quoi qu'il en soit, les déclarations seront inscrites successivement sur des états dont la formule sera préalablement fournie aux présidents des commissions. Il y aura pour ces inscriptions un état spécial par tribu. Les présidents des commissions ou leurs suppléants donneront aux intéressés acte de leur déclaration et il en sera fait mention sur les états.

Ces revendications de biens *beylick* et de biens *melk* seront accompagnées de tous les renseignements propres à faire connaître la situation et l'étendue des terrains revendiqués, ainsi que les titres sur lesquels elles sont appuyées. Des feuilles imprimées, reproduisant le tracé des états destinés à l'inscription de ces revendications, seront délivrés gratuitement aux intéressés, afin de les astreindre à fournir uniformément les indications exigées.

L'art. 11 du titre III, prescrit que les revendications seront immédiatement communiquées aux représentants des tribus et des douars intéressés, afin que ceux-ci puissent faire opposition dans le délai voulu, à celles qu'ils ne croiraient pas fondées. Ces communications seront faites par les soins des présidents des commissions ou par leurs suppléants au moyen de la remise d'un extrait de l'état indiqué ci-dessus.

Lorsqu'à la suite de ces communications, des oppositions seront formées par les représentants des tribus ou des douars, il en sera immédiatement donné avis aux pré sidents des commissions ou à leurs suppléants, et ceux-ci en feront mention sur l'état de la tribu en regard de chaque revendication.

Dans leur organisation actuelle, les tribus n'ont pas de représentation régulièrement autorisée à ester en justice et à défendre aux revendications. Le Gouverneur-Général provoquera les mesures nécessaires pour faire donner à leurs représentants le mandat légal dont ils doivent être pourvus devant les tribunaux.

Ainsi, recevoir les déclarations du service des domaines ou des propriétaires de *melk*, en donner avis aux représentants des douars, tel est le début des travaux des présidents de commissions ou de leurs délégués pour cette partie de leurs attributions.

Concurremment, les sous-commissions s'occuperont de réunir tous les documents de nature à éclairer les commissions :

1° Sur les limites de la tribu ;

2° Sur celles de chaque douar ;

3° Sur celles, dans chaque douar, des biens communaux et des biens collectifs de culture ;

4° Sur celles, dans chaque masse de biens communaux ou de biens collectifs de culture, des biens beylicks et des biens melks revendiqués ;

5° Sur les contestations qui pourraient s'élever à l'occasion de ces limites.

Dans cette enquête préparatoire, les sous-commissions devront s'enquérir soigneusement des traditions, des coutumes, sur lesquelles les populations appuient, à défaut de titres, leurs prétentions réciproques. Tout en mentionnant dans leurs rapports l'opinion qu'elles pourront se faire sur les droits de chacun, elles n'oublieront pas qu'elles doivent, avant tout, y consigner fidèlement les observations des intéressés et qu'elles ont pour mission de préparer les opérations de délimitation et de répartition et non de *préjuger* les décisions qu'auront à rendre les commissions.

Les informations des sous-commissions seront appuyées, chaque fois que besoin sera, de croquis visuels faisant ressortir la situation des terrains contestés. Des officiers ou des agents du service topographique seront chargés de ce travail graphique, qui devra toujours être fait sommairement et avec rapidité.

TITRE II.

Les travaux préliminaires des sous-commissions étant achevés, ils seront centralisés par le général commandant la division ou par le préfet, suivant le territoire, et envoyés au président de la commission.

La commission se réunira alors et procédera en s'éclairant des travaux des sous-commissions, à la reconnaissance des limites de la tribu. Elle se rendra à cet effet sur les lieux, avec les représentants de la tribu et ceux des tribus limitrophes, parcourra les limites point par point, vérifiera la description qui en a été faite par les sous-commissions et les éléments réunis pour éclairer les litiges. Elle s'appliquera à régler, séance tenante, ceux de ces litiges concernant les *melk* que les parties intéressées consentiraient à vider à l'amiable.

La commission est autorisée à statuer elle-même sous l'approbation du général commandant la division ou du préfet, sur les litiges qui portent sur des terrains *arch* ou *sabega*. Cette attribution de juridiction lui a été conférée par l'art. 5, parce que les contestations de cette nature reposent sur des faits historiques, établis le plus souvent par des traditions contradictoires, qu'elle seule pouvait apprécier sainement sur les lieux, en se formant une opinion au contact même des populations. C'est avec la plus grande circonspection qu'elle devra user du pouvoir dont elle est exceptionnellement investie, en ne négligeant rien pour que dans les formes comme pour le fond, ses décisions soient accueillies par les tribus avec la confiance et le respect qu'elles montrent pour les arrêts de la magistrature française.

Si les terrains contestés ont un caractère *melk* ou *beylick*, le litige devra être porté devant les tribunaux. Mais, quelles que soient les contestations auxquelles les opérations de délimitation pourront donner lieu, qu'elles aient été réglées à l'amiable, renvoyées aux tribunaux, ou jugées souverainement par la commission, celle-ci aura toujours à se prononcer d'une manière définitive sur le fait même de la délimitation qui, dans son ensemble, est une opération essentiellement administrative.

Les décisions des commissions sur les litiges élevés relativement à des terrains *arch* pouvant affecter l'intérêt politique ou administratif, il était naturel de les soumettre à l'approbation du général commandant la division ou du préfet; mais ce recours ne saurait dans aucun cas, arrêter la marche des opérations. L'approbation ou l'infirmation du général ou du préfet sera jointe au rapport de la commission, et c'est au Gouverneur-Général qu'il appartiendra, en dernier lieu, de maintenir ou d'annuler les décisions.

La reconnaissance contradictoire pourra faire renaître des litiges depuis longtemps pendants sur des terrains inoccupés et que les indigènes désignent quelquefois par l'expression de *blad-el-baroud*, parce qu'ils ont été souvent revendiqués par les armes. Les tribus ne sauraient invoquer le bénéfice de l'article 1er du sénatus-cousulte pour prétendre que la propriété de ces terrains leur est acquise puisqu'elles ne peuvent faire preuve d'une jouissance permanente et traditionnelle. Dans ce cas, les commissions sont autorisées à prononcer l'attribution de ces terrains au domaine de l'État, sous la réserve de l'approbation mentionnée à l'article 5.

Enfin, s'il s'agit d'une tribu frontière dont le territoire touche à celui de la Régence de Tunis ou de l'Empire du Maroc, la commission se conformera aux délimitations consacrées par les traités internationaux. En cas de doute dans l'interprétation de ces traités, et s'il s'élevait des difficultés, le président de la commission devrait en référer au Gouverneur-Général, qui prendrait les ordres de l'Empereur.

La délimitation de la tribu étant arrêtée, la commission la fera repérer sur le terrain conformément aux indications du mémoire descriptif, au moyen d'un bornage qui sera aussitôt effectué aux frais des tribus.

Les travaux de la commission seront ensuite résumés dans un rapport sommaire qui sera transmis avec toutes les pièces de l'instruction par le président au général commandant la division ou au préfet et par ces derniers au Gouverneur-Général, qui constatera la régularité des opérations. Le contrôle exercé par le Gouverneur-Général sur les travaux des commissions implique nécessairement pour lui le droit d'annuler celles des opérations qui ne seraient pas reconnues régulières et de prescrire les mesures nécessaires pour les faire rectifier ou recommencer.

TITRE III.

La délimitation du territoire de la tribu étant accomplie, le rapport résumant les opérations et les pièces à l'appui étant adressées au Gouverneur-Général, la commission procédera sans désemparer à la répartition du territoire entre les douars.

Cette seconde phase de ses travaux comporte également le soin de s'approprier tout d'abord les informations préliminaires des sous-commissions après les avoir vérifiées et complétées, s'il y a lieu.

A part le cas particulier, dont il sera parlé, où un ou plusieurs douars de la tribu auraient subi une distraction de territoire au profit de la colonisation ou d'un service public, la répartition ne sera pas autre chose que la délimitation des douars entre eux, après le règlement des litiges soulevés par leurs prétentions réciproques à la possession de certaines parcelles de biens communaux ou de biens collectifs de culture. Le règlement de cette nature de litiges sera donc pour la commission le point départ de ses opérations.

On a déjà fait remarquer combien il était délicat pour

la commission d'avoir à se prononcer sur des questions de propriété dans les délimitations de tribu à tribu. Sa responsabilité morale est encore plus sérieusement engagée dans l'usage qu'elle aura à faire de cette partie de ses attributions vis-à-vis des douars, car son action portera alors sur des intérêts généraux auxquels se rattachent plus directement les intérêts privés. De même que les questions de propriété de particulier à particulier sont plus ardentes que celles de douar à douar, ces dernières passionnent plus, d'habitude, les indigènes que celle de tribu à tribu. Des influences religieuses ou politiques ont souvent modifié dans le passé le territoire des douars, et le souvenir des luttes et des regrets que ces empiètements ont engendrés est encore vivace au cœur des populations. Il ne saurait entrer dans le rôle de la commission d'entreprendre la réparation des injustices qui auraient pu être commises à une époque éloignée. Sa mission se bornera, en général, à consacrer les faits accomplis dans la distribution du sol, et ce n'est qu'exceptionnellement, en agissant avec la plus grande réserve, qu'elle devra modifier des situations acquises.

Cependant, si un ou plusieurs douars de la tribu avaient subi des distractions de territoire, il ne serait pas juste de laisser peser sur les uns les conséquences de cette disposition, alors que d'autres, dans la même tribu, en seraient affranchis. La commission constatera, dans ce cas, contradictoirement avec les représentants supposés et évaluera la part proportionnelle pour laquelle les douars demeurés intacts contribueront aux compensations territoriales à accorder aux douars dépossédés. Toutefois, ces compensations seront réalisées autant que possible sans bouleverser les divisions anciennes de la propriété.

Les terres de tribu présentent deux caractères bien tranchés. Les unes, communes à la tribu tout entière ou à un ou plusieurs douars, servent au pâturage des troupeaux. Les autres, propres à chaque douar, comprennent les terres de culture, non pas indivises en fait, non pas communes à toutes, non pas sujettes à la répartition annuelle et arbitraire des chefs, mais possédées en général, par parcelles bien définies, par les mêmes familles, qui se les transmettent héréditairement. Cette distinction sera soigneusement observée par la commission, ainsi qu'elle a été établie dans le règlement d'administration publique par les dénominations de biens communaux et de biens collectifs de culture.

Les litiges entre les douars une fois réglés, et les biens communaux distingués des biens collectifs de culture, la commission n'aura plus qu'à arrêter la délimitation de la circonscription de chaque douar, de manière à ce qu'elle comprenne les biens propres du douar ainsi que les *melk* faisant l'objet des revendications déférées aux tribunaux. Quant aux biens *beylick*, aux biens communaux provisoirement indivis entre plusieurs douars, et aux *melk* non contestés, ils pourront être compris indifféremment dans tel ou tel douar, suivant les convenances administratives.

Après l'expiration du délai accordé à la tribu et aux douars pour former opposition aux revendications de biens *beylick* et de biens *melk*, les biens non contestés seront acquis aux auteurs de la revendication. Il sera dressé, par le président de la commission, un procès-verbal de cette attribution, et des extraits de ce procès-verbal seront remis aux intéressés.

Enfin, au fur et à mesure que les tribunaux rendront leurs arrêts dans les affaires dont ils auront été saisis, les biens *beylick* ou *melk*, pour lesquels les douars obtiendraient gain de cause, feront retour, soit aux biens communaux, soit aux biens collectifs de culture.

TITRE IV.

Le sénatus-consulte prévoit le cas où, soit dans l'intérêt des populations indigènes, pour faciliter le libre essor de leur activité ou de leurs besoins, soit dans l'intérêt de la colonisation européenne pour la réalisation des entreprises que pourraient former de grandes associations de capitaux, soit enfin dans l'intérêt de l'État lui-même pour l'exécution des travaux d'intérêt général, il conviendrait de traiter avec les douars de l'aliénation de la propriété collective.

Le règlement d'administration publique détermine les formes de cette aliénation.

Une fois investis de la propriété de leur territoire, il faut que les douars aient une représentation revêtue du caractère de personne civile, apte à transiger et à stipuler au nom de la communauté. — De là nécessité de donner l'instruction officielle aux réunions de notables qui sous la dénomination de *djemaâ* représentent, suivant la coutume arabe, l'intérêt collectif des différents groupes. Cette institution qui sera conférée par les généraux ou les préfets, suivant le territoire, donnera qualité aux *djemâa* pour remplir dans l'instruction des demandes d'échange ou de vente des biens communaux un rôle analogue à celui des conseils municipaux dans les communes constituées.

Ultérieurement, le Gouverneur-Général soumettra des propositions à l'Empereur pour créer dans les tribus une organisation municipale adaptée à la situation de la société arabe et susceptible de se compléter à mesure que le comporteront le progrès matériel et moral et les besoins des populations.

Le règlement indique les formalités à remplir pour les aliénations par voie d'échange ou par voie de vente aux enchères ou de gré à gré. Bien que ce dernier mode ne soit pas admis en France pour les biens des communes, il pourra être autorisé par l'administration pour les biens des douars, afin de faciliter et de simplifier les transactions dans certains cas. Les formalités édictées par les articles 17, 18 et 19 sont empruntées en général à la législation municipale et à celle qui régit en Algérie l'aliénation des biens domaniaux. L'administration est armée du pouvoir le plus large pour apprécier les considérations de toute nature qui pourraient justifier les projets d'aliénation ou commander de les restreindre. Elle devra veiller à ce que les *djemaâ* ne se laissent pas trop facilement entraîner à déshériter les générations futures, pour satisfaire à l'intérêt du moment.

Si les douars étaient organisés en communes, ils auraient leur budget particulier dont le germe existe dans le budget des centimes additionnels à l'impôt arabe et qui s'alimenterait de la part contributive des populations indigènes dans la répartition de l'octroi de mer, des taxes locales, et nécessairement du produit de l'aliénation des biens communaux. En attendant que cette institution ait pu être réalisée, il importait d'indiquer un moyen transitoire de garantir aux douars la localisation de leurs ressources. Le règlement y a pourvu en prescrivant que le prix de l'aliénation des biens des douars sera versé, pour leur compte, dans la caisse du service des contributions diverses qui en tiendra comptabilité spéciale, et l'administration devra veiller à ce qu'il en soit fait régulièrement emploi dans l'intérêt exclusif du groupe qui aura consenti l'aliénation de sa propriété. Cette condition est essentielle pour justifier aux yeux des populations indigènes la moralité des transactions de l'espèce : ce sera d'ailleurs une mesure politique et féconde que de créer ainsi la possibilité d'appliquer sur place, au profit de la communauté prise dans son ensemble, une ressource fournie par le patrimoine commun et qui sera souvent d'une grande utilité pour l'amélioration de la situation des douars.

L'organisation de cette comptabilité particulière et le mode d'ordonnancement des dépenses devront faire l'objet de dispositions spéciales qui seront étudiées et proposées par le Gouverneur-Général. Le principe de ces dispositions existe d'ailleurs dans l'art. 54 du décret du 27 octobre 1858.

La restriction apportée par l'art. 23 du règlement au droit d'aliénation des douars découle de l'interprétation de l'art. 3 du sénatus-consulte combinée avec celle de l'art. 6 ; elle s'applique spécialement aux terres de culture. La propriété de ces terres a été consacrée collectivement, il est vrai, au profit du douar ; mais, en réalité, les familles en usent à titre privatif, et si celles-ci étaient dépossédées par le douar, elles devraient être indemnisées, soit en argent, soit par des compensations en nature. Or, l'attribution d'une indemnité en argent aux détenteurs dépossédés préjugerait des droits qui ne peuvent être déterminés que par le partage, et, d'un autre côté, une compensation en nature troublerait l'assiette de la possession des autres occupants. Jamais d'ailleurs on n'obtiendrait le consentement de ces familles, et en fait comme en droit, les terrains dont il s'agit ne pourraient être aliénés que lorsqu'ils auront fait l'objet d'une répartition individuelle.

TITRE V.

Des décrets impériaux doivent désigner successivement les douars dans lesquels il sera procédé à la constitution de la propriété individuelle par des commissions ou des sous-commissions instituées conformément à l'art. 2 du titre Ier. Cette mesure pourra suivre immédiatement les opérations de délimitation et de répartition si elle est justifiée tout à la fois par les intérêts particuliers des indigènes et par les intérêts généraux de la colonie.

La constitution de la propriété individuelle ne doit nécessairement embrasser que les terres de culture et consiste à y faire cesser l'indivision en déterminant les droits respectifs des familles qui les détiennent. Après l'opération, il n'existera plus dans le douar d'autre propriété collective que celle des biens communaux.

Cette substitution de droits individuels incommutables au droit collectif du douar sur une partie de son territoire, est une véritable révolution à opérer dans l'état de la propriété chez les Arabes ; c'est, en fait, l'abrogation des dispositions obscures du droit musulman en ce qui concerne la terre *arch* ou *sabega*. De plus, elle touche aux intérêts les plus considérables de la population indigène qui est essentiellement agricole et qui estime la possession foncière au-dessus de toutes les richesses. A ce double titre, elle mérite de fixer toute l'attention des commissions et se recommande d'une manière toute spéciale à leur esprit de justice et d'équité

Les bases d'après lesquelles doit s'opérer le fractionnement du droit collectif du douar, n'ont pas été fixées d'une manière absolue par le règlement L'art. 26 se borne à énoncer que le partage aura lieu en tenant compte, autant que possible, des jouissances antérieures, des coutumes locales, de l'état des populations. Le sens de ces termes généraux doit être bien compris par les commissions afin que la latitude qui leur est laissée ne les entraîne pas au-delà des intentions du législateur.

On a déjà rappelé que les terres de culture ne sont pas l'objet d'une répartition annuelle abandonnée à l'arbitraire des chefs ; qu'elles sont, au contraire, détenues en grande partie par les mêmes familles qui se les transmettent héréditairement tant qu'elles se perpétuent sur les lieux et qu'elles ont les moyens d'exploiter. Il convient d'ajouter que lorsqu'une famille s'éteint ou quitte le douar, ses terres font retour à la communauté. Il en est de même des terres qu'une famille laisse retomber en friche. Le douar dispose alors des terres non occupées en faveur d'autres exploitants.

La conséquence à tirer de cet état de choses, c'est que toutes les familles ne sauraient prétendre au partage et qu'elles ne peuvent y être admises avec des droits égaux. Les individus qui ne sont pas originaires du douar ou qui n'y ont pas leur domicile ; ceux qui ne possèdent pas de ressources pourront être exclus de la répartition, tandis que les titres les plus sérieux sur lesquels une famille puisse appuyer ses prétentions résultent de l'étendue et de la durée de la jouissance dont elle est en possession. Les commissions devront donc se proposer, en général, la consécration des droits de jouissance existants, bien plus que l'établissement d'une assiette nouvelle de la propriété. Elles ne devront créer des droits nouveaux qu'avec la plus grande réserve, en tenant compte cependant des considérations particulières qui pourraient militer en faveur de certaines situations.

Ainsi, par exemple, il existe dans les douars des familles considérées qui sont momentanément tombées dans le dénuement. Sous le régime précédent, ces familles pouvaient espérer se relever un jour et recouvrer des droits de jouissance sur le collectif. Il ne serait ni équitable ni politique de leur enlever aujourd'hui cette perspective, en les excluant rigoureusement du partage.

Des individus ou des familles prolétaires jusqu'alors pouvaient espérer par leur travail et par leurs économies s'élever au rang de fellah. Il serait également rigoureux de les priver du bénéfice auquel leur qualité de membre du douar pouvait leur donner droit.

Les situations de cette nature constituent ce que le règlement a entendu dire par *l'état des populations*. Il y a loin néanmoins de cette appréciation équitable des droits de chacun à l'application d'une loi agraire qui troublerait profondément la société arabe en détruisant les véritables bases sur lesquelles le sénatus-consulte a voulu fonder la propriété.

La commission aura souvent à constater l'existence dans les douars de certaines terres qui constituent pour ainsi dire l'apanage des chefs et sur lesquelles ces derniers n'ont qu'un droit de jouissance transitoire et révocable comme leur commandement. Ces terres seront rattachées aux biens communaux, lorsqu'il n'y aura pas lieu de les comprendre dans le territoire à partager.

Dans cet ordre d'idées, les travaux préliminaires dont les sous-commissions auront à s'occuper comportent une enquête approfondie dans chaque douar sur l'état des individus, sur l'état actuel de la possession, sur les droits qui en résultent pour les occupants. Elles rechercheront les usages locaux, les traditions, les faits historiques ou administratifs qui ont pu modifier la situation de chacun. En un mot, leurs investigations embrasseront les questions de la propriété dans tous ses détails afin de sauvegarder tous les intérêts.

A l'aide de ces documents, les commissions prépareront sur les lieux un projet d'allotissement dont le cadre pourra être calqué utilement sur les opérations analogues faites par la commission des transactions et partages qui a fonctionné dans la province d'Alger jusqu'à ces derniers temps. On devra respecter, autant que possible, les divisions anciennes du sol : elles sont connues des populations, elles portent des dénominations qui aident à faire reconnaître la situation des biens de chacun sans avoir recours à des plans.

Ce projet d'allotissement, dressé avec le concours des djemâas des douars, sera communiqué aux intéressés par les soins même des commissions, qui devront prendre toutes les mesures nécessaires pour que les réclamations soient produites dans le délai fixé. Un procès-verbal dressé par le président de la commission donnera date certaine à la communication, et une enquête sera aussitôt ouverte dans chaque douar pour recevoir les réclamations des intéressés.

Le délai d'un mois expiré, l'enquête sera close et la commission se réunira pour statuer définitivement sur le projet d'allotissement. Le pouvoir dont elle est investie à cet égard est considérable, puisqu'il lui confère le droit de prononcer souverainement entre particuliers sur des questions de propriétés. Il a paru nécessaire, dans l'intérêt même des familles, d'étendre jusqu'à ce degré la compétence des commissions. Les droits de ces familles reposent sur la tradition, sur des appréciations de faits matériels et moraux qui ne peuvent être bien compris que sur les lieux et au moyen de relations directes avec les populations. Les tribunaux ordinaires n'eussent pas suffi à cette tâche.

Les contestations réglées, le projet d'allotissement modifié, s'il y a lieu, la commission veillera à ce qu'il soit fidèlement repéré sur le terrain à l'aide d'un bornage qui sera exécuté aux frais des intéressés.

L'ensemble des opérations donne lieu aux formalités administratives prescrites par l'art. 29, et la constatation de la propriété individuelle ne sera définitive que lorsqu'elle aura été sanctionnée par des décrets.

L'administration délivrera aux ayant droit des titres portant, en arabe et en français, le nom du propriétaire, le numéro de la matrice foncière de chaque propriété, sa situation et son étendue.

La délivrance de ces titres fera cesser de droit la restriction édictée par l'art. 3 du sénatus-consulte, en ce qui concerne la liberté des transactions immobilières.

TITRE VI.

L'art. 33 porte que les frais de bornage et les frais de justice seront à la charge des douars.

Ces dépenses ne sauraient en effet concerner l'État, qui aura d'ailleurs à pourvoir à toutes celles que pourront entraîner les opérations des commissions. Néanmoins, il y aura lieu d'examiner, après expérience faite des premières opérations, s'il ne conviendrait pas de faire également supporter aux tribus une partie de ces dépenses. En attendant, il y sera pourvu au moyen des crédits disponibles du chapitre XII du budget de l'Etat (Colonisation et Topographie).

L'article 34 maintient en principe l'obligation pour les tribus du Tell de recevoir à certaines époques de l'année sur leurs communaux les troupeaux des Sahariens. De temps immémorial des tribus du Sahara descendent dans le Tell pour y rechercher les pâturages qui leur font défaut sur les hauts plateaux. Ces migrations périodiques n'ont pu créer aux nomades des titres absolus de jouissance, mais il convenait de ne pas troubler des usages anciens et de réserver l'avenir tout en respectant les droits de propriété des tribus. Les indemnités dues par les nomades seront réglées par l'administration.

Les réserves imposées aux tribus par l'article 35 sont justifiées bien plus par leur propre intérêt que par celui de l'État. Aussi devra-t-on les établir, non seulement sur le parcours des grandes voies de communication, mais aussi sur les chemins de moindre importance, fréquentés par les indigènes et aux points qui leur servent habituellement de gîtes.

Ces instructions, qui ont pour but de fixer les principes généraux d'après lesquels on doit procéder à la constitution de la propriété dans les territoires occupés par les Arabes, ne sauraient prévoir toutes les difficultés et les circonstances accidentelles qui pourront se présenter dans l'exécution. Chaque fois qu'il y aura lieu à interprétation soit du sénatus-consulte, soit du règlement, le Gouverneur-Général devra en référer à l'Empereur.

Le Gouverneur-Général devra en outre rendre compte à l'Empereur, par des rapports spéciaux, de la marche successive des opérations.

Paris, le 11 juin 1863.

Le Maréchal de France,
Ministre secrétaire d'État de la guerre,
Cte **RANDON**.

Approuvé.
NAPOLÉON.

CIRCULAIRES.

—

INSTRUCTIONS PARTICULIÈRES
*Pour l'exécution du Sénatus-Consulte. du Règlement
d'administration publique et des Instructions
générales.*

A MM. LES GÉNÉRAUX ET PRÉFETS DE L'ALGÉRIE.

Alger, le 7 juillet 1863.

Général,
Monsieur le Préfet,

L'instruction générale approuvée par S. M. l'Empereur
le 44 juin dernier, pour l'exécution du sénatus-consulte
et du règlement d'administration publique, relatifs à la
constitution de la propriété dans les territoires occupés
par les Arabes, laisse à arrêter quelques détails qui sont
essentiellement du domaine des instructions particulières.
Je vous adresserai ultérieurement des circulaires spéciales au sujet :

1° De la désignation à faire par les tribus et les douars
d'indigènes chargés de les représenter devant les commissions et les sous-commissions (art. 3 du règlement
d'administration publique) ;

2° De la constitution des djemâas ayant qualité pour
consentir l'aliénation de tout ou partie des communaux
(art. 46), prendre part à la préparation des projets d'allotissement pour la constitution de la propriété individuelle
dans les terres de culture attribuées aux douars (art. 26),

et au besoin ester en justice et y défendre aux revendications (instruction générale) ;

3° Du concours du service topographique aux opérations des commissions et sous-commissions (art. 2, 4, 6, 13 et 33) ;

4° Des formalités d'enregistrement et de transcription hypothécaire (art. 14, 21 et 31) :

5° Des attributions nouvelles données au service des contributions diverses constitué agent de recette des douars vendeurs de tout ou partie de leur territoire communal, et remplissant ainsi, vis-à-vis des ayant droit sur le prix de vente, la mission réservée jusqu'ici à la caisse des dépôts et consignations (art. 20 et 22) ;

6° Enfin, de l'établissement, par ce même service des contributions diverses, de la matrice foncière du territoire de chaque douar et de celle de la propriété individuelle (art. 15 et 30).

Mais je crois utile d'ajouter, dès aujourd'hui, quelques éclaircissements à l'instruction générale du 11 juin, sur chacun des six points ci-après, afin que les dispositions prescrites soient comprises et appliquées partout d'une manière complètement uniforme.

1° Régularisation des attributions territoriales consenties antérieurement au Sénatus-Consulte, au profit d'Européens ou d'indigènes.

Le § 2 de l'art. 1er du sénatus-consulte, qui confirme tous actes, partages ou distractions de territoire intervenus entre l'État et les indigènes, relativement à la propriété du sol, a été interprété par l'instruction générale

avec la sollicitude la plus bienveillante pour tous les intérêts. Il était juste, en effet, de prévoir le cas où des ventes, partages, concessions ou attributions diverses de territoires au profit d'Européens ou d'indigènes, auraient
reçu, avant la promulgation du sénatus-consulte, un commencement d'exécution, bien que n'étant pas encore définitivement régularisés. Tous ces actes seront confirmés
par décrets impériaux, pourvu toutefois que les intéressés
aient fait acte de possession et d'exploitation réelle antérieurement au sénatus-consulte. Vous aurez,

     Général,

     Monsieur le Préfet,

à faire établir, pour chaque tribu distinctement, un état
collectif de ces prises de possession, et à m'adresser d'*urgence* ceux relatifs à tous les territoires qui, d'après vos
propositions, devront être soumis les premiers aux opérations prescrites par le sénatus-consulte, afin que les
incidents de l'espèce soient complètement apurés avant
le commencement des travaux des commissions.

Ces états feront connaître le nom de chaque occupant,
la situation et l'étendue de l'immeuble; enfin, la nature et
l'importance des travaux accomplis.

2° Liberté des transactions privées à l'égard des biens *melk*.

L'instruction générale rappelle qu'en exécution de l'article 6 du sénatus-consulte, les biens *melk* sont, dès à
présent, librement transmissibles, en tout territoire, avant
même que les formalités prescrites par les art. 13, 14 et
15 du règlement d'administration publique aient été remplies.

Cette disposition, qui répond aux plus vives aspirations des populations, sera accueillie partout avec gratitude.

Cependant les parties contractantes, ainsi que les officiers ministériels, ne doivent pas oublier qu'elles ne s'appliquent qu'aux propriétés possédées privativement dès aujourd'hui, et que les biens communaux, de même que les propriétés à constituer ultérieurement, à titre privé, sur le territoire des douars, ne peuvent être valablement aliénés que dans les conditions et après l'accomplissement des formalités indiquées par les titres IV et V du règlement.

3° Territoires *azels*.

Bien que les teritoires *azels* doivent toujours être, en principe, dévolus à l'État, l'instruction générale dispose qu'à défaut de compensations possibles sur d'autres points, on y constituera, au profit des populations indigènes qui les occupent, des propriétés communales et individuelles.

Cette mesure se justifie par de puissantes considérations d'humanité et de bonne politique. Toutefois, son caractère étant purement gracieux, il conviendra, pour ménager autant que possible les ressources territoriales de l'État, de l'appliquer avec une sage circonspection, en apportant les plus grands soins à éviter toute exagération abusive. Je recommande expressément, à cet effet, que les propositions de l'espèce soient toujours combinées en vue de donner satisfaction aux cultivateurs de profession, dans la proportion exacte de leurs besoins, et à l'exclusion des krammès ou autres professions dépourvues d'instrumenst de travail.

4° Territoires provenant du séquestre.

L'instruction générale dispose, relativement aux terri-territoires provenant du séquestre : 1° que ceux dont la jouissance a été laissée aux indigènes atteints par le séquestre, leur seront définitivement abandonnés en totalité; 2° que, quant à ceux qui, au contraire, ont été prélevés, en tout ou en partie, dans l'intérêt de la colonisation, les indigènes recevront, *autant que possible*, des compensations proportionnelles à leurs besoins constatés.

Afin de lever toute incertitude sur la possibilité matérielle d'application de la dernière de ces deux dispositions, il convient d'expliquer que les compensations prescrites devront généralement être opérées, conformément aux règles tracées plus haut au sujet des *azels*, par l'abandon des territoires que les populations à dédommager occupent aujourd'hui en fait.

5° Compensations à attribuer aux douars ayant subi une distraction de territoire.

L'instruction générale recommande aux commissions d'apporter la plus grande circonspection dans les délimitation *de douar à douar*, de se poser comme règle habituelle de consacrer tous les faits accomplis dans la distribution du sol, et de ne modifier les situations acquises qu'exceptionnellement et alors seulement qu'il s'agira de dédommager certains douars ayant subi des dépossessions dont les autres douars de la même tribu auraient été affranchis.

Cette exception a été dictée par une pensée d'équité bien facile à comprendre.

Cependant, il est vraisemblable que son application suscitera souvent des réclamations de la part des douars appelés à réparer le préjudice éprouvé par leurs voisins.

Afin d'obvier à ces difficultés, ou tout au moins de les rendre plus rares, il conviendra que les compensations à accorder soient toujours prises sur les communaux, sauf le cas où, par suite du prélèvement trop considérable qu'il aurait subi, le territoire de culture du douar serait reconnu insuffisant pour les besoins de ses membres.

6° Revendication des biens *melk* et *beylik*.

J'ai l'honneur de vous adresser ci-joint, en vous invitant à le faire imprimer à tel nombre d'exemplaires que vous le jugerez nécessaire, le modèle de la formule des états à fournir par les commissions et par les réclamants, par application de l'art. 10 du règlement d'administration publique, en ce qui concerne les revendications de propriétés melk ou beylik. Une complète uniformité étant désirable dans des documents de cette nature, je vous prie de n'apporter aucune modification à ce modèle sans mon approbation préalable.

Je n'ai plus aujourd'hui,

Général,

Monsieur le Préfet,

qu'un seul mot à ajouter à ce qui précède. L'Empereur désire être appelé à statuer chaque fois que des difficultés et des circonstances accidentelles s'étant produites, il y aura lieu à interprétation soit du sénatus-consulte, soit du règlement. Je compte sur votre expérience éclairée et sur votre dévouement aux intérêts du pays pour me seconder, en toute circonstance, dans l'exécution des ordres de Sa Majesté. J'accueillerai toujours avec empressement les communications que vous m'adresserez à cet effet, de même que les observations que vous pourrez avoir à me soumettre au sujet de la présente circulaire et de celles qui la suivront.

Le Gouverneur-Général,
Mal Pélissier, duc de Malakoff.

—

ORGANISATION

DES DJEMAAS DE DOUAR ET DE TRIBU.

Désignation des délégués indigènes.

—

A MM. LES GÉNÉRAUX ET PRÉFETS.

Alger, le 14 juillet 1863.

Général,
Monsieur le Préfet,

Aux termes de l'article 3 du décret du 23 mai, portant règlement d'administration publique pour l'exécution du sénatus-consulte du 22 avril sur la constitution de la propriété foncière dans les tribus, « des indigènes désignés « par les tribus et par les douars, les représenteront près « des commissions et des sous-commissions, et seront « admis à leur fournir les observations et les renseigne- « ments qu'ils jugeront convenables. »

A la délimitation du territoire de la tribu succèdera immédiatement la répartition de ce territoire entre les douars

9

« en présence des représentants de la tribu et des douars intéressés. » — Art. 9.

Les revendications des biens *melk* ou *beylick*, faites dans les délais déterminés par l'article 10 du décret-règlement, doivent être « communiquées aux représentants des tribus et des douars intéressés, » pour qu'ils puissent « faire opposition à celles des revendications qu'ils ne croiraient pas fondées. » — Art. 11.

Les tribus ou les douars, s'il y a lieu, et par l'organe de leurs représentants légaux. défendront en justice aux revendications. — Même article.

L'article 16 du même décret. veut que des djemâas soient instituées par les généraux et les préfets dans les douars dont le territoire aura été constitué, pour consentir, au besoin, l'aliénation de tout ou partie de leurs biens communaux.

Enfin, ces mêmes djemâas, d'après l'art. 26, titre **IV**, concourront, avec les sous-commissions, à la préparation des projets d'allotissement des terres de culture à partager entre les familles du douar.

Afin de satisfaire à l'esprit de ces dispositions prises dans leur ensemble, et pour assurer, dès le début, la marche régulière et normale des diverses opérations relatives à la délimitation et à la répartition des territoires, j'ai reconnu qu'il était indispensable de constituer préalablement à ces opérations la représentation légale des tribus et des douars, en instituant uniformément les djemâas ou commissions syndicales des douars en même temps que celles des tribus.

J'ai pris à cet effet, en date de ce jour, un arrêté dont j'ai l'honneur de vous adresser une ampliation.

Il porte (art. 1er) qu'immédiatement après la promulgation des décrets désignant les tribus où il sera procédé à
la délimitation et à la répartition des territoires, il sera
institué dans chaque douar une djemâa ou commission
syndicale, ayant qualité pour représenter le douar dans
les divers cas spécifiés par les articles 10, 11 et 12 (titre
III), par le titre IV et par l'article 26 (titre V) du décret
du 23 mai.

La djemâa, une fois constituée conformément aux dispositions des articles 2 et 3 de l'arrêté, désignera un de
ses membres pour représenter le douar auprès des commissions ou des sous-commissions instituées en exécution
de l'art. 2 du décret du 23 mai (art. 4).

Les djemâas de tribus actuellement existantes sont
maintenues ; il en sera institué dans celles qui en seront
dépourvues. Ces djemâas auront, quant à la tribu, des attributions identiques à celles des djemâas de douar. Elles
désigneront deux de leurs membres pour les représenter
auprès des commissions et des sous-commissions, concurremment avec les délégués des douars et avec les
chefs investis par l'autorité française et qui, aux termes
de l'instruction générale du 11 juin, font, dans tous les cas
partie de cette représentation. (Art. 5, 6 et 7).

Aucune difficulté ne peut s'élever quant à la formation
des djemâas de tribu. La tribu représente une unité politique et territoriale tout à la fois, où il n'y aura le plus
souvent qu'à maintenir l'ordre de choses établi. Il n'en est
pas de même du *douar*, section variable de la tribu, et
dont le territoire est souvent indéterminé, puisque dans
un certain nombre de grandes tribus du Tell, plusieurs

douars occupent souvent indivisément les terres de parcours et de culture; mais chaque douar n'en forme pas moins dans la tribu un groupe distinct et séparé, dont l'importance se mesure au nombre de ses tentes. Ce groupe, en vue de l'exécution du Sénatus-Consulte, doit avoir sa représentation légale, abstraction faite de toute occupation de territoire.

Ainsi,

Général,

Monsieur le Préfet,

pour l'exécution de mon arrêté, le *douar* s'entend de toute agglomération, quelque petite qu'elle soit, qui représente un intérêt distinct dans le groupe plus considérable de la *tribu*. C'est la communauté d'origine, de coutumes et d'intérêts qui forme l'unité du douar et qui établit son droit à une représentation spéciale, pour que ses intérêts soient sauvegardés et défendus à l'encontre de ceux des autres agglomérations de la même tribu.

Toutefois, comme il arrive souvent que le *douar*, ainsi défini, n'offrira qu'un groupe d'une très faible importance, plusieurs de ces groupes rapprochés par le voisinage pourront être réunis administrativement, pour être représentés par une seule djemâa. Dans ce cas, on prendra soin que chaque groupe particulier ait un représentant dans la djemâa.

Dès la réception de mon arrêté il importera,

Général,

Monsieur le Préfet,

que vous vous procuriez, par l'intermédiaire des bureaux arabes de votre circonscription administrative, la liste exacte des *douars* ou groupes de familles distincts compris dans chaque tribu ; cette liste sera appuyée de détails statistiques qu'il sera d'autant plus facile d'obtenir, qu'ils existent en grande partie dans les travaux de recensement relatifs à l'assiette des impôts arabes.

Vous recueillerez en même temps tous les renseignements propres à vous éclairer, tant sur les réunions à opérer en exécution du dernier paragraphe de l'art. 2, que sur le choix des personnes qui devront entrer dans la composition des djemâas.

Comme le *douar* est en quelque sorte le pivot de la transformation que le sénatus-consulte doit apporter dans le régime de la propriété foncière dans les tribus, la *djemâa du douar* est appelée à jouer un rôle essentiel dans les diverses phases que doit traverser cette transformation. Elle se fera représenter par un délégué tiré de son sein près des commissions et sous-commissions. Elle délibérera sur les revendications qui intéressent le douar ; y formera, s'il y a lieu, opposition, et soutiendra, au besoin, cette opposition en justice par l'organe de son président. Elle représentera le douar dans les opérations relatives à la répartition prescrite par l'art 9 du décret-règlement. Elle se trouvera toute formée pour consentir les aliénations dont il est question au titre IV du même décret, et pour coopérer au partage des terres de culture entre les familles.

C'est assez vous dire,

    Général,

    Monsieur le Préfet,

combien il importe que chaque djemâa soit composée des

hommes les plus notables et les plus considérés du douar, les plus dignes à la fois de la confiance de leurs coreligionnaires et de l'administration.

Dans le cas où quelques difficultés de détail viendraient à surgir dans l'application de mon arrêté, vous voudrez bien m'en rendre compte. Il y serait immédiatement pourvu par des dispositions spéciales et complémentaires.

Je vous prie de m'accuser réception des présentes instructions.

Recevez, etc.

Le Gouverneur-Général de l'Algérie,
M[al] PÉLISSIER, DUC DE MALAKOFF.

ARRÊTÉ

Pour l'organisation des djemâas de douar et de tribu.

AU NOM DE L'EMPEREUR.

Le Maréchal de France, Gouverneur Général de l'Algérie,

Vu le décret du 23 mai 1863, portant règlement d'administration publique pour l'exécution du sénatus-consulte du 22 avril, relatif à la constitution de la propriété en Algérie, dans les territoires occupés par les Arabes ;

Vu les instructions générales du 11 juin 1863, pour l'exécution du sénatus-consulte et du décret précités.

ARRÊTE :

Art. 1er. — Immédiatement après la promulgation des décrets désignant les tribus où il sera procédé aux opérations de délimitation et de répartition des territoires, prescrites par l'art 2 du sénatus-consulte, et en exécution de l'art. 16 du décret précité, il sera institué, dans chaque douar, par le général commandant la division ou par le préfet du département, suivant le territoire, une *djemâa* ou commission syndicale ayant qualité pour représenter le douar dans les divers cas spécifiés par les articles 10, 11 et 12 (titre III), par le titre IV et par l'art. 26 (titre V), du décret du 23 mai.

Art. 2. — Chaque djemâa de douar sera composée de trois à sept membres, conformément aux règles suivantes :

Pour trente tentes ou gourbis et au-dessous, trois membres ;

Pour plus de trente tentes ou gourbis, jusqu'à soixante, cinq membres ;

Pour plus de soixante tentes ou gourbis, indéfiniment, sept membres.

Art. 3. — Lorsque plusieurs groupes voisins et appartenant à la même tribu auront trop peu d'importance isolément pour avoir une djemâa séparée, ils seront réunis pour former une seule djemâa. Celle-ci sera composée de telle sorte que chaque groupe y soit représenté par un membre au moins.

Art. 4. — Les membres des djemâas seront nommés par le général ou par le préfet, parmi les plus imposés de chaque douar, âgés de vingt-cinq ans au moins, chefs de famille, non judiciairement interdits et n'ayant subi aucune peine afflictive ou infâmante devant quelque juridiction que ce soit.

L'arrêté portant nomination des membres de chaque djemâa désignera celui d'entre eux qui exercera la présidence.

Art. 5. — La djemâa, une fois constituée, désignera celui de ses membres qui représentera le douar comme délégué auprès des commissions et des sous-commissions instituées en exécution de l'art. 2 du décret du 23 mai.

Art. 6. — Les djemâas de tribu, actuellement existantes, sont maintenues et représenteront l'intérêt de la tribu dans les divers cas déterminés par les art. 4 (t. II), 9, 10, 11 et 12 (t. III), du décret précité.

Il sera institué des djemâas dans les tribus qui en seraient dépourvues, aux mêmes fins que ci-dessus, dans les délais et formes déterminés par les art. 1 et 4 du présent.

Le nombre des membres de chaque djemâa de tribu instituée en vertu du paragraphe précédent, sera proportionné au nombre des douars dont elle se compose ; il ne pourra, toutefois, être inférieur à cinq ni supérieur à neuf, y compris le **chef investi de la tribu** (caïd ou cheikh), président de la djemâa.

Art. 7. — Chaque djemâa de tribu désignera deux délégués pour la représenter près des commissions et sous-commissions.

Art. 8. — Les caïds ou cheikhs investis par l'autorité française, sont délégués de droit, concurremment avec ceux désignés conformément aux articles 5 et 7 du présent.

Art. 9. — Pour les cas prévus par les articles 11 et 12 du décret du 23 mai, les demandes en revendication de biens *melk* ou *beylick* seront immédiatement communiquées aux djemâas des tribus ou des douars intéressés. Les djemâas se réuniront immédiatement à l'effet de délibérer, tant sur l'opposition à faire aux revendications que sur les instances à soutenir, le cas échéant.

Art. 10. — L'opposition de la djemâa, s'il y a lieu, sera formée dans le délai légal, à la diligence du président, qui aura également qualité pour ester en justice, au nom de la tribu ou du douar, défendeurs à la revendication.

Toutefois, la tribu ou le douar ne pourront plaider qu'en vertu d'une autorisation administrative. Cette autorisation, suivant le territoire où seront situés les biens en litige, sera donnée par le général commandant la division en conseil civil, ou par le préfet en conseil de préfecture.

Il sera toujours statué d'urgence sur ces autorisations.

Art. 11. — Pour qu'une djemâa puisse délibérer, il suffira de la présence de la majorité des membres dont elle se compose.

En cas d'absence du président, il sera remplacé par le doyen des membres présents

En cas de partage des voix dans une délibération, la voix du président sera prépondérante.

Art. 12. — Les généraux commandant les divisions et les préfets des départements de l'Algérie, sont chargés de l'exécution du présent arrêté.

Fait au palais du gouvernement, Alger, le 14 juillet 1863.

Le Gouverneur-Général de l'Algérie,
Mal PELISSIER, DUC DE MALAKOFF.

CIRCULAIRE
Au sujet de la publication des décrets désignant les territoires à soumettre à l'application du sénatus-consulte.

—

A MM. GÉNÉRAUX ET PRÉFETS DE L'ALGÉRIE.

Alger, le 7 juillet 1863.

Général,

Monsieur le Préfet,

Le règlement d'administration publique du 23 mai dernier, après avoir indiqué les divers modes de publication des décrets spéciaux qui désignent les territoires sur lesquels il devra être procédé aux opérations prescrites par l'article 2 du sénatus-consulte du 22 avril 1863, dispose (art. 4 et 10) que cette publication sera constatée par des procès-verbaux de l'autorité locale, lesquels constitueront le point de départ du délai de deux mois accordé au Domaine et aux particuliers pour la revendication des biens Beylik et des biens Melk.

Deux observations essentielles sont à faire à ce sujet.

Il est à remarquer d'abord que, dans l'impossibilité évidente où se trouvaient les commissions et sous commissions d'entreprendre simultanément leurs travaux sur l'ensemble des territoires que les décrets auront désignés, il n'y aurait que des inconvénients, sans aucune espèce d'avantage, à hâter partout à la fois la délivrance des procès-verbaux de publication dont je viens de parler. D'un autre côté, au lieu de créer toutes les facilités que l'instruction générale du 11 juin recommande d'accorder aux propriétaires de Melk, on leur occasionnerait souvent de très-grands embarras, si l'on entendait les assujétir en toute circonstance à former leur revendication devant le Président de la commission provinciale.

Afin de tout concilier, je décide :

1° Que lorsqu'un décret aura désigné à la fois plusieurs territoires à soumettre aux opérations prescrites par le sénatus-consulte, la publication locale et la rédaction des procès-verbaux destinés à la constater, ne comprendront d'abord que l'un des territoires assignés à chacune des sous-commissions, et ne s'étendront que successivement aux autres, d'après l'ordre de priorité qui aura été réglé pour l'exécution des travaux ;

2° Que les déclarations du Domaine et des propriétaires de Melk seront formées en vertu d'une délégation permanente du Président de la commission provinciale, devant les Présidents des sous-commissions, naturellement désignés pour les recevoir, par le double motif qu'ils seront toujours plus à proximité des populations, et que, d'ailleurs, c'est à eux qu'incombera le soin d'en faire le premier examen.

Recevez, etc.

Le Gouverneur Général,
Signé : M^{al} PÉLISSIER, DUC DE MALAKOFF.

INSTRUCTION

Sur les Registres et Bulletins à établir par les Sous-Commissions.

—

A MM. LES GÉNÉRAUX ET PRÉFETS,

Alger, le 10 juillet 1863.

Général,
Monsieur le Préfet,

Additionnellement aux dispositions contenues dans la sixième partie de ma circulaire du 7 courant, n° (164), au sujet des formes à suivre pour la revendication des biens *Melk* ou *Beylik*, je décide que chaque sous-commission sera tenue d'ouvrir deux registres : le premier, coté et paraphé par le Général divisionnaire ou le Préfet, selon le territoire, devant servir à inscrire, *à leur date*, toutes les revendications ; le second destiné à recevoir la traduction des pièces produites à l'appui de ces revendications

Je décide, en outre, dans le but de faciliter l'établissement ultérieur de la matrice foncière, que le travail de chaque commission se résumera par la rédaction de *Bulletins individuels* qui présenteront le détail :

1° Des biens *Melk* contestés par la tribu ;

2° Des biens *Melk* non contestés ;

3° Des propriétés domaniales, forêts ou autres, contestées par la tribu ;

4° Des propriétés domaniales non contestées ;

5° Des propriétés collectives affectées à la culture ;

6° Des terres de parcours, dites *communales*.

Je vous prie de vous concerter avec

Général,

M. le Préfet,

ur l'impression de ces bulletins et de ces registres,
nt le premier devra être conforme au modèle d'état
nexé à ma circulaire précitée du 7 juillet courant.
Recevez, etc.

Le Gouverneur Général,
M^{al} PELISSIER, DUC DE MALAKOFF.

CIRCULAIRE

lative au registre à ouvrir pour l'inscription des
oppositions aux revendications.

—

Alger, le 7 octobre 1863.

Général,

Monsieur le Préfet,

l'ai eu l'honneur de vous faire connaître, par dépêche
10 juillet dernier, n° 4203, que j'avais décidé que
aque sous-commission serait tenue d'avoir deux regis-
s, le premier côté et paraphé par le Général division_
ire ou par le Préfet, suivant le territoire, devant ser-
 à inscrire, à leur date, toutes les revendications ; le
ond destiné à recevoir la traduction des pièces pro-
tes à l'appui de leurs revendications.
e premier de ces registres me paraît devoir être com-
té par un autre, mentionnant, à leur date aussi, les
positions faites aux revendications.

L'article 11 du règlement d'administration publique du 23 mai dernier prescrit, en effet, la communication immédiate des revendications aux représentants des tribus et douars intéressés, qui devront, sous peine de déchéance, faire opposition dans le délai de deux mois, à partir du jour de cette communication. Il importe donc que l'accomplissement de cette mesure conservatrice soit constaté d'une manière formelle et que les commissions puissent avoir constamment sous les yeux l'ensemble des oppositions introduites.

Je vous adresse, en conséquence, ci-joint, le modèle du nouveau registre à ouvrir pour l'inscription de ces oppositions.

Le Gouverneur Général
M^{al} PELISSIER, DUC DE MALAKOFF.

CIRCULAIRE

Sur la constitution de la propriété individuelle dans les cantons forestiers.

—

Alger, le 6 novembre 1863.

Général,
Monsieur le Préfet,

Les intentions de S. M. l'Empereur sont de hâter la constitution de la propriété individuelle, aux termes du sénatus-consulte du 22 avril dernier, dans les zones où les intérêts des indigènes sont en contact avec ceux des Européens, et, particulièrement, dans l'intérieur ou le voisinage des cantons forestiers qu'il importe de garantir contre les chances d'incendie en les plaçant sous la surveillance de l'intérêt privé des indigènes eux-mêmes.

J'ai l'honneur de vous prier, en conséquence, de me désigner d'urgence les tribus qui se trouvent dans ce cas sur les territoires que vous administrez, en indiquant distinctement celles qui auraient déjà été l'objet d'un décret impérial pour la délimitation de leur territoire et sa répartition entre leurs douars, et celles à l'égard desquelles ces opérations n'ont pas encore été prescrites. Je provoquerai, pour les premières, le décret prescrit par l'article 25 du règlement d'administration publique du 23 mai dernier, et, pour les secondes, un autre décret ordonnant, en même temps, la délimitation dn territoire, la répartition entre les douars et la constitution de la propriété individuelle de ces douars.

Recevez, etc.

Le Gouverneur Général,
M^{al} PELISSIER, DUC DE MALAKOFF.

CIRCULAIRE

Sur la revendication du sol forestier par le Domaine.

—

Alger, le 10 novembre 1863.

Général,

Monsieur le Préfet,

Ma circulaire du 6 novembre courant, n° 7108, vous a fait connaître que les intentions de S. M. l'Empereur sont de hâter l'application du sénatus-consulte du 22 avril dernier, jusques et y compris la constitution de la propriété individuelle, dans l'intérieur et dans le voisinage des cantons forestiers. Je crois devoir à cette occasion, appeler votre attention particulière sur les revendications qui, aux termes de l'article 10 du règlement d'administration publique du 23 mai dernier, doivent être exercées au nom de l'État à l'égard du sol forestier de même qu'à l'égard de tous les biens beylik.

Une distinction est à observer dans la forme de ces revendications, suivant qu'elles ont pour objet des forêts, bois ou massifs, déjà reconnus et soumis à la surveillance du service forestier, ou des immeubles de cette nature dont l'État n'aurait pas encore pris possession effective.

Dans le premier cas, il y a lieu de procéder par application du paragraphe 2 de l'article 1er du sénatus-consulte, afin que les tribus soient immédiatement éclairées sur l'inutilité des oppositions qu'elles élèveraient à l'encontre des droits définitivement attribués à l'État. Dans le second cas, il suffit d'invoquer l'article 5 du sénatus-consulte.

Quand aux droits d'usage régulièrement acquis avant la promulgation de la loi du 16 juin 1851 sur la propriété en Algérie, et dont réserve est faite par l'article 4, paragraphe 4 de cette loi, je décide que les sous-commissions et Commissions de délimitation seront substituées aux anciennes commissions forestières pour en proposer le règlement partout où l'autorité supérieure n'aurait pas déjà statué d'une manière définitive. Là où l'autorité supérieure aura statué, elles se borneront à mentionner les décisions prises, lorsqu'il s'agira de localités où des travaux bien que non encore homologués, auront été préparés par les commissions forestières ; ces travaux seront mis sous leurs yeux et serviront de base à leurs propositions.

Je décide, en outre, que pour l'exécution des instructions qui précèdent, M. le chef du service des forêts fera connaître à M. le chef du service des Domaines les revendications à exercer, et qu'un agent des forêts sera détaché, avec voix consultative, auprès de chacune des commissions et sous-commissions qui auront à opérer sur le sol forestier.

Veuillez (Général, M. le Préfet), m'accuser réception de la présente circulaire, et la notifier à MM. les chefs des services des domaines et des forêts, ainsi qu'à la commission de délimitation instituée pour le territoire que vous administrez.

Recevez, etc.

Le Gouverneur Général,
M^{al} PELISSIER, DUC DE MALAKOFF.

10

CIRCULAIRE

Sur la revendication par le Domaine des immeubles domaniaux.

—

Alger, le 23 novembre 1863.

Général,

Monsieur le Préfet,

Ma circulaire du 10 novembre courant vous a tracé la marche à suivre pour l'application aux *bois et forêts*, du sénatus-consulte sur la propriété.

Une règle analogue est à observer, en ce qui concerne les autres immeubles domaniaux de toute nature et de toute origine.

Ces immeubles, ainsi que je l'ai prescrit pour les bois et forêts, doivent être divisés en deux catégories distinctes comprenant : la première, ceux dont l'Etat a pris possession effective et qu'il détient actuellement par lui-même ou par ses ayant-droit, tels que services publics, civils ou militaires, service de la colonisation, locataires, fermiers, etc.

La seconde, ceux dont l'Etat n'a pas encore pris possession effective, et qu'il ne détient ni par lui-même ni par aucun ayant-droit.

Les immeubles de la 1re catégorie seront considérés comme définitivement acquis à l'Etat par application du § 2 de l'article 1er du sénatus-consulte, que le domaine aura seul à invoquer à l'appui de sa possession, lorsque les opérations des commissions de délimitation se porteront sur les territoires dont ils dépendent ; et, en attendant, l'Etat sera entièrement libre d'en disposer à son gré, sauf la réserve des engagements préexistants qui tous doivent d'abord être réalisés.

Quand aux immeubles de la 2° catégorie, l'Etat ne pourra les revendiquer que par application de l'article 5 du sénatus-consulte, et jusque-là il s'abstiendra à leur égard de tout acte de propriétaire, afin de ne pas léser les droits possibles de ses contradicteurs éventuels.

Cette solution, entièrement conforme à l'esprit du sénatus-consulte, aussi bien que de ses divers commentaires officiels, met un terme à des incertitudes qui avaient l'inconvénient grave d'entraver le progrès colonial en arrêtant trop sensiblement le mouvement des aliénations domaniales.

Vous pourrez désormais, (Général, M. le Préfet), reprendre tous les projets à l'étude, et me soumettre vos vues définitives sur le meilleur emploi à faire, dans l'intérêt de la colonisation, des biens domaniaux qui se trouvent en ce moment entre les mains de l'Etat, mais en ayant soin toutefois d'en réserver une partie pour les compensations éventuelles qu'il y aurait lieu d'attribuer ultérieurement aux indigènes par application des dispositions contenues dans l'instruction générale du 11 juin dernier.

Je vous invite, (Général, M. le Préfet) à m'accuser réception de la présente circulaire, et à la notifier à M. le chef du service des domaines, ainsi qu'à la commission de délimitation instituée pour le territoire soumis à votre administration.

Recevez, etc.

Le Gouverneur Général,

M^{al} PELISSIER, DUC DE MALAKOFF.

CIRCULAIRE.

Relative aux règles à suivre pour la régularisation des attributions territoriales antérieures au sénatus-consulte.

—

A MM. LES GÉNÉRAUX DIVISIONNAIRES ET PRÉFETS
DES DÉPARTEMENTS.

Alger, le 4 décembre 1863.

Général,
Monsieur le Préfet,

Les états qui m'ont été adressés jusqu'à ce jour, en exécution du § 1er de ma circulaire du 7 juillet dernier pour la régularisation des attributions territoriales effectuées au profit d'Européens ou d'indigènes antérieurement au sénatus-consulte du 22 avril 1863, mais non encore régularisées, contiennent un grand nombre de propositions qui n'étaient pas de nature à y devoir trouver place, et qui me démontrent que la pensée de ma circulaire précitée et des instructions générales du 11 juin dernier (page 48 du recueil) n'a pas été bien comprise.

Ainsi, dans plusieurs de ces états, on propose d'approuver des prises de possession consommées soit au profit du domaine, soit au profit de divers services publics civils ou militaires, lesquelles ayant été rendues définitives par les dispositions du § 2 de l'article 1er du sénatus-consulte, n'ont plus besoin d'être homologuées. Dans d'autres, on demande la sanction d'un nouveau décret pour des territoires de villages déjà constitués en vertu de décrets spéciaux. Dans d'autres encore on présente pour être sanctionnées des concessions, ventes aux enchères publiques ou de gré à gré, et transactions définitivement approuvées au profit de particuliers, dans les formes légales, et qui, dès lors, ne nécessitent plus aucune espèce de régularisation. Enfin, on paraît avoir considéré la mesure à prendre, comme pouvant être une occasion d'accorder, en dehors de tout engagement antérieur à la promulgation du décret du 25 juillet 1860, des concessions d'une étendue supérieure au maximum fixé par l'article 23 dudit décret.

Afin de rectifier ces erreurs d'interprétation, je crois nécessaire, (Général, M. le Préfet), de préciser le sens des instructions générales du 11 juin dernier et de ma circulaire du 7 juillet suivant.

Je ferai remarquer, en premier lieu, qu'ainsi que je l'ai déjà dit plus haut, ces instructions ne s'appliquent en aucune manière aux prises de possession que le domaine a effectuées antérieurement au sénatus-consulte, soit à son profit, soit au profit de divers services publics, ou de la colonisation. Je me borne à me référer à cet égard à ma circulaire du 23 novembre dernier, en vous priant seulement de recommander à M. le Directeur des domaines de ne jamais omettre de signaler l'*intégralité* des immeubles que l'Etat détient par lui-même ou par ses ayant-droit, ou qu'il a remis au service de la colonisation, au fur et à mesure que les Commissions de délimitation auront à opérer sur les territoires dont ils dépendent.

J'ajouterai en second lieu, que les dispositions spéciales édictées par les instructions des 11 juin et 7 juillet derniers, ne s'appliquent pas davantage à la régularisation des attributions privées promises à des Européens ou à des indigènes sur une partie quelconque du territoire actuellement détenu par le domaine, tel qu'il a été défini par ma circulaire précitée du 23 novembre dernier.

Il convient sans doute, ainsi que je l'ai souvent fait connaître, d'accomplir religieusement les engagements qui ont été contractés à cet égard ; et j'insiste de nouveau pour que vous me mettiez à même de les réaliser tous dans le plus bref délai possible. Mais ce sont des affaires ordinaires qui doivent être instruites d'après la législation ordinaire.

Le mode exceptionnel de régularisation tracé par les deux instructions sus-indiquées n'a eu en vue que de pourvoir à une situation tout à fait exceptionnelle, à savoir celle dans laquelle se trouvent divers Européens ou indigènes installés, avec l'assentiment de l'autorité, sur un territoire, domanial ou non, dont, au préalable, le domaine n'aurait pas pris possession effective.

Mais une distinction est à faire dans la poursuite du but ainsi circonscrit. Les attributions à régulariser peuvent avoir eu pour point de départ :

1° Une promesse d'échange ou de transaction ;

2° Une promesse de concession.

Dans le second cas, au contraire, l'attribution ne peut être régularisée que lorsque la prise de possession a été suivie d'une exploitation réelle ; et s'il n'est pas parfaitement établi que la promesse de concession soit antérieure à la promulgation du décret du 25 juillet 1860, la contenance à attribuer définitivement doit être limitée au maximum de 30 hectares fixé par l'art. 23 de ce décret.

Tels sont, (Général, Monsieur le Préfet), les principes applicables à la matière.

Je vous invite à faire établir, en conséquence, et à m'adresser dans le plus bref délai possible, en remplacement de ceux que vous m'aviez transmis et que je vous renvoie ci-joint, de nouveaux états de propositions de régularisations conformes au modèle ci-annexé, d'abord pour les territoires soumis en ce moment à l'application du sénatus-consulte, et ensuite pour les autres territoires à délimiter ultérieurement.

A l'avenir, ces états devront toujours précéder ou tout au moins accompagner les propositions que vous aurez à me faire en vue d'appliquer le sénatus-consulte à des territoires nouveaux, afin que, selon que je l'ai recommandé par ma circulaire du 7 juillet dernier, tous les incidents de l'espèce puissent être complètement apurés avant le commencement des travaux des commissions. Mais en ce qui concerne les territoires déjà désignés pour recevoir l'application du sénatus-consulte, je vous autorise exceptionnellement, à raison de l'*urgence*, à remettre une copie de vos propositions de régularisation à la commission de délimitation, en même temps que vous me les adresserez à moi-même, avec invitation d'en tenir compte dans ses opérations, sans attendre la décision à intervenir.

Je vous prie, (Général, M. le Préfet), de m'accuser réception de la présente circulaire et de la notifier à M. le chef du service des domaines, ainsi qu'à M. le Président de la commission de délimitation.

Recevez, etc.

Le Gouverneur Général,

Mal PELISSIER, DUC DE MALAKOFF.

D'autres circulaires ont été publiées par M. le Gouverneur général, mais comme elles ne s'appliquent qu'à des détails d'exécution, nous croyons inutile de les rapporter.

Le règlement d'administration publique avec les instructions générales et les circulaires qui le suivent, ne se bornent pas à prescrire des mesures d'exécution ; ils indiquent de quelle manière et dans quelles larges conditions le gouvernement entendra l'application ; ils suppléent au silence que la rédaction, nécessairement concise du sénatus-consulte, garde sur plusieurs points ; ils sont en outre un commentaire d'autant plus précieux et d'autant plus autorisé qu'il a été fait avec une intelligence supérieure des choses de l'Algérie et qu'il émane, pour ainsi dire, du législateur lui-même. S'il entrait dans notre plan d'interpréter doctrinalement la loi, nous aurions peu de choses à ajouter.

ART. IV.

Les rentes, redevances et prestations dues à l'Etat par les détenteurs des territoires des tribus continueront à être perçues comme par le passé, jusqu'à ce qu'il en soit autrement ordonné par les décrets impériaux rendus en la forme des règlements d'administration publique.

L'impôt porte dans le Coran le nom de *zekkat*. Aussi n'était-il à l'origine des sociétés islamiques, qu'une aumône régularisée, dont le produit devait être employé au soulagement des pauvres, à la protection des voyageurs, au rachat des esclaves, à l'instruction des fidèles, à la défense et à la propagation de la foi. Ce caractère, essentiellement religieux, ne tarda pas à dégénérer et à se modifier avec le développement de l'islamisme et le progrès de l'institution du pouvoir politique. L'impôt devint une contribution publique.

A notre arrivée en Afrique, en 1830, l'impôt était ce qu'il est dans tous les pays primitifs, chez les peuples dont l'organisation sociale n'est pas encore énergiquement accusée, dont le gouvernement est arbitraire et précaire tout à la fois, et où la propriété n'est encore ni bien assise ni bien déterminée, c'est-à-dire qu'il était d'une nature essentiellement mobilière et variable. La terre qui n'était considérée comme valeur qu'autant qu'elle était *vivifiée*, n'était atteinte que dans ses produits. C'étaient l'achour (impôt sur les récoltes), le hokor (loyer des terres azels ou domaniales et arch, faisant pour ces dernières un double emploi avec l'achour), la lezma (prix de ferme qu'un chef de tribu payait au Trésor pour avoir le droit de retirer de la tribu tous les revenus que ses moyens d'action pouvaient lui assurer), le zekkat (impôt sur les bestiaux), l'eussa (sorte de droit de douane que les populations sahariennes payaient à leur entrée dans le Tell pour leurs approvisionnements de grains), le hak el chabir (contribution particulière aux tribus maksens, douairs ou zmelas).

Il y avait bien encore quelques autres contributions plus ou moins indirectes et permanentes, mais elles étaient de minime importance.

Ces impôts, arbitraires dans leur nombre et vexatoires dans leur assiette, avaient rendu l'administration turque odieuse aux Arabes.

L'ex-émir Abd el Kader, dont la pensée était de rapprocher le plus possible son gouvernement des traditions religieuses de l'islam, épura le système des impôts perçus sous les Turcs. Abd el Kader n'établit d'autres redevances que l'achour, le zekkat, el maaouna (contribution extraordinaire créée dans des circonstances graves, sorte de décime de guerre), et el khelia, (amende infligée à certaines tribus en expiation d'une faute commise).

La France perçoit aujourd'hui, comme impôts réguliers, l'achour, le hokor, le zekkat et la lezma. La capitation, dont le caractère se ressent, sans doute, de l'administration romaine, est perçue en Kabylie.

Les impôts arabes sont établis par arrêtés ministériels (art. 1 et 3 de l'ordonnance du 17 janvier 1845).

D'après les arrêtés des 30 juillet 1855, 26 février 1858 et 25 juillet 1860, il est perçu des centimes additionnels. Les dépenses imposables sur les centimes additionnels sont :

« Frais de bureau et indemnité au receveur comptable ; ouverture et entretien dans les tribus des voies de communication classées comme chemins vicinaux ou qui peuvent y être assimilées ; construction et entretien sur le territoire des tribus : des maisons de commandement, des caravansérails, des mosquées et des écoles, des puits, abreuvoirs, des maisons de cantonniers indigènes sur les chemins désignés au § 2, et généralement des établissements et édifices ayant un caractère communal ; instruc-

tion primaire, culte et justice (traitement du personnel inférieur et au besoin supplément de traitement au personnel
supérieur), dépenses d'entretien ; traitement des cantonniers indigènes sur les voies dont l'entretien est à la
charge des centimes additionnels ; traitement des agents
employés à un service de surveillance ou de police ; entretien d'élèves dans les m'dersas (écoles supérieures),
les cours de médecine, les pépinières et autres établissements d'instruction ; plantations et pépinières ; frais de
distribution de médicaments et dépenses d'assistance
publique ; enfin toutes dépenses d'utilité favorisant l'intérêt collectif des tribus dans chaque subdivision ; gardes à
pied et à cheval chargés de la police du pays, de la surveillance des routes et du transport de la correspondance
pour le service dans l'intérieur du pays ; achat des étalons
appartenant aux tribus ; achat et entretien des chevaux
de relais pour le service de la police et de la correspondance. »

Le sénatus-consulte maintient les impôts actuellement
établis ; seulement le pouvoir impérial pourra les modifier
ou les supprimer.

L'exécution du sénatus-consulte amènera nécessairement des changements dans la nature de l'impôt ; et ce
sera un bien. Frapper la terre dans ses récoltes et dans sa
culture est chose funeste à l'agriculture. La contribution
foncière, c'est la contribution normale et naturelle de tout
pays producteur, de tout pays à coloniser, parce qu'elle
oblige le propriétaire à défricher et à améliorer. C'est celle
vers laquelle nous marchons.

ARTICLE V.

Sont réservés les droits de l'Etat à la propriété des biens du Beylick et ceux des propriétaires des biens melk.

Sont également réservés le domaine public, tel qu'il est défini par l'article 2 de la loi du 16 juin 1851, ainsi que le domaine de l'Etat, notamment en ce qui concerne les bois et forêts, conformément à l'article 4, paragraphe 4 de la même loi.

Nous avons étudié l'histoire de la formation de la propriété privative, terre *arch* ou individualisée. La propriété de l'État musulman se dégage des mêmes faits et se constitue dans les mêmes conditions.

Il est de principe religieux et politique dans les usages et traditions de l'islam, que le chef qui fait la conquête prend une part dans la terre enlevée aux vaincus. Cette part lui appartient en propre. Mais en dehors de cette part, une autre part est prélevée sur la terre conquise et devient le fonds de la communauté musulmane, le fonds de l'État ; ses revenus sont destinés à subvenir aux charges publiques. C'est ce qui fait que dans tous les pays musulmans le Gouvernement a un Domaine particulier, des immeubles qui lui sont propres. Dans certains pays, comme en Égypte, par exemple, c'est une grande partie du sol qui appartient ainsi à l'État.

Ce principe nous explique comment, nous avons trouvé sur le territoire algérien une grande quantité d'immeubles dits terres du beylick (*beylick* est un mot turc qui veut dire l'État, le Domaine de l'État); mais nous devons dire que peu de ces biens avaient l'origine que nous venons de signaler. La plupart provenaient soit d'acquisitions faites à des particuliers, soit de confiscations, soit de l'occupation de terres vaines et vagues, soit de donations ou de successions.

Ce qui est relatif aux successions touche à une particularité de la législation musulmane qu'il n'est pas inutile d'indiquer.

La loi musulmane donne bien, comme la loi française, à l'État la qualité d'héritier de celui qui n'en laisse pas, mais elle lui donne de plus l'avantage d'être le dernier des *acebs* (les acebs forment une catégorie de successibles universels, héritiers d'une nature particulière, par *raison d'affinité*, venant concurremment avec les légitimaires).

Ce n'est que sous le Gouvernement turc que les terres du beylick constituèrent un véritable Domaine, une propriété bien reconnue, réellement fructueuse, et ayant ses règles d'administration et de culture. C'étaient, en général, de grandes étendues, des *haouchs*, dont la plupart avaient leurs troupeaux et leurs charrues. Il arrivait quelquefois que le souverain accordait l'usufruit d'un immeuble à certaines fonctions dont il devenait l'apanage. Les immeubles ainsi inféodés s'appelaient *azels*. Ces dotations étaient révocables à volonté. Il arrivait encore que certaines terres étaient affectées d'une manière toute particulière, et à titre de simple jouissance, à des colonies militaires connues sous le nom de *smelas*. Les smelas étaient une ressource puissante pour un Gouvernement qui, privé des secours pécuniaires de la Métropole, n'avait pour sa défense, qu'une armée relativement trop faible.

Les terres du beylick avaient une administration appelée *beit-el mal mouselmine* (chambre des biens des musulmans). Le chef de cette administration s'appelait *oukil beit-el-mal*. Il avait des délégués qui, dans plusieurs localités, portaient la dénomination d'*oukils-el-soultan*. Tous les ans, ce fonctionnaire, soit personnellement, soit par ses délégués, passait des baux avec les krammès. Ces krammès, d'une condition aussi libre que les autres habitants des tribus, étaient presque toujours les mêmes, de père en fils. C'était une sorte d'inféodation volontaire.

La culture des terres du beylick avait créé un impôt d'une nature particulière, la *touiza*. A l'époque de la moisson et au jour fixé par l'oukil, tous les laboureurs de la tribu se réunissaient sur les terrains du Beylick dont ils étaient obligés de faire la récolte. Cette réquisition pesait sur chaque habitant selon le nombre des charrues qu'il employait. Dans certaines tribus, les labours se faisaient aussi au moyen de ces corvées. Ces corvées étaient très productives pour le Beylick et aussi pour les Krammès, dont les charges étaient ainsi considérablement amoindries.

Naturellement, la France en succédant au gouvernement turc, est devenue maîtresse des biens du Beylick.

Sous les Turcs, comme sous les Arabes, le souverain était le représentant le plus absolu de l'autorité la plus absolue, bien que souvent cette autorité fût impuissante dans ses manifestations. Néanmoins, il n'absorbait pas l'Etat, c'est-à-dire la communauté des musulmans qu'il gouvernait. Son intérêt comme sa fortune étaient distincts de l'intérêt et de la fortune de l'Etat. Les biens du Beylick n'étaient donc pas les biens du souverain.

La distinction entre le domaine public et le domaine de l'Etat, produit d'une organisation politique plus avancée et plus compliquée en même temps, n'existait pas. Cette distinction, c'est nous qui l'avons importée en Algérie en l'empruntant à notre droit public, et qui l'y avons naturalisée par l'art. 2 de la loi du 16 juin 1851, ainsi conçu :

« Le Domaine public se compose : 1° des biens de toute nature que le Code Napoléon et les lois générales de la France déclarent non susceptibles de propriété privée ; 2° des canaux d'irrigation, de navigation et de dessèchement exécutés par l'État ou pour son compte dans un but d'utilité publique, et des dépendances de ces canaux ; des aqueducs et des puits à l'usage du public : 3° des lacs salés, des cours d'eau de toute sorte et des sources. — Néanmoins sont reconnus et maintenus, tels qu'ils existent, les droits privés de propriété, d'usufruit et d'usage légalement acquis antérieurement à la promulgation de la présente loi, sur les lacs salés, les cours d'eau et les sources, et les tribunaux ordinaires restent seuls juges des contestations qui peuvent s'élever sur ces droits. »

Le Sénatus-Consulte, dont le but général est d'asseoir et de reconnaître la propriété arabe, devait respecter le domaine particulier, le domaine de l'État et le domaine public, lorsqu'ils se présentent constitués. C'est ce qu'il a fait par son article 5. La tribu ne peut être attributaire d'un immeuble qu'autant que l'Etat (représentant son domaine propre ou le domaine public) et l'individu ne revendiquent pas ou ne sont pas admis dans leur revendication.

ART VI.

Le second et le troisième paragraphes de l'article 14 de la loi du 16 juin 1851 sur la constitution de la propriété en Algérie, sont abrogés ; néanmoins, la propriété individuelle, qui sera établie au profit des membres des douars, ne pourra être aliénée que du jour où elle aura été régulièrement constituée par la délivrance des titres.

L'art. 14 de la loi de 1851 est ainsi conçu :

« Chacun a le droit de jouir et de disposer de sa propriété de la manière la plus absolue, en se conformant à la loi.— Néanmoins, aucun droit de propriété ou de jouissance portant sur le sol du territoire d'une tribu ne pourra être aliéné au profit des personnes étrangères à la tribu. A l'État seul est réservé la faculté d'acquérir ces droits dans l'intérêt des services publics ou de la colonisation, et de les rendre, en tout ou en partie, susceptibles de libre transmission. »

La rédaction un peu ambiguë de cet article et le peu de notions que nous avions à cette époque sur le véritable

état de la propriété arabe, donnèrent lieu à une question :
La prohibition d'aliéner, contenue au § 2 s'applique-t-elle
à toute terre située en territoire arabe ou militaire ? ou
doit-on la restreindre à la terre *arch* proprement dite,
aux immeubles appartenant à l'être collectif appelé tribu,
et autoriser les transactions pour les propriétés privées ?

La première opinion a prévalu d'abord dans l'esprit de
l'administration, puis dans l'opinion publique.

Aussi, lorsque l'administration du prince Napoléon crut
qu'il était temps de lever l'interdiction pour les terres
melk sises en territoire de tribu, un décret modificatif de
l'art. 14 fut rendu à la date du 16 février 1859. De même,
le ministère de M. de Chasseloup-Laubat voulant revenir à
une prohibition absolue, fit abroger le décret du 16 février
par un autre décret du 7 mai suivant.

Pour notre compte personnel, nous n'avons jamais
entendu la loi dans ce sens. Nous avons toujours pensé
que l'article 14 ne s'appliquait qu'au sol *arch*, au sol possédé collectivement par la tribu et que la propriété individuelle était régie par le droit commun. A ce propos, voici
ce que nous écrivions à la page 25 de notre *Recueil de la
Jurisprudence de la Cour impériale d'Alger* (année
1863), à l'occasion d'un jugement du tribunal de Sétif, qui
avait admis le système d'une interdiction générale :

« Le jugement du tribunal de Sétif a une actualité que
tout le monde comprend ; mais nous ne saurions en admettre la solution, et c'est avec bonheur que nous saisissons
cette nouvelle occasion pour protester contre une erreur,
qui est presque devenue une vérité à force de notoriété.

» Il est hors de doute, à nos yeux, que la loi du 16

11

juin 1851 a voulu, par abrogation de la législation antérieure, que chacun puisse disposer de sa propriété partout
où elle se trouve sur le sol algérien, sans distinction de
territoires et en toute liberté. Le rapport de M. Didier à
l'Assemblée législative, la discussion qui l'a suivi et le
texte des articles 10, 11, 13 et 14 le prouvent jusqu'à l'évi-
dence. Le deuxième paragraphe de ce dernier article qui
contient une exception à la règle, ne s'applique et ne peut
s'appliquer qu'au territoire des tribus sur lesquels il n'y a
que des droits collectifs (et on sait ce que cela signifie) et
non des droits individuels. S'il en est ainsi, le décret du
16 février 1859, qui a permis les transactions immobilières
en territoire militaire était tout à fait inutile ; celui du 7
mai suivant qui le suspend n'a donc fait que rétablir la situation telle qu'elle résulte de la loi de 1851. »

Cette doctrine n'est plus aujourd'hui une doctrine isolée,
car la Cour par un arrêt rendu le 22 janvier 1864, l'a
consacrée en infirmant le jugement du tribunal de
Sétif.

Quoi qu'il en soit, la question n'a plus d'intérêt en présence de l'art. 6 du Sénatus-Consulte. Cet article fait cesser toute équivoque pour l'avenir. Voici en quels termes
il est expliqué par une circulaire de M. le Gouverneur Général en date du 15 octobre 1863 :

CIRCULAIRE

Sur la libre transmission des biens melk en territoire militaire.

—

Alger, le 15 octobre 1863.

Général,
Monsieur le Préfet,

Des doutes paraissent s'être élevés sur la question de savoir si les transactions immobilières entre Européens et Indigènes, propriétaires de melk, en territoire militaire, sont, dès à présent, légales.

Ce point avait déjà été fixé par ma circulaire du 7 juillet dernier, n° 4147; mais je crois devoir entrer dans quelques explications, afin de détruire toutes les incertitudes.

L'article 6 du sénatus-consulte du 22 avril dernier, qui abroge les paragraphes 2 et 3 de l'article 14 de la loi du 19 juin 1851, et les termes des instructions générales du 11 juin dernier, au sujet de cette disposition, établissent la légalité de ces transactions. En conséquence, partout où la propriété est melk, elle est, dès à présent, librement transmissible, sauf aux détenteurs, quels qu'ils soient, à en faire la déclaration lors des opérations de la Commission consultative et des sous-Commissions. Par suite, et sauf les questions d'enregistrement et de transcription qui sont encore à l'étude, l'affectation hypothécaire du melk est également libre.

Il convient toutefois de veiller à ce que la qualité de

melk ne soit pas attribuée, en vue d'une transmission ou d'une affectation hypothécaire, à des immeubles de la catégorie de ceux dont il est fait mention dans ma circulaire du 7 juillet dernier, n° 4147, relative aux prises de possession d'immeubles à régulariser par décret impérial.

J'ai l'honneur de vous prier, Général, Monsieur le Préfet, de donner des instructions dans ce sens.

Recevez, etc.

Le Gouverneur général,
M^{al} PELISSIER, DUC DE MALAKOFF.

L'article 1er qui consacre un fait, et l'article 6 qui consacre un droit, c'est toute la loi ; et nous ajouterons : c'est toute la fortune de l'Algérie, parce que c'est tout l'avenir de la colonisation. Cet avenir n'est pas une de ces époques lointaines, que l'on n'aperçoit que d'une manière confuse, qui peut échapper à tout instant et devenir une déception que la confiance la plus robuste n'accepte qu'avec incertitude ; cet avenir, c'est demain, c'est aujourd'hui, car, à cette heure, nous avons ce que nous considérions comme le suprême progrès, ce que nous reprochons depuis si longtemps au gouvernement et à la loi de nous refuser, ce que nous envions aux colonies anglaises et à l'Amérique : *des terres à acheter et le droit d'acheter* : liberté dans l'offre, liberté dans la demande.

Le territoire où se trouvent les terres est encore peu connu du capital et du colon ; la propriété y est encore assez mal fixée, insuffisamment délimitée ; le droit privatif, quoique général et formant la règle (qu'on nous pardonne de répéter encore ici notre opinion sur ce point), y est encore souvent incertain, obscur, sujet à contestation ; mais le travail de délimitation et de reconnaissance prescrit par le Sénatus-Consulte et auquel on procède déjà d'une manière sérieuse, énergique, qui ne peut laisser aucun doute sur les intentions du gouvernement, nous ouvre la tribu et dégage la propriété des obscurités qui peuvent encore l'envelopper et qui sont susceptibles de nous effrayer. Le capital trouve déjà aujourd'hui plus de terres qu'il n'en peut acheter; et, encore un peu de temps, il pourra se fixer dans tout le Tell avec pleine sécurité pour le droit qu'il achètera. S'il hésite; s'il s'arrête; s'il refuse, on pourra lui dire qu'il n'est pas colonisateur. Ce n'est pas la première mise de fonds qui est onéreuse pour le colon, mais la seconde. Ce n'est pas le prix du sol qui l'effraie et peut le ruiner, mais bien les conditions d'installation et d'exploitation.

Dans les Etats-Unis d'Amérique, la terre est vendue par l'Etat; dans les colonies anglaises, les indigènes ont été maintenus dans leurs propriétés, et si l'Européen a voulu devenir propriétaire, c'est à eux qu'il a dû s'adresser, c'est d'eux qu'il a été obligé d'acheter. Il a payé et il paie moins cher que nous ne paierons aux Arabes, dira-t-on; — tant mieux, répondrons-nous; si la terre algérienne se vend plus cher que la terre américaine, c'est qu'elle vaut plus, et nous ne pouvons pas nous en plaindre, car cette plus value est précisément le signe caractéristique de la supériorité foncière de notre colonie.

Nous savons que certains esprits un peu trop timorés prétendent que les Arabes, ou garderont leurs terres ou les vendront à leurs chefs. C'est là, à notre sens, une

crainte chimérique que la connaissance des lois économiques qui régissent la richesse territoriale devraient empêcher. Lorsqu'une chose, meuble ou immeuble, est livrée au commerce, la liberté et la concurrence ont bientôt brisé les résistances et les convoitises d'accaparement.
Et puis, la tribu étant ouverte, l'influence et la richesse
des chefs que nous nous complaisons toujours à exagérer,
ne sont plus à redouter.

Avec la liberté des transactions immobilières sur tout le
territoire de l'Algérie, la colonisation se passera des fa-
veurs et de l'intervention plus embarrassante qu'efficace
de l'administration ; l'État n'aura plus à s'occuper que des
grands travaux d'utilité publique, et particulièrement des
routes sans lesquelles l'agriculture ne peut progresser, c'est-
à-dire de ce qui est essentiellement de sa compétence ; et
l'initiative individuelle, libre dans ses entreprises, pourra
déployer, en toute indépendance, ses facultés agricoles et
industrielles.

ART. VII.

Il n'est pas dérogé aux autres dispositions de
la loi du 16 juin 1851, notamment à celles qui
concernent l'expropriation pour cause d'utilité
publique et le séquestre.

La terre *melk* de territoire *arch* se trouve aujourd'hui
régie comme la terre du territoire non *arch*.

La loi du 16 juin 1851 est la loi générale de la propriété
coloniale. Cette loi, avec l'ordonnance du 1er octobre

1844 qui l'a précédée, a importé en Algérie les grands principes qui régissent la propriété en France, sauf quelques exceptions que les traditions islamiques ou la situation particulière du pays commandaient ; mais par suite de l'interdiction pour les Européens d'acquérir en territoire dit territoire militaire, interdiction dont nous nous sommes entretenus dans l'art. précédent, son empire, dans ses prescriptions relatives à la propriété privée, était limité au territoire dit territoire civil, c'est-à-dire à la circonscription judiciaire de la Cour impériale d'Alger (telle qu'elle existait avant le décret du 31 décembre 1859 sur la justice musulmane), et la plus grande partie du sol échappait à son application pour rester exclusivement soumise aux dispositions du droit musulman. Cette interdiction étant levée, la loi de 1851 est bien réellement aujourd'hui la Charte de la propriété algérienne.

Cette Charte se complète par les lois particulières sur le séquestre, l'expropriation pour cause d'utilité publique, les concessions, etc. Le tout forme notre code spécial de propriété immobilière. Ce sera l'objet de la seconde partie de notre travail.

DEUXIÈME PARTIE

PROPRIÉTÉ

EN TERRITOIRE DE COLONISATION

CHAPITRE I.

**Modifications apportées par la conquête dans l'état de la
propriété indigène.
Historique. — Ordonnance du 1ᵉʳ octobre 1844.
Loi du 16 juin 1851.**

Nous avons vu dans la première partie comment s'était
formée la propriété chez les indigènes et quel était son
caractère général lors de la conquête. Mais si la propriété
était à cette époque essentiellement privative dans la plus
grande partie de la Régence, elle avait une physionomie
tellement variée et originale que, pendant longtemps, nous
l'avons prise pour quelque chose d'inconnu, de mystique
et en dehors de nos idées. C'était, en effet, les azels et les
zmelas du beylik à côté des communaux des tribus et du
melk des particuliers; c'était la terre des zaouïas, des
fontaines, des mosquées, des villes saintes qui formaient
autant de corporations civiles et habiles à posséder, en
face du habbous, sorte de substitution particulière, qui,
avec le cheffa, représente le trait distinctif de la législation musulmane.

Les transactions immobilières étaient rares chez les
Arabes ; et puis on avait souvent l'habitude de laisser dans

l'indivision entre les co héritiers l'actif immobilier des successions.

D'un autre côté, le titre écrit faisait défaut dans beaucoup de cas; le droit ne reposait que sur la possession ou sur une convention verbale faite en présence de témoins.

Ajoutons à cela qu'il n'existait aucun cadastre et que la délimitation des immeubles était aussi incomplète qu'obscure, et nous aurons une idée de la confusion qui régnait dans l'assiette de la propriété.

C'est dans ces conditions que la France devint l'héritière des biens du beylick ; c'était une clause de l'acte de capitulation du 5 juillet 1830. Puis, par des arrêtés, en date des 8 septembre et 7 décembre 1830, 10 juin 1831, 4 novembre 1840, 23 mars et 4 juin 1843, 5 octobre 1848, elle déclara domaniaux les biens particuliers du Dey et des Turcs qui avaient quitté la Régence, de la Mecque et Médine, des établissements religieux et autres corporations. Elle ne toucha pas, sauf des cas exceptionnels de séquestre et d'utilité publique , aux propriétés individuelles ; la conquête, au fur et à mesure qu'elle avançait, respectait le droit privatif.

Mais une population européenne suivait la conquête, et le gouvernement devait la garantir contre ses propres entraînements. Dans l'état d'obscurité et d'anarchie, où se trouvait la propriété, il était prudent, pour éviter des mécomptes, de ne livrer qu'avec réserve à la spéculation le territoire conquis. Aussi les transmissions immobilières au profit d'Européens, furent-elles tour à tour interdites, restreintes ou autorisées, dans les trois provinces, selon les circonstances de lieu et de temps . C'était d'abord la ville qui était livrée à la liberté transactionnelle, puis un périmètre restreint de son territoire, puis un périmètre plus étendu. Le droit d'acheter et de vendre avançait selon la sécurité que le pays présentait à la colonisation européenne.

Les contrées où ce droit était reconnu constituaient, à proprement dire, *les territoires de colonisation*.

Néanmoins, cette mesure n'avait pu empêcher le mal. L'Européen, cédant trop facilement à la vivacité de ses instincts voulut acquérir, vite et à tout prix, ce sol dont la constitution était enveloppée de nuages si épais. L'indigène opposa d'abord quelque résistance aux sollicitations dont il était l'objet; mais bientôt il se laissa séduire par des offres inattendues et devint plus téméraire que l'Européen lui-même.

Les transmissions immobilières d'Indigènes à Européens devinrent donc nombreuses. On vendait et on achetait avec la plus grande facilité, dans la ville et dans la plaine, des immeubles dont la situation n'était pas indiquée, sans limites certaines, sans contenance déterminée et quelquefois même d'une existence imaginaire. L'acquéreur, comme on le comprend, ne se montrait pas difficile sur les titres ; l'indigène abusait des actes de notoriété dont les magistrats musulmans abusaient encore davantage ; il savait même s'en passer au besoin.

La législation qui régissait ce chaos était, d'après les ordonnances du 10 août 1834 et 26 septembre 1842, une législation variée et mal définie. C'était tantôt la loi du Code Napoléon, tantôt la loi musulmane, circonstance qui ne faisait qu'ajouter à la confusion.

La situation était telle, en 1844, qu'elle avait amené un malaise général. La propriété manquait de base et se trouvait dans le plus grand désordre. Chaque acquéreur européen était inquiet sur la validité et l'utilité de son titre, et l'avenir était redouté.

Il est de fait que si on avait voulu y regarder de près, on aurait trouvé peu de ventes susceptibles d'échapper à la nullité. On s'était peu préoccupé de la nature des biens que l'on vendait et des interdictions de la loi musulmane et de la loi française. On vendait les biens du beylik, les biens habbous, les biens séquestrés, sans penser à l'éventualité de la revendication. Il fallait donc trouver quelque chose qui accordât un bill d'indemnité au passé et fortifiât l'avenir.

C'est dans ces circonstances qu'est intervenue l'ordonnance du 1er octobre 1844.

RAPPORT AU ROI

Sire, la sécurité dont l'Algérie est redevable à la valeu
et au dévouement de l'armée, les progrès incessants de
toute les industries, notamment de l'agriculture, l'af-
fluence des capitaux et des bras, réclament des mesures
propres à développer cette heureuse situation que nos
dernières victoires et la paix du Maroc viennent de consolider encore. — Il est d'une haute importance politique,
que le territoire de l'Algérie soit promptement peuplé et
mis en valeur. L'un des plus grands obstacles que puisse
rencontrer la colonisation, naît de l'incertitude et de l'ins-
tabilité de la propriété. Aussi l'ordonnance que j'ai
l'honneur de soumettre icià la sanction de V. M. a-t-elle
pour objet essentiel de faire cesser les situations douteu-
ses, d'épurer et de fixer ou de garantir les droits immobiliers. L'habitude qu'ont les indigènes de vivre dans l'indivision, le nombre infini de co-propriétaires d'un même
immeuble qui résulte de cette indivision, le manque d'état
civil chez les Arabes, le mystère qui entoure la famille
musulmane, font que les acquéreurs européens ont été
parfois induits en erreur sur la véritable qualité de leurs
vendeurs ; il est juste et urgent de régulariser leurs acquisitions. Les immeubles en Algérie sont généralement
grevés de habous, c'est-à-dire de substitutions. Des craintes exagérées d'ailleurs, se sont élévées sur la iégitimité
des rentes de biens substitués. Pour lever tous les doutes,
il y a lieu de les valider formellement. — J'ai reconnu
nécessaire de déterminer le caractère des baux à rente,

dont la durée n'est pas limitée par le contrat ; d'autoriser les acquéreurs à exiger les titres formant la preuve de leur droit ; de faciliter la constatation de la propriété par la vérification des contenances vendues ; enfin d'abréger par une courte prescription la durée des incertitudes qu'on ne pouvait éviter.... Les marais, foyers d'insalubrité, sont un fléau public ; leur dessèchement ne peut être fait que par les soins de l'administration à raison des travaux d'ensemble et de la dépense majeure qu'il nécessitera. Depuis des siècles, les marais sont abandonnés et constituent des biens vacants. L'intérêt public veut que l'administration puisse en disposer immédiatement sauf à faire une part équitable au propriétaire qui justifierait de son droit. — Telles sont, Sire, les principales matières de l'ordonnance, etc.

Le Ministre de la Guerre,

Maréchal duc de Dalmatie.

TITRE I.

DES ACQUISITIONS D'IMMEUBLES.

Art. 1er. — Les ventes et autres actes translatifs de propriété antérieurs à la présente ordonnance, consentis à des Européens, au nom de propriétaires indigènes, et dans lesquels, sans mandat spécial, les cadis auront stipulé pour des mineurs ou des absents, les maris pour leurs femmes, les pères pour leurs enfants, les gendres ou belles-filles, les frères pour leurs frères, sœurs ou alliés au même degré, les chefs de famille pour les membres de la famille placés sous leur protection, présents ou absents, ne pourront être argués de nullité à raison de l'insuffisance des pouvoirs des cadis, maris, pères, frères et chefs de famille, sauf le recours des ayants droit, s'il y a lieu, contre ceux qui auraient agi en leur nom.

Ne pourra être contestée la validité des procurations écrites ou données devant témoins, en vertu desquelles il aura été procédé aux actes ci-dessus, lorsque ces procurations auront été, avant la vente, reconnues suffisantes et certifiées par le cadi.

Art. 2. — Tout bail à rente, ou par annuité, dont la durée n'est pas fixée par le contrat, est considéré comme perpétuel, et emporte transmission définitive et irrévocable des immeubles qui en sont l'objet.

La rente ou l'annuité stipulée est également considérée comme perpétuelle, sauf l'exercice de la faculté de rachat par le débiteur.

Art. 3. — Aucun acte translatif de propriété d'immeuble consenti par un indigène, au profit d'un Européen, ne pourra être attaqué par le motif que les immeubles étaient inaliénables, aux termes de la loi musulmane.

Art. 4. — Toutes les fois que l'Etat ou un Européen seront en cause, comme demandeur ou défendeur, les actions en revendication d'immeubles, en nullité ou en rescision de ventes ou actes translatifs de propriété, et en général toutes les actions réelles, seront portées devant les tribunaux français de la situation des immeubles, et jugées d'après les lois françaises, combinées avec la présente ordonnance et les dispositions antérieures.

Art. 5. — Le dernier paragraphe de l'art. 1, et les art. 2, 3 et 4 ci-dessus, sont applicables aux ventes antérieures à la promulgation de la présente ordonnance, comme à celle qui auront lieu ultérieurement.

Art. 6. — Dans les ventes d'immeubles ruraux, antérieures à la présente ordonnance, et qui n'auront pas été faites à raison de tant la mesure, l'indication de la contenance ne donnera lieu à une diminution de prix pour l'insuffisance, ou à un supplément de prix pour excédant de mesure, qu'autant que la différence de la mesure réelle à celle exprimée au contrat, sera de plus du tiers de la mesure réelle.

L'action en diminution du prix de la part de l'acquéreur, ou en supplément de prix de la part du vendeur, devra, sous peine de déchéance, être intentée dans les deux ans de la promulgation de la présente ordonnance.

Art. 7. — Toute action en nullité ou en rescision de ventes antérieures à la présente ordonnance, ou en revendication d'immeubles compris dans ces ventes, devra, sous peine de déchéance, être intentée dans les deux ans de la promulgation de la présente ordonnance, sans préjudice des prescriptions et déchéances qui seraient encourues avant ce terme.

Ce délai court contre les interdits, les mineurs et les femmes mariées, sauf leur recours, s'il y a lieu, contre qui de droit.

Les ventes qui auront lieu à l'avenir demeurent soumises aux dispositions du code civil.

ART. 8. — Les acquéreurs d'immeubles pourront, à toute époque, exiger de ceux de leurs auteurs médiats ou immédiats, qui sont détenteurs des titres de propriété, la remise ou le dépôt de ces titres en l'étude d'un notaire. L'action sera portée devant le tribunal de la situation des immeubles. Le tribunal ne pourra statuer qu'après que l'administration du domaine aura été mise en cause pour surveiller ses droits.

S'il est dû, pour le prix ou pour partie du prix des immeubles, soit une rente, soit les intérêts d'un prix à terme, le débiteur pourra en suspendre le payement durant le procès, tant à l'égard du vendeur qu'envers son cessionnaire, sans préjudice des dommages-intérêts, s'il y a lieu.

ART. 9. — L'action en production de titres ne pourra être intentée à raison des ventes antérieures à la promulgation de la présente ordonnance que dans le délai de deux ans, à partir de cette promulgation.

ART. 10. — Lorsque le domaine aura vendu comme sien un immeuble non occupé et que la propriété de cet immeuble sera revendiquée par un tiers, la vente faite par le Domaine sera maintenue, et si les droits du réclamant sont reconnus valables, l'Etat lui restituera le prix qu'il aura perçu et le subrogera à tous ses droits à raison du prix restant dû ou de la rente constituée.

A l'avenir, le domaine sera autorisé à vendre les immeubles sur lesquels personne n'aura fait acte public de possession. Avis de cette vente sera publiée trois mois à l'avance dans le *Moniteur algérien*. Le propriétaire qui n'aura pas fait de réclamation dans ledit délai de trois mois ne pourra, après la vente, exercer d'autre droit que celui de demander la restitution du prix payé et de se faire subroger aux droits du domaine en ce qui concerne le prix à payer ou la rente stipulée.

TITRE II.

DU RACHAT DES RENTES.

Art. 11. — Toute rente perpétuelle constituée ou à constituer pour prix de vente ou de concession d'un immeuble, ou pour cession d'un droit immobilier, au profit des particuliers, des corporations ou du domaine, est essentiellement rachetable, nonobstant toutes coutumes ou stipulations contraires. — Les parties peuvent seulement convenir que le rachat ne sera pas fait avant un délai qui ne pourra pas excéder dix ans, ou sans avoir averti le créancier au terme d'avance qu'elles auront déterminé.

Art. 12. — Le rachat s'effectuera au taux légal de l'intérêt de l'argent tel qu'il se trouvera fixé pour l'Algérie à l'époque du remboursement. — Toute convention ou disposition contraire sera considérée comme non écrite.

Art. 13. — Le rachat des rentes dues au Domaine ou aux établissements de piété, de charité ou d'utilité publique, s'effectuera sur les bases fixées par l'article précédent.

Art. 14. — Si le créancier n'accepte pas le rachat, le débiteur peut lui faire des offres réelles, et, au refus du créancier de les accepter, consigner le capital dans le dépôt public établi pour recevoir les consignations. — Par l'acte de notification des offres réelles, le créancier sera averti des lieu, jour et heure auxquels la consignation sera effectuée; il sera sommé d'y assister. S'il ne se présente pas, le procès verbal de consignation lui sera notifié, avec sommation de retirer les sommes consignées.

Art. 15. — Tout débiteur envers le Domaine d'une ou plusieurs rentes établies pour aliénation ou concession de biens aura la faculté d'offrir en compensation de sa dette, et jusqu'à due concurrence, une ou plusieurs rentes liquidées à la charge du Domaine, et provenant de cession ou d'expropriation d'immeubles.

TITRE III.

DES PROHIBITIONS D'ACQUÉRIR OU DE FORMER DES ÉTABLISSEMENTS.

Art. 16. — Nul officier des armées de terre ou de mer, nul fonctionnaire ou employé militaire ou civil salarié ne pourra, pendant la durée de son service en Algérie, y acquérir des propriétés immobilières, directement ou indirectement, par lui-même ou par personnes interposées, ou devenir preneur ou locataire de semblables propriétés par bail excédant neuf années, s'il n'a obtenu de notre Ministre de la guerre une autorisation spéciale.

ART. 17. — L'autorisation sera délivrée, s'il y a lieu, sur l'avis motivé du Gouverneur général et du Conseil d'administration.

ART. 18. — Les acquisitions d'immeubles faites contrairement aux prohibitions portées en l'art. 16 seront nulles. — La nullité de la vente ou du bail sera prononcée par le tribunal.civil, sur la demande de toute partie intéressée ou sur l'action d'office du ministère public. Le tribunal statuera en même temps, s'il y a lieu, sur les dommages-intérêts réclamés.

ART. 19. — Sont nulles de plein droit toutes acquisitions à titre onéreux d'immeubles situés même dans les territoires régis par la présente ordonnance, si lesdits immeubles ne sont pas renfermés dans les limites qui seront successivement assignées aux établissements européens et à la colonisation par des arrêtés de notre Ministre de la guerre, rendus après avis du Conseil d'administration et du Gouverneur général, et publiés au journal officiel de la Colonie.

Un plan certifié, indiquant le périmètre des circonscriptions ainsi limitées, sera annexé à chacun des arrêtés de notre Ministre de la guerre ; une copie, également certifiée, demeurera déposée au greffe du tribunal civil, pour être donnée en communication sans frais à toute partie intéressée.

ART. 20. — Sont exceptées de la prohibition portée en l'article précédent : — 1° Les acquisitions faites par l'administration pour des services publics ; — 2° les acquisitions faites par des particuliers pour des établissements d'industrie et de commerce formés en dehors des limites ci-dessus fixées, pourvu que ceux qui les ont fondés aient obtenu une autorisation spéciale et personnelle, délivrée dans les formes prescrites par l'art. 17.

ART. 21. — Les actes prohibés par l'art. 19 ne pourront, en aucun cas, produire effet, alors même que les biens qui en auraient été l'objet deviendraient ultérieurement susceptibles de libre transmission en faveur des colons par l'extension du territoire assigné à la colonisation.

ART. 22. — Tous notaires, cadis ou rabbins qui prêteraient leur ministère pour les actes interdits par la présente ordonnance seront, selon la gravité des cas, suspendus ou révoqués, sans préjudice, s'il y a lieu, de dommages-intérêts envers les parties.

ART. 23. — Sont valables et sortiront leur plein et entier effet les actes d'acquisitions d'immeubles situés en dehors des limites assignées à la colonisation, si ces actes sont antérieurs à la promulgation de la présente ordonnance, et si les acquéreurs s'en sont mis en possession.

Si, par l'effet de la force majeure, l'acquéreur n'a pu se mettre ou se maintenir en possession desdits immeubles, la vente pourra être résiliée. Toute action à cet effet devra être intentée dans le délai de six mois, à compter de la promulgation de la présente ordonnance.

En cas de résiliation, le capital stipulé sera restitué, mais il ne pourra être ordonné de restitution, soit des arrérages payés, soit des fruits perçus.

TITRE IV.

DE L'EXPROPRIATION ET DE L'OCCUPATION TEMPORAIRE POUR CAUSE D'UTILITÉ PUBLIQUE.

CHAPITRE I.

Formes de l'expropriation.

ART. 24. — L'expropriation pour cause d'utilité publique sera prononcée dans les cas et dans les formes ci-après déterminées, sauf les exceptions portées aux art. 107 et 108 de la présente ordonnance.

ART. 25. — L'expropriation pour cause d'utilité publique ne pourra avoir lieu que : — 1° Pour la fondation de villes, villages ou autres centres de population ; — 2° Pour l'agrandissement des enceintes de tous ces centres de population ; — 3° Pour tous travaux relatifs à la défense et à l'assainissement du territoire ; — 4° Pour toutes autres causes pour lesquelles la loi du 3 mai 1841 autorise l'expropriation.

ART. 26. — Lorsqu'il y aura lieu de déclarer l'utilité publique, un avis indiquant la nature et la situation des travaux à entreprendre et des établissements à former sera, à la diligence du Gouverneur-général, inséré dans le journal officiel de l'Algérie et affiché au siége de la justice de paix, et à défaut de justice de paix, au chef-lieu du commissariat civil.

Pendant dix jours, à partir de ces insertions et affiches, les propriétaires et autres intéressés seront admis à consigner leurs observations sur un registre ouvert, pour la province d'Alger, à la direction de l'intérieur, et pour les autres provinces, à la sous-direction de l'intérieur. — Toutefois, dans les portions de territoire qui seront formées en district, ces observations pourront être faites au commissariat civil du district. — Les observations des propriétaires et autres intéressés seront soumises au conseil d'administration, qui en constatera sommairement les résultats.

La déclaration d'utilité publique ne pourra être faite qu'après l'accomplissement de ces formalités : elle sera rendue par notre Ministre de la guerre, sur les avis du Conseil d'administration et du Gouverneur-général.

Art. 27. — Extrait de la décision ministérielle portant déclaration d'utilité publique et indiquant, en outre, les immeubles qui doivent être soumis à l'expropriation, leur nature, leur situation et leurs propriétaires, s'ils sont connus, sera inséré dans le journal officiel de l'Algérie, et affiché au lieu déterminé au § 1 de l'article précédent.

Les observations des propriétaires et autres parties intéressées seront reçues dans les formes et délais déterminés au même article, et soumises au conseil d'administration, qui en constatera sommairement les résultats.

Art. 28. — L'expropriation sera prononcée par une décision de notre Ministre de la guerre, rendue sur l'avis du Conseil d'administration et sur celui du Gouverneur Général. — Toutes les pièces de l'instruction seront, à cet effet, transmises à notre Ministre de la guerre par le Gouverneur général. Les parties intéressées pourront adresser au même Ministre leurs réclamations ou observations, indépendamment de celles qui auront été faites conformément à l'article précédent. — Extrait de la décision portant indication des immeubles expropriés, avec les désignations portées en l'article précédent, sera publié et affiché sans délai, de la même manière que la décision déclarative de l'utilité publique. — Pareil extrait sera notifié aux propriétaires intéressés.

CHAPITRE II.

Effets de l'expropriation quant aux priviléges, hypothèques et autres droits réels.

Art. 29. — Immédiatement après la notification prescrite par l'article précédent, la décision ministérielle portant expropriation sera transcrite, sans frais, au bureau de la conservation des hypothèques, conformément à l'art. 2184 C. Nap.

Art. 30. — Dans la quinzaine de la transcription, les priviléges et les hypothèques conventionnelles, judiciaires et légales, antérieurs à la publication de la décision, seront inscrits.

A l'expiration de ce délai, l'immeuble exproprié deviendra libre de tout privilége et de toute hypothèque non encore inscrits, de quelque nature qu'ils soient, sans préjudice du recours contre les maris, tuteurs et autres administrateurs qui auraient dû requérir ces inscriptions, et les droits des créanciers, des femmes mineurs, interdits et de l'Etat, seront transportés sur le montant de l'indemnité tant qu'elle n'aura pas été payée, ou que l'ordre n'aura pas été défiinitivement réglé.

Les créanciers inscrits n'auront, dans aucun cas, la faculté de surenchérir, mais ils pourront exiger que l'indemnité soit fixée par l'autorité judiciaire, conformément aux dispositions ci-après.

Art. 31. — Les actions en résolution ou en revendication, et toutes autres actions réelles, ne pourront arrêter l'expropriation ni en empêcher l'effet. Le droit des réclamants sera transporté sur le prix, et l'immeuble en demeurera affranchi.

CHAPITRE III.

Règlement, attribution et payement de l'indemnité.

Art. 32. — Le propriétaire qui voudra faire valoir ses droits à l'indemnité, sera tenu de justifier de son droit de propriété. Les titres et autres documents qu'il aura produits, seront communiqués au Directeur des finances, qui procédera à leur examen, et prendra ou provoquera telles mesures qu'il jugera convenables pour la conservation des intérêts du Domaine.

Art. 33. —Dans la huitaine qui suit la notification prescrite par l'art. 28, le propriétaire est tenu d'appeler et de faire connaître à l'administration, les fermiers, locataires, ceux qui ont des droits d'usufruit, d'usage ou d'habitation, tels qu'ils sont réglés par le code Napoléon, et ceux qui peuvent réclamer des servitudes résultant des titres mêmes du propriétaire ou d'autres actes, dans lesquels il serait intervenu ; sinon il restera seul chargé envers eux des indemnités que ces derniers pourront réclamer.

Les autres intéressés seront en demeure de faire valoir

leurs droits par l'avertissement énoncé en l'art. 28, et tenus de se faire connaître à l'administration dans le même délai de huitaine; à défaut de quoi, ils seront déchus de tous droits à l'indemnité.

ART. 34. — Les dispositions de la présente ordonnance, relatives aux propriétaires et à leurs créanciers, sont applicables à l'usufruitier et à ses créanciers.

ART. 35. — Dans la huitaine de la notification prescrite par l'art. 28, l'administration notifiera aux propriétaires et à tous autres intéressés qui auront réclamé, les sommes qu'elle offre pour indemnité.

ART. 36. — Dans la quinzaine suivante, les propriétaires et autres intéressés sont tenus de déclarer leur acceptation, ou, s'ils n'acceptent pas les offres qui leur sont faites, d'indiquer le montant de leurs prétentions. — Ils seront également tenus de déclarer, dans le même délai, à peine de déchéance, s'ils requièrent l'expropriation entière des bâtiments, dont une portion seulement serait comprise dans l'expropriation pour cause d'utilité publique.

ART. 37. — Si, dans le délai ci-dessus, les offres de l'administration ne sont pas acceptées, l'administration citera les propriétaires et tous les autres intéressés devant le tribunal civil de première instance de la situation de l'immeuble exproprié, pour qu'il soit procédé au règlement de l'indemnité.

La citation contiendra l'énonciation des offres qui auront été faites et les moyens à l'appui.

ART. 38. — Dans la huitaine de la citation, les parties assignées signifieront leurs demandes et les moyens à l'appui. — A l'expiration de ce délai, le tribunal pourra se transporter sur les lieux ou déléguer à cet effet un ou plusieurs de ses membres. — Il fixera, par le même jugement, le jour et l'heure où le transport devra s'effectuer, et nommera d'office, s'il y a lieu, un ou plusieurs experts.

Art. 39. — Le tribunal, ou, le cas échéant, le juge-commissaire, parties présentes ou dûment appelées, fera sur les lieux toutes vérifications, y prendra tous renseignements ou entendra toutes personnes qu'il croira pouvoir l'éclairer. — Les experts prêteront serment et procèderont en la forme ordinaire. — Les opérations terminées, la minute du procès-verbal sera remise au greffe du tribunal dans les huit jours. — Lorsque le procès-verbal aura été déposé, le tribunal délibérera, en chambre du conseil, toutes affaires cessant, sur les mémoires produits et sur les conclusions écrites du ministère public. Le jugement sera prononcé en audience publique.

Art. 40. — Le tribunal appréciera la sincérité des titres produits et les actes et circonstances qui seront de nature à modifier l'évaluation de l'indemnité. — Si l'exécution des travaux qui ont motivé l'expropriation doit procurer une augmentation de valeur immédiate et spéciale au restant de la propriété, cette augmentation sera prise en considération dans l'évaluation du montant de l'indemnité.

Art. 41. — Si le tribunal acquiert la conviction que des ouvrages ou travaux quelconques ont été faits par le propriétaire, de mauvaise foi, et dans la vue d'obtenir une indemnité plus élevée, le tribunal devra, selon les circonstances, rejeter ou réduire la valeur de ces ouvrages ou travaux.

Art. 42. — Si dans les six mois, à compter de la décision ministérielle prononçant l'expropriation, l'administration ne poursuit pas la fixation de l'indemnité, les parties pourront exiger qu'il soit procédé à cette fixation.—Quand l'indemnité aura été réglée, si elle n'est pas acquittée ni consignée dans les six mois du jugement du tribunal, les intérêts courront de plein droit à l'expiration de ce délai.

Art. 43. — Le tribunal accordera des indemnités distinctes aux parties qui les réclameront à des titres différents, comme propriétaires, fermiers, locataires, ou en toute autre qualité. — Dans le cas d'usufruit, le tribunal ne fixera qu'une seule indemnité, égale à la valeur totale de l'immeuble; le nu-propriétaire et l'usufruitier exerceront leurs droits sur le montant de l'indemnité, au lieu de l'exercer sur la chose. — L'usufruitier sera tenu de donner caution. Les père et mère ayant l'usufruit légal du bien de leurs enfants en sont seuls dispensés.

Art. 44. — L'indemnité allouée par le tribunal ne pourra, en aucun cas, être inférieure aux offres de l'administration ni supérieure à la demande de la partie intéressée.

Art 45. — La décision du tribunal, seulement en ce qui concerne la fixation du montant de l'indemnité, sera souveraine et sans appel.

Art. 46. — Les frais de l'instance en règlement de l'indemnité seront supportés comme il suit : — Si l'indemnité réglée par le tribunal ne dépasse pas l'offre de l'administration, les parties qui l'auront refusée seront condamnées aux dépens. — Si l'indemnité est égale à la demande des parties, l'administration sera condamnée aux dépens.

Si l'indemnité est à la fois supérieure à l'offre de l'administration et inférieure à la demande des parties, les dépens seront compensés de manière à être supportés par les parties, et par l'administration dans la proportion de l'offre et de la demande avec l'indemnité réglée.

Tout indemnitaire qui n'aura pas indiqué le montant de ses prétentions, conformément à l'art. 36, sera, dans tous les cas, condamné aux dépens.

Art. 47. — L'indemnité sera liquidée en une somme capitale. — Toutefois, si l'immeuble exproprié est grevé d'une rente valablement constituée pour prix de la transmission du fonds, cette rente ne sera pas comprise dans la liquidation. L'indemnité, en ce cas, consistera dans la somme que l'immeuble sera jugé valoir en sus de la rente. — L'administration aura l'option de continuer le service de la rente ou de la racheter au taux légal.

Art. 48. — L'administration ne pourra se mettre en possession des immeubles qu'après avoir délivré aux propriétaires expropriés le montant de l'indemnité ou en avoir fait la consignation.

Art. 49. — S'il s'élève des contestations relatives à l'attribution de l'indemnité, le tribunal en ordonnera la consignation pour le compte de qui il appartiendra. — La consignation sera également ordonnée si l'immeuble est chargé d'inscriptions hypothécaires, ou s'il s'élève des oppositions ou autres empêchements à la délivrance de l'indemnité.

Les titres de liquidation ne seront délivrés par l'administration que sur le vu d'un jugement ou d'un arrêt définitif, ou sur une transaction régulière et authentique.

CHAPITRE IV.

De l'occupation temporaire.

Art. 50. — Dans le cas ou l'exécution des travaux d'utilité publique définis dans l'art. 25 nécessitera l'occupation temporaire d'un immeuble en tout ou en partie, il sera procédé de la manière suivante :

Art 51. — L'occupation temporaire sera autorisée par décision rendue par notre Ministre de la guerre, sur l'avis motivé du Conseil d'administration et sur celui du Gouverneur général. — Dans les trois jours de la réception de l'arrêté de notre Ministre de la guerre, le Directeur de l'intérieur transmettra ampliation dudit arrêté au Procureur du roi près le tribunal de l'arrondissement où seront situées les propriétés qu'il s'agira d'occuper, et au Maire de la commune de leur situation. — Sur le vu de cet arrêté, le Procureur du roi requerra de suite, et le tribunal ordonnera immédiatement que l'un des Juges se transporte sur les lieux, avec un expert que le tribunal nommera d'office, — Le Maire fera, sans délai, publier l'arrêté par affiche, tant à la principale porte de l'église du lieu, qu'à celle de la maison commune, et par tous les autres moyens possibles. Les publications et affiches seront certifiées par ce magistrat.

Art. 52. — Dans les trois jours, le Juge-commissaire rendra, pour fixer le jour et l'heure de sa descente sur les lieux, une ordonnance qui sera signifiée à la requête du Procureur du roi, au Maire de la commune où le transport devra s'effectuer, et à l'expert nommé par le tribunal.

Le transport s'effectuera dens les dix jours de cette ordonnance, et seulement huit jours après la signification
dont il vient d'être parlé.

Le Maire, sur les indications qui lui seront données par
l'Agent de l'administration chargé de la direction des travaux, convoquera, au moins cinq jours à l'avance, pour le
jour et l'heure indiqués par le juge-commissaire : — 1° Les
propriétaires, et, s'ils ne résident pas sur les lieux, leurs
agents, mandataires ou ayants-cause ; — 2° Les usufruitiers ou autres personnes intéressées, telles que fermiers locataires ou occupants, à quelque titre que ce
soit.

Les personnes ainsi convoquées pourront se faire assister par un expert ou un arpenteur.

Art. 53. — Un agent de l'administration du Domaine,
désigné par le Directeur des finances, et un expert, archi-
tecte ou arpenteur choisi par le Directeur de l'intérieur,
se transporteront sur les lieux, au jour et à l'heure indi-
diqués pour se réunir au Juge-commissaire, au Maire ou
à l'Adjoint, à l'Agent chargé des travaux et à l'Expert désigné par le tribunal. Le Juge-commissaire recevra le serment
préalable des experts sur les lieux, et il en sera fait mention au procès-verbal.

L'agent chargé des travaux déterminera, en présence de
tous, par des pieux et des piquets, le périmètre du terrain,
dont l'exécution des travaux nécessitera l'occupation.

Cette opération achevée l'expert désigné par le Directeur
de l'intérieur procédera immédiatement et sans interrup-
tion, de concert avec l'Agent de l'administration du Domaine
à la levée du plan parcellaire, pour indiquer, dans le plan

général de circonscription, les limites et la superficie des propriétés particulières.

Art. 54. — L'expert nommé par le tribunal dressera un procès verbal qui comprendra : 1° La désignation des lieux, cultures, plantations, clôtures, bâtiments et autres accessoires du fond. Cet état descriptif devra être assez détaillé pour servir de base à l'appréciation de la valeur foncière, et en cas de besoin, de la valeur locative, ainsi que des dommages-intérêts résultant des changements ou dégâts qui pourront avoir lieu ultérieurement ; — 2° L'estimation de la valeur foncière et locative de chaque parcelle de ces dépendances, ainsi que l'indemnité qui pourra être due pour frais de déménagement, pertes de récoltes, détériorations d'objets mobiliers ou tous autres dommages. Ces diverses opérations auront lieu contradictoirement avec l'Agent de l'administration du Domaine et l'Expert nommé par le Directeur de l'intérieur, avec les parties intéressées, si elles sont présentes, ou avec l'Expert qu'elles auront désigné ; si elles sont absentes et qu'elles n'aient pas nommé d'Expert, ou si elles n'ont pas le libre exercice de leurs droits, un Expert sera désigné d'office par le Juge-commissaire pour les représenter.

Art. 55. — L'Expert nommé par le tribunal devra, dans son procès-verbal : — 1° Indiquer la nature et la contenance de chaque propriété, la nature des constructions, l'usage auquel elles sont destinées, les motifs des évaluations diverses, et le temps qu'il paraît nécessaire d'accorder aux occupants pour évacuer les lieux ; — 2° Transcrire l'avis de chacun des autres experts et les observations et réquisitions, telles qu'elles lui seront faites, de l'Agent

chargé des travaux, du Maire, de l'Agent du Domaine et
des parties intéressées ou de leurs représentants.

Chacun signera ses dires, ou mention sera faite de la
cause qui l'en empêche.

ART. 56. — Lorsque les propriétaires, ayant le libre
exercice de leurs droits, consentiront à la cession qui
leur sera demandée et aux conditions qui leur seront offertes
par l'Administration, il sera passé entre eux et le Directeur
de l'intérieur un acte de bail ou de vente qui sera rédigé
dans la forme des actes d'administration, et dont la minute
restera déposée aux archives de la Direction de l'intérieur.

ART. 57. — Dans le cas contraire, sur le vu de la minute du procès-verbal dressé par l'expert et de celui du
juge-commissaire qui aura assisté à toutes les opérations,
le tribunal, dans une audience tenue aussitôt après le retour
de ce magistrat, déterminera sans retard et sans frais : —
1° L'indemnité de déménagement à payer aux détenteurs
avant l'occupation ; — 2° L'indemnité approximative et
provisionnelle de dépossession qui devra être consignée,
sauf règlement ultérieur et définitif, préalablement à la
prise de possession.

ART. 58. — Le même jugement autorisera le Directeur
de l'intérieur à se mettre en possession, à la charge ; —
1° de payer sans délai l'indemnité de déménagemeut, soit
au propriétaire, soit au locataire : — 2° De signifier avec
le jugement l'acte de consignation de l'indemnité provisionnelle de dépossession.

Le dit jugement déterminera le délai dans lequel, à
compter de l'accomplissement de ces formalités, les détenteurs seront tenus d'abandonner les lieux. Ce délai ne

pourra excéder cinq jours pour les propriétés non bâties, et dix jours pour les propriétés bâties. — Le jugement sera exécutoire nonobstant appel ou opposition.

Art. 59. — Aussitôt après la prise de possession, le tribunal procèdera au règlement définitif de l'indemnité de dépossession.

L'indemnité annuelle, représentative de la valeur locative de la propriété et du dommage résultant du fait de la dépossession, sera payée, par moitié, de six mois en six mois, au propriétaire et au fermier, le cas échéant.

Lors de la remise des terrains qui n'auront été occupés que temporairement, l'indemnité due pour les détériorations causées par les travaux, ou pour la différence entre l'état des lieux au moment de la remise et l'état constaté par le procès-verbal descriptif, sera payée, sur le règlement amiable ou judiciaire, soit au propriétaire, soit au fermier ou exploitant, et selon leurs droits respectifs.

Art. 60. — Lorsque des terrains sont occupés temporairement, pour l'extraction des pierres ou autres matériaux nécessaires aux travaux publics, il ne sera dû de dédommagement au propriétaire que pour la destruction des bâtiments ou clôtures, pour la perte des récoltes pendantes et pour la diminution de valeur que les terrains auraient subie par suite des travaux de l'administration.

Il n'y aura lieu à faire entrer dans l'estimation la valeur des matériaux à extraire, que dans le cas où l'administration s'emparerait d'une carrière ou minière déjà en exploitation. Dans ce cas, les matériaux seront évalués d'après leur prix courant, abstraction faite de la hausse occasionnée par le travail d'utilité publique pour lequel ils seraient pris.

Art. 61. — Si l'occupation temporaire se prolonge plus de trois ans, le propriétaire aura droit d'exiger la prise de possession définitive par une déclaration expresse notifiée à l'Administration ; en ce cas, il sera procédé à l'expropriation, conformément aux dispositions de la présente ordonnance, et l'indemnité sera réglée en égard à l'état et à la consistance de l'immeuble, tels qu'il auront été constatés par les procès-verbaux mentionnés aux art. 54 et 55.

CHAPITRE V.

De la prise de possession en cas d'urgence.

Art. 62. — Lorsqu'il y aura urgence de prendre possession des terrains et bâtiments qui seront soumis à l'expropriation, l'urgence sera spécialement déclarée par une décision de notre Ministre de la guerre.

Art. 63. — En ce cas, la décision portant expropriation et celle qui déclare l'urgence seront notifiées au propriétaire, avec assignation au tribunal civil. L'assignation sera donnée à huit jours au moins, outre le délai des distances, s'il y a lieu. Elle énoncera la somme offerte par l'Administration.

Art. 64. — Au jour fixé, le propriétaire et les détenteurs sont tenus de déclarer la somme dont il demandera la consignation avant l'envoi en possession — Faute par eux de comparaître, il sera procédé contre eux en leur absence.

Art. 65. — Le tribunal fixe les sommes à consigner.— Le tribunal peut se transporter sur les lieux ou commettre un juge pour visiter les terrains, recueillir tous les renseignements propres à en déterminer la valeur et en dresser, s'il y a lieu, un procès-verbal descriptif. Cette opération devra être terminée dans les dix jours, à dater du jugement qui l'aura ordonnée. — Dans les trois jours de la remise de ce procès-verbal au greffe, le tribunal déterminera les sommes à consigner.

Art. 66. — La consignation doit comprendre, outre le principal, la somme nécessaire pour assurer, pendant deux ans, le payement des intérêts au taux légal.

Art. 67. — Sur le vu du procès-verbal de la consignation, et sur une nouvelle assignation à deux jours de délai, le Président ordonne la prise de possession.

Art. 68. — Le jugement du tribunal et l'ordonnance du Président sont exécutoires sur minutes et ne peuvent être attaqués par opposition ni par appel.

Art. 69. — Le Président taxera les dépens qui seront supportés par l'administration.

Art. 70. — Après la prise de possession, il sera, à la poursuite de la partie la plus diligente, procédé à la fixation définitive de l'indemnité, conformément aux art. 40 et suivants de la présente ordonnance.

Art. 71. — Si cette fixation est supérieure à la somme qui a été déterminée par le tribunal, le supplément doit être consigné dans la quinzaine de la notification du jugement, et, à défaut, le propriétaire peut s'opposer à la continuation des travaux (1).

---

(1) 11 juin-6 août 1858. — *Modifications au chap. 5, tit. 4 de l'ord. du 1er oct. 1844.*

Art. 1. — Lorsqu'il y aura lieu, en Algérie, d'acquérir par voie

CHAPITRE VI.

Dispositions générales.

Art. 72. — La décision qui déclare l'utilité publique et celle qui prononce l'expropriation sont rendues sur la

---

d'expropriation et d'occuper immédiatement tout ou partie d'une ou plusieurs propriétés pour l'exécution des travaux spécifiés à l'art. 19 de la loi du 16 juin 1851, et que l'urgence ne permettra pas d'accomplir les formalités prescrites à cet égard par ord. du 1er oct. 1844, notre Ministre de la guerre pourra, en approuvant ces travaux, déclarer qu'il y sera procédé conformément aux dispositions du présent décret.

Art. 2. — Un avis indiquant la nature et la situation des travaux à entreprendre et des établissements à former, la désignation des immeubles qui doivent être soumis à l'expropriation, leur nature, leur situation et les noms de leurs propriétaires, s'ils sont connus, sera inséré, à la diligence du Gouverneur général, dans le *Moniteur algérien* et dans un journal de la localité la plus rapprochée. Il sera affiché dans la commune de la situation des biens; et s'il s'agit d'immeubles situés dans la circonscription d'une des localités non érigées en communes, au chef-lieu du district, en territoire civil, et en territoire militaire, à la résidence des commandants de cercle ou de place. Cet avis fera connaître l'intention de prendre possession d'urgence. — Pendant dix jours à partir de ces insertions et affiches, les propriétaires et autres intéressés seront admis à consigner leurs observations sur un registre ouvert à cet effet dans le lieu ou l'affiche a été apposée. — Ces observations seront soumises au Conseil de préfecture en territoire civil, ou à la Commission mixte, en territoire militaire, qui en constateront sommairement le résultat. — Toutes les pièces seront transmises ensuite à notre Ministre de la guerre, qui pourra, par une seule décision, déclarer l'utilité publique, prononcer l'expropriation et déclarer l'urgence.

Art. 3. — La déclaration d'urgence sera notifiée au Président du tribunal civil avec invitation de désigner d'office, dans les vingt-quatre heures, trois experts qui prêteront serment entre ses mains ou entre les mains du fonctionnaire désigné par son ordonnance. Ces experts seront chargés de visiter les lieux et de procéder, dans un délai de dix jours, à la rédaction d'un procès-verbal indiquant la nature et la contenance des cultures, plantations, bâtiments, clô-

proposition du chef de service dans l'intérêt duquel l'expropriation est poursuivie. — Le règlement et l'attribution

---

tures et autres accessoires du fonds à exproprier. Cet état descriptif devra être assez détaillé pour pouvoir servir de base à l'appréciation de la valeur foncière, et, en cas de besoin, de la valeur locative, ainsi que des dommages-intérêts qui pourraient résulter des changements ou dégâts occasionnés au surplus de la propriété. Il devra enfin contenir tous les renseignements nécessaires pour la fixation de l'indemnité. — Les experts indiqueront, dans leur procès-verbal, la valeur approximative de chaque immeuble, les motifs des évaluations diverses et le temps qu'il paraîtra nécessaire d'accorder aux occupants pour évacuer les lieux. — La déclaration d'urgence sera, en outre, publiée par affiches, tant à la porte de l'église du lieu, qu'à celle de la maison commune, du commissariat civil ou du commandant du cercle, suivant les circonscriptions administratives. Cette publication, qui durera au moins trois jours, fera connaître l'époque de la visite des experts. — La déclaration d'urgence sera en même temps notifiée, avec l'indication sus-énoncée, au propriétaire, si son domicile est connu, et, en tous cas, au détenteur de l'immeuble, fermier, locataire, gardien, régisseur ou autre occupant.

Art. 4. — Le président du tribunal, sur le vu du procès-verbal des experts, ordonnera la prise de possession et la consignation de l'indemnité approximative de dépossession. La consignation devra comprendre, outre le principal, la somme nécessaire pour assurer, pendant deux ans, le payement des intérêts au taux légal. — Le président déterminera le délai dans lequel, à compter de la notification faite administrativement de son ordonnance et du procès-verbal de la consignation, les détenteurs seront tenus d'abandonner les lieux. Ce délai ne pourra excéder sept jours. — Il sera ensuite procédé, à la poursuite de la partie la plus diligente, au règlement définitif des indemnités, d'après les renseignements contenus au procès-verbal, et appréciation faite de tous actes, documents et circonstances, en se conformant aux formalités indiquées dans l'ord. du 1er oct. 1844.

8-29 sept. 1859. — *Modifications à l'ord. de 1844. — Formalités d'expropriation.*

Vu l'ord. du 1er oct. 1844, la loi du 16 juin 1851, le décret du 11 juin 1838, les décrets du 31 août et du 27 oct. 1858, relatifs à la réorganisation administrative.

Art. 1. — Dans les différents cas prévus, tant par les art. 26, 27, 28 et 31 de l'ord. du 1er oct. 1844, que par l'art. 2 du décret du 11 juin

de l'indemnité sont effectués, pour tous les services publics, à la diligence du Directeur de l'intérieur. — Le Domaine et les anciennes corporations sont représentés par le Directeur des finances, soit devant l'autorité judiciaire, soit devant l'autorité administrative.

Art. 73. — Les significations et notifications mentionnées en la présente ordonnance seront faites, ainsi qu'il est prescrit par les art. 3 et 4 de notre ordonnance du 16 avril 1843.

Art. 74. — Pour les ajournements donnés en exécution des art. 37 et 63 de la présente ordonnance, seront observés les délais fixées par les art. 6 et 7 de l'ord. du 16 avril 1843, sans que, dans aucun cas, le délai puisse excéder trente jours.

Art. 75. — Les significations et notifications mention-

1858, les attributions qui appartenaient au Gouverneur général seront exercées en territoire civil par le Préfet, et en territoire militaire par le Général commandant la division. — Dans les cas pour lesquels les dispositions précitées demandent l'avis du Conseil d'administration, il y aura lieu à avis du Préfet en Conseil de préfecture ou du Général en conseil des affaires civiles, suivant les territoires.

Art. 2. — Les avis déterminés par les art. 26 et 27 de l'ordonnance précitée seront affichés dans la commune de la situation des biens, et, à défaut, au chef-lieu du commissariat civil ou de l'autorité qui en tient lieu. — Les registres d'enquête seront ouverts aux mêmes lieux. Les observations écrites adressées aux autorités chargées de procéder aux enquêtes seront annexées à ces registres. — Les insertions prévues par ladite ordonnance et ledit décret seront publiés dans le journal désigné pour l'insertion des annonces judiciaires. Les décisions rendues par le Ministre seront, en outre, publiées au *Bulletin officiel de l'Algérie et des Colonies*.

Art. 3. — Le plan parcellaire des immeubles compris dans la déclaration d'utilité publique prévue par l'art. 27 de l'ordonnance précitée sera tenu à la disposition des intéressés aux mêmes lieux et pendant le même délai que les registres d'enquête.

nées en la présente ordonnance peuvent être faites tant par huissiers que par tout agent de l'Administration dont les procès-verbaux font foi en justice.

Art. 76. — Les plans, procès-verbaux, certificats, significations, jugements, contrats, quittances et autres actes faits en vertu de la présente ordonnance, seront visés pour timbre et enregistrés gratis, lorsqu'il y aura lieu à la formalité de l'enregistrement. — Il ne sera perçu aucun droit pour la transcription des actes au bureau des hypothèques.

Art. 77. — Les concessionnaires de travaux publics exerceront tous les droits et seront soumis à toutes les obligations de l'Administration, tels que ces droits et obligations sont réglés par la présente ordonnance.

Art. 78. — Les ordonnances et arrêtés antérieurs sur l'expropriation et l'occupation temporaire pour cause d'utilité publique sont abrogés, sauf ce qui sera dit aux art. 107 et 108 de la présente ordonnance (V. sect. II).

CHAPITRE VII.

Dispositions transitoires

Art. 79. — Les indemnités dues pour expropriation consommée depuis le 5 juillet 1830 jusqu'à la promulgation de la présente ordonnance, seront réglées conformément à la législation sous l'empire de laquelle ces expropriations auront été consommées. Pour le temps antérieur à l'arrêté du 17 octobre 1833, l'expropriation est réputée consommée: — 1° Par le seul fait de la démolition ou

de l'occupation effective de l'immeuble ; — 2° Par l'attribution qui en aura été faite à un service public ; — 3° Par
la disposition que l'Administration en aurait faite en faveur
des tiers, à titre d'aliénation, d'échange ou de concession ; — 4° Enfin par tout acte ou fait administratif ayant
eu pour résultat de faire cesser la possession du propriétaire. (1)

---

(1) 9 mai-18 juin 1845. — *Délai nouveau pour les réclamations
d'indemnités.*

Vu l'ord. du 31 juill. 1836, qui détermine les délais dans lesquels
devront être présentées les demandes d'indemnités auxquelles croi-
ront avoir droit les propriétaires dépossédés par suite des mesures
administratives en Algérie ;

Art. 1. — Toute demande d'indemnité pour démolitions ou expropriations antérieures au 30 juill. 1836, devra être formée, et justification de vra être faite des droits de propriété, par les propriétaires
ou les ayants droit, dans le délai de trois mois, à partir de la promulgation de la présente ordonnnance, sous peine de déchéance.

Art. 2. — Toute demande de même nature pour dépossession
d'immeubles, postérieurement au 31 juill. 1836, devra être présentée
avec les titres à l'appui dans le délai de deux ans sous la même
peine de déchéance.

5-21 mai 1848. — *Institution d'une nouvelle commission de liquidation des indemnités.*

Vu l'arr. du 20 oct. 1830 ; — L'arr. du 10 janv. 1831 ; — L'arr. du
24 mai 1831 ; — L'ord. du 31 juill. 1836 ; — L'ord. du 21 août 1839,
sur l'organisation du régime financier en Algérie ; — La décision
ministérielle du 12 février 1840, relative aux indemnités qui ont fait
l'objet de l'ord. du 31 juill. 1836 ; — L'arr. du 9 déc. 1841 ; — L'arr.
min. du 15 janvier 1842 ; — L'ord. du 9 mai 1845 ; — Les dépêches
min. des 5 fév. et 10 mars 1848, relatives aux mesures à prendre
pour la conclusion des liquidations d'indemnités dues pour expropriations antérieures à 1845 ; — Notre arr. du 5 mai 1848 relatif à la
suppression de la Direction des affaires civiles de la province d'Alger ; — Considérant qu'il importe que l'Administration, dans un sentiment de justice et de loyauté, comme dans l'intérêt des particuliers, arrête définitivement la liquidation des indemnitées dues
pour cause d'expropriation publique antérieurement à 1845 ; — Que
pour arriver à ce résultat si désirable le plus promptement possible,

TITRE V.

DES TERRES INCULTES.

Art. 80. — Notre Ministre de la guerre déterminera, par des arrêtés spéciaux, le périmètre des territoires qui

il convient de recourir à l'application des règles françaises qui, à toutes les époques, ont régi les liquidations administratives faites en France; — Que ces règles sont d'ailleurs conformes à la lettre, comme à l'esprit de la législation spéciale de l'Algérie, ainsi qu'aux vues exprimées dans les dépêches ministérielles ci-dessus visées.

Art. 1. — La liquidation des indemnités qui peuvent être dues dans les trois provinces d'Alger, Oran et Constantine, à des particuliers, à leurs ayants droit ou ayants cause, par suite d'expropriation pour cause d'utilité publique, soit par l'administration civile, soit par le service militaire, antérieurement au 1er janvier 1845, sera faite par une commission composée de cinq membres. — Les décisions de cette commission seront susceptibles de recours devant le Conseil d'Etat par la voie contentieuse.

Art. 2. — Il y aura auprès de la commission un agent de l'administration des Domaines, auquel il sera préalablement donné communication de toutes les demandes en indemnité.

Art. 3. — La commission statuera sur les réclamations d'après les actes et documents qui seront produits devant elle, ou par commune renommée, ou par voie d'enquête si elle le juge convenable ; — Elle appréciera les biens suivant leur consistance et leur estimation à l'époque de la prise de possession, et d'après la valeur commune des propriétés à cette époque.

Art. 4. — Dans le bordereau définitif de liquidation, il sera fait déduction des sommes qui peuvent avoir été touchées par les réclamants, en vertu des arr. des 24 mai 1831 et 5 janv. 1842.

Art. 5. — La commission fera application des déchéances prononcées par les arrêtés et ordonnances pour défaut de réclamation dans les délais précédemment fixés ou pour défaut de production de pièces nécessaires à la justification des droits de ceux qui auraient produit leur demande dans les délais utiles. — Dans ce dernier cas, la commission pourra prendre en considération tels empêchements ou impossibilités qui auraient pu s'opposer à la production des pièces justificatives.

Art. 6. — S'il s'élevait des doutes ou des réclamations sur la

devront être mis en culture à l'entour de chaque ville, village ou hameau existant ou à créer.

question de propriété, où s'il était allégué que ces propriétés sont domaniales, soit comme provenant de l'ancien beylik ou de corporations religieuses ou par suite de séquestre, soit comme ayant un caractère public qui n'en permettait ni l'aliénation ni la transmission, la commission renverra ces questions devant les tribunaux, qui statueront d'urgence et comme en matière sommaire. — Ce renvoi sera ordonné d'office par la commission ; il pourra être requis par l'agent de l'administration des Domaines.

Arv. 7. — Il sera délivré à chaque ayant droit un titre d'indemnité contenant le bordereau de la somme à laquelle aura été fixée cette indemnité.

Art. 8. — La liquidation ainsi définitivement réglée, si les ressources ordinaires financières ne le permettent pas, il sera demandé au pouvoir législatif un crédit spécial pour l'acquittement du montant des indemnités indiquées ; il décidera si ce remboursement s'opérera en capital ou en rentes de 5 p. 100 en totalité ou en partie.

E. Cavaignac.

1ᵉʳ juill.-8 nov. 1848. — *Bases de la liquidation ordonnée.*

Vu l'arr. du 5 mai 1848 ; — Vu les art. 30 et 31 de l'arr. du 9 nov. 1841 et 79 de l'ord. du 1ᵉʳ oct. 1844 : — Considérant que la prompte liquidation des indemnités d'expropriation est une nécessité d'ordre public, et qu'il importe de lever tous les obstacles qui pourraient la rendre incomplète ou la retarder ; — Considérant que l'exercice du droit autorisé par l'art. 1699 c. Nap. est un moyen de hâter le payement de ceux que cet article concerne, et d'accélérer la liquidation des indemnités restantes par la diminution de leur masse.

Art. 1. — La commission instituée par l'arr. du 5 mai 1848 réglera les indemnités dues pour expropriations consommées depuis le 5 juill. 1830 jusqu'au 1ᵉʳ janv. 1845, conformément à la législation sous l'empire de laquelle ces expropriations auront été consommées.

Art. 2. — Pour le temps antérieur à l'ord. du 1ᵉʳ oct. 1844, l'expropriation est réputée consommée : — 1ᵛ Par le seul fait de la démolition ou de l'occupation effective de l'immeuble ; — 2ᵒ Par l'attribution qui en aura été faite à un service public ; — 3ᵒ Enfin par tout acte ou fait administratif ayant eu pour résultat de faire cesser la possession du propriétaire. — La commission précitée statuera sur les cas donnant ouverture à l'application de la présente disposition.

Art. 3. — Lorsque l'expropriation aura eu lieu sans expertise, et qu'il s'agira d'un édifice démoli, l'Administration pourra désintéres-

Chaque arrêté rappellera les dispositions des art. 81, 82, 83, 91 et 92 ci-après ; il sera affiché à Alger, ainsi qu'au chef-lieu de l'arrondissement judiciaire de la situation des terres à mettre en culture, et inséré au *Moniteur algérien.*

ART. 81. — Dans les trois mois de cette insertion, tout indigène ou Européen qui se prétendra propriétaire des terres incultes comprises dans le périmètre déterminé, signifiera ses titres de propriété au Directeur des finances à Alger.

Dans cette signification, il élira domicile au chef-lieu de l'arrondissement judiciaire de la situation des immeubles ; toutes les significations à la requête du Domaine seront valablement faites à ce domicile élu, sans qu'il soit besoin d'observer les délais des distances, à raison du domicile réel du propriétaire prétendu. A défaut d'élection de domicile, toutes ces significations seront valablement faites au parquet du Procureur du roi.

---

ser le cessionnaire du droit à l'indemnité, en lui faisant les remboursements prescrits par l'art. 1699 c. Nap.

DE LAMORICIÈRE.

5 Fév.-11 mars 1851. — *Clôture des opérations de la commission.*

Vu l'arrêté du Gouverneur général du 5 mai 1848, approuvé le 27 du même mois par le Ministre de la guerre ; — Considérant que le travail des liquidations est arrivé à un degré d'avancement tel, qu'il permet de fixer le terme des travaux de la commission ;

ART. 1. — Les travaux de la commission instituée par l'arr. du 5 mai 1848 susvisé seront clos le 28 fév. courant.

ART. 2. — Les réclamations sur lesquelles la commission n'aurait pas encore pu rendre de décision définitive, à cette époque seront remises aux Préfets de chacun des départements quelles concerneront respectivement pour être jugées au fur et à mesure de leur mise en état, par les Conseils de préfecture sur les bases posées par l'arr. du 5 mai 1848.

Le délai de trois mois courra contre les interdits, les mineurs et les femmes mariées, sauf leur recours contre qui de droit.

Art. 82. — Tout réclamant sera tenu de produire des titres remontant, avec date certaine, à une époque antérieure au 5 juillet 1830, et constatant le droit de propriété, la situation, la contenance et les limites de l'immeuble.

Art. 83. — Les terres incultes, comprises dans le périmètre dont la propriété n'aura pas été réclamée conformément aux articles précédents, seront réputées vacantes, et l'administration, sans qu'il soit besoin de jugement, pourra en faire la concession aux clauses et conditions qu'elle jugera convenables.

Art. 84. — Si les titres de propriété ne sont produits qu'après les trois mois fixés par l'art 81 ci-dessus, et s'ils sont reconnus valables, le propriétaire sera mis en possession de ceux de ses biens qui seront encore dans les mains de l'État, Quand à ceux qui auront été concédés le concessionnaire, même provisoire, ne pourra en être évincé, et, dans aucun cas, le propriétaire ne pourra prétendre d'autre indemnité que la délivrance d'une contenance égale de terres incultes de même nature, et dans le lieu le plus rapproché, lorsque le Domaine en aura à sa disposition.

Si pourtant les immeubles ont été concédés à titre onéreux, l'État restituera au propriétaire le prix qu'il aura reçu, et le subrogera à tous ses droits pour le prix à recevoir ou pour la rente constituée, le tout sans garantie.

Art. 85. — Dans l'année soit de la signification des titres, faite au Directeur des finances, conformément à l'art. 84, soit de la production des titres mentionnés en l'art. 84, l'administration des Domaines assignera devant le tribunal de la situation des immeubles, ceux dont elle entendra contester les droits. — Passé ce délai, les titres seront réputés valables, et l'administration ne sera plus recevable à les contester.

ART. 86. — Le propriétaire assigné par l'administration, en vertu de l'article précédent pourra, s'il est dû une rente pour le prix ou partie du prix des terres incultes, mettre en cause le créancier de cette rente. Le jugement, quand il y aura lieu, sera déclaré commun avec ce créancier et l'immeuble affranchi du payement de la rente, sauf le recours dudit créancier contre qui de droit.

ART. 87. — Le tribunal, investi de la vérification des titres, procédera comme en matière sommaire et d'urgence, toutes autres affaires cessant. — Il décidera si les titres sont conformes aux prescriptions de l'art. 82 ci-dessus, sauf les droits que les tiers pourraient exercer dans les délais de l'art. 7.

ART. 88. — Le jugement énoncera la contenance pour laquelle le défendeur aura fait preuve de ses droits, et désignera la situation et les limites résultant des titres.

ART. 89. — S'il n'est pas produit de titres antérieurs au 5 juillet 1830, ou si les titres produits sont insuffisants, le défendeur sera déchu de tous droits, sauf recours contre qui il appartiendra, et l'État sera déclaré propriétaire des terres en litige.

ART. 90. — Les propriétaires des terres incultes dont les titres n'auront pas été contestés, ou auront été déclarés valables par jugements ou arrêts définitifs, feront fixer

la situation et les limites de leurs propriétés, contradictoirement avec leurs voisins. — Lorsque l'espace effectif
sera insuffisant pour toutes les contenances admises par
les jugements ou arrêts, il y aura lieu, pour chaque propriété, à une réduction proportionnelle aux contenances
totales. Dans aucun cas l'État ne sera responsable du
défaut de contenance. — L'établissement de la situation
et le bornage se feront sous la surveillance de l'Autorité
administrative, qui statuera sur toutes les contestations à
ce relatives.

Art. 91. — Celui qui possède dans le périmètre d'un
territoire où la culture est obligatoire une terre cultivée,
ou sur laquelle lui ou ses auteurs ont fait des plantations,
des travaux de dessèchement ou d'irrigation, ou fait
construire des bâtiments d'exploitation ou une maison
d'habitation, est réputé légitime propriétaire, à l'égard du
Domaine, des terrains qu'il possède réellement, sauf les
droits que les tiers pourront faire valoir, dans les délais de
l'art. 7 ci-dessus.

Il sera tenu, dans les trois mois de l'insertion au *Moniteur algérien*, de l'arrêté qui aura déterminé le périmètre,
de signifier au Directeur des finances, à Alger, le plan des
lieux, avec indication de la contenance dont il se prétend
en possession, des tenants et aboutissants, et description
sommaire des travaux exécutés.

Les deux derniers paragraphes de l'art. 84 ci-dessus lui
sont applicables.

Art. 92. — Celui qui, dans les trois mois, n'aura pas
satisfait à la prescription de l'article précédent, perdra
le bénéfice résultant de la mise en culture et autres

travaux, et sera tenu de produire des titres remontant avec date certaine, à une époque antérieure au 5 juillet 1830.

ART. 93. — Dans l'année de la signification prescrite par l'art. 91 ci-dessus, l'administration des Domaines citera devant le conseil d'administration de l'Algérie, sauf recours devant nous, en notre conseil d'État, ceux dont elle entendra contester les droits résultant de la mise en culture ou autres travaux. — Le conseil d'administration ne pourra motiver sa décision que sur l'existence ou la non existence des travaux et cultures allégués. — L'arrêté du conseil d'administration énoncera la contenance pour laquelle les droits du défendeur auront été reconnus, et désignera la situation et les limites de sa propriété.

ART. 94. — Les terres laissées incultes dans les périmètres où la culture aura été ordonnée seront soumises à un impôt spécial et annuel de 5 fr. par hectare, indépendamment de tous autres impôts établis ou à établir sur les terres en général. — L'inculture sera constatée administrativement, et l'impôt établi et perçu dans la même forme que les contributions publiques.

ART. 95. — Ne seront point sujets à l'impôt spécial : — 1° Les terrains que l'Administration autorisera à conserver ou à convertir en bois; — 2° Les prairies naturelles, pourvu quelles soient nettoyées, et que leur étendue n'exède pas le quart de l'immeuble dont elles font partie ; — 3° Les terrains que l'Administration reconnaîtra ne devoir pas être cultivés.

ART. 96. — L'impôt spécial diminuera annuellement dans la proportion des terres mises en culture durant l'année. Lorsqu'un propriétaire aura fait agréer par l'Administration un plan de mise en culture qui exigera plusieurs années, l'impôt spécial ne sera pas perçu sur les terres incultes pour les années durant lesquelles le propriétaire aura exécuté les travaux et culture auxquels il s'était soumis.

ART. 97. — Les propriétaires de terres incultes pourront s'affranchir de l'impôt spécial, en offrant de délaisser les dites terres au Domaine, à la charge par celui-ci de leur en rendre d'autres à leur première demande, de même étendue, et autant que possible de même nature.

ART. 98. — Les propriétaires de terres incultes qui se refuseraient à payer l'impôt spécial, ou qui demeureraient plus de six mois sans l'acquitter, seront réputés de plein droit avoir fait au Domaine le délaissement des terres incultes assujetties audit impôt, et les dispositions du précédent article et des articles suivants leur deviendront applicables.

ART. 99. — Les terres à donner en échange devront être situées dans le périmètre affecté à la culture. Elles seront délivrées sous la condition spéciale de cultiver.

ART. 100. — Le droit de demander des terres à titre d'indemnité n'aura d'autre limite que le manque de terres dans les zônes colonisées, sauf à le faire valoir plus tard, dans les nouvelles zônes, qui pourront être successivement ouvertes à l'agriculture ; dans aucun cas il ne pourra se convertir en droit de créance pécuniaire contre l'État. Il se prescrira par dix ans.

ART. 101. — Si l'Administration n'accepte pas le délaissement, les terres qui en étaient l'objet seront affranchies de l'impôt spécial.

Art. 102. — Les actes de délaissement et de délivrance des terres données en échange se feront par des arrêtés du Gouverneur général, qui seront soumis à l'approbation de notre Ministre de la guerre.

Art. 103. — Les contestations relatives au délaissement ou à la délivrance des terres données en échange seront portées devant le conseil d'administration de l'Algérie, sauf recours devant nous en notre Conseil d'État.

Art. 104. — Si, dans l'année de la demande en attribution de terres formée par un propriétaire, en vertu de l'art. 97, l'Administration ne lui a pas fait cette délivrance, le propriétaire aura droit à une indemnité égale à la valeur des terres délaissées. — Cette indemnité sera fixée d'après les règles déterminées par les articles 107 et 108 ci-après.

Art. 105. — Les droits que des tiers pourraient avoir comme créanciers ou à tout autre titre, soit sur des terres concédées en vertu de l'art. 83, soit sur des terres délaissées en vertu de l'art. 97, cesseront de grever lesdites terres, et passeront, s'il y a lieu, dans le même ordre et sans aucune novation sur les terres données en échange ou sur l'indemnité qui en tiendrait lieu. Ils seront admis à intervenir dans le règlement de cette indemnité.

Art. 106. — L'inculture des terres situées dans les périmètres déterminés en vertu de l'art. 80 ci-dessus, est une cause suffisante d'expropriation pour utilité publique.

Art. 107. — Lorsqu'il y aura lieu d'exproprier des terres incultes pour cause d'utilité publique, il sera procédé conformément à la législation en vigueur avant la promulgation de la présente ordonnance.

Art. 108. — L'indemnité sera arbitrée par le conseil d'administration, d'après l'appréciation des circonstances. — Néanmoins, le montant ne pourra en être fixé qu'abstraction faite de toute augmentation de valeur résultant de travaux publics tels que routes, canaux, dessèchements, création de centres de population et autres ouvrages exécutés par l'Administration. — La plus value que ces ouvrages et travaux auront donnée aux immeubles contigus, appartenant au même propriétaire et non compris dans l'expropriation, devra être appréciée, et compensée, jusqu'à due concurrence, avec l'indemnité.

TITRE VI.

DES MARAIS.

Art. 109. — Les marais sont réputés biens vacants. — L'administration peut immédiatement prendre, pour leur dessèchement, telle mesure, passer tel marché, et faire telle concession qu'elle jugera convenable.

Art. 110. — Les droits à la propriété d'un marais ne pourront s'établir que contradictoirement avec l'administration des Domaines et par des titres remontant, avec date certaine, à une époque antérieure au 5 juillet 1830. L'action sera portée devant le tribunal de la situation des marais.

Art. 111. — Dans le cas où les titres produits seront reconnus valables, le droit du propriétaire se résoudra en une indemnité, à la fixation de laquelle il sera procédé conformément aux articles 107 et 108 ci-dessus.

Art. 112. — Le propriétaire d'un marais exproprié en vertu de l'article précédent, pourra, au lieu de demander une indemnité, exiger une égale quantité de terres incultes, s'il s'en trouve à la disposition du Domaine dans l'un des périmètres affectés à la culture ; il sera, quant à ces terres incultes, soumis aux dispositions des art. 94 et suiv. du titre 5 ci-dessus.

TITRE VII.

DISPOSITIONS GÉNÉRALES.

Art. 113. — Les dispositions de la présente ordonnance sont applicables aux portions de l'Algérie qui se trouvent comprises dans le ressort des tribunaux civils de première instance.

Art. 114. — Pour l'avenir, l'étendue et la limite du ressort des tribunaux déjà institués ou de ceux qui le seraient ultérieurement, ne pourront être déterminées ou modifiées que par des ordonnances royales.

Art. 115. — La disposition de l'art. 5, § 2, de notre ordonnance du 22 juillet 1834, est abrogée en ce qui concerne toutes les matières qui se rapportent à la propriété.

Trois choses sont particulièrement à remarquer dans cette ordonnance : 1° l'ordonnance n'est applicable que dans le ressort des tribunaux civils de la colonie ; 2° à l'avenir les transactions immobilières d'indigènes à Européens ne seront valables, à moins d'autorisations spéciales qui pourront être accordées dans certains cas par l'Administration,

que dans les territoires assignées à la colonisation européenne par arrêtés ministériels. Il y aura un territoire
exclusivement affecté à la culture arabe et un territoire
affecté à la colonisation européenne et à la culture arabe.
C'est cette dualité qui représente ce qu'on a improprement
appelé : territoire militaire et territoire civil ; 3° Les acquisitions faites antérieurement en dehors du périmètre
dont il vient d'être parlé sont vaiables si les acquéreurs
ont pris possession.

Cette ordonnance asseyait et constituait le droit de propriété ; elle posait des règles pour le passé et l'avenir ; cela
était bien, mais ceux qui avaient acheté n'étaient pas ras-
surés sur l'existence et l'étendue de l'objet acquis, et ceux
qui voulaient acheter, ne pouvaient le faire en sécurité, se
trouvant arrêtés par le même danger. La revendication
individuelle et la revendication domaniale étaient toujours
à craindre. Il fallait donc une *reconnaissance* générale de
la propriété rurale; c'est ce que prescrivit l'ordonnance du
21 juillet 1846.

« Le but de la colonisation de l'Algérie, dit le rapport au
« roi, doit être : *le peuplement du pays*, pour créer une
« force défensive quip répare dans l'avenir la diminution
« de l'effectif de l'armée ; *la fertilisation du sol*, pour
« assurer contre toute éventualité l'alimentation de ses
« habitants ; enfin *la mise en valeur du territoire*,
« pour arriver à l'impôt qui dégrèvera d'abord, et finira
« par enrichir le trésor.

« La colonisation pourra s'opérer, soit par les colons
« déjà établis en Algérie, soit par les colons nouveaux qui
« demandent la concession de terres à cultiver.

« Malheureusement, l'état anarchique où se trouve la
« propriété rurale paralyse le bon vouloir des uns et des
« autres.

« De nombreuses acquisitions ont été faites vers les
« premiers temps de la conquête.

« Elles ont généralement eu lieu au hasard, sur la foi
« suspecte des Arabes vendeurs, en vertu de titres insul-
« fisants ou d'actes de notoriété faits pour le besoin de
« chaque affaire, sans que les acquéreurs aient vu ou
« aient pu voir les lieux.

« Cette incurie a porté ses fruits.

« Quelquefois les terres vendues n'existaient pas. Tou-
« jours les contenances ont été fabuleusement exagérées.
« Trop souvent les mêmes immeubles ont été vendus plu-
« sieurs fois à divers.

« Les tribunaux seraient impuissants pour porter la
« lumière dans ce chaos. C'est ce qu'à formellement déclaré
« la commission de colonisation créée en 1844.

« En effet, le manque habituel de désignations précises
« dans les actes et de signes divisoires sur le terrain ; le
« défaut de position réelle tant de la part des vendeurs
« que des acquéreurs : l'absence de témoins dignes de foi ;
« le grand nombre des propriétés à rechercher ainsi, ren-
« draient la tâche tellement difficile et longue, pour les tri-
« bunaux déjà surchargés, qu'elle équivaudrait à une im-
« possibilité ; le cours de la justice en serait interrompu.

« Il suit de là :

« Que l'État et les particuliers ignorent également ce
« qui leur appartient.

« Que les colons sérieux craignent de faire de dispen-

« dieux travaux d'avenir sur des propriétés contestables ;

« Que l'Administration ne sait où trouver des terres con-
« cessibles pour les capitalistes et les travailleurs qui se
« présentent.

« Qu'enfin la situation n'est bonne que pour l'agiotage
« qui en a profité pour acheter à vil prix, et qui en voudrait
« le maintien pour trafiquer de titres sans valeur.

« A cet obstacle s'en joint un autre non moins grave.

« Les établissements agricoles, pour prospérer, ont
« besoin de travaux d'utilité générale tels que routes, des-
« sèchements de marais, distribution des eaux, barrages,
« ponts, etc.

« Ces travaux publics, l'Administration ne peut les exé-
« cuter que dans la limite des crédits budgétaires, et ne
« saurait dès lors les entreprendre partout à la fois. Il
« importe donc que, sur les points qui en seront dotés,
« les terres ne continuent pas de rester incultes et inha-
« bitées, afin que les sacrifices de l'État ne s'effectuent
« pas en pure perte.

« Dans cette situation, il importe de fixer avec certitude
« et sans perte de temps les droits tant de l'État que des
« particuliers, relativement à la possession des terres,
« pour en assurer la fertilisation. »

L'ordonnance du 24 juillet avec l'arrêté ministériel du
17 septembre suivant, qui la complète, est certainement
l'œuvre législative qui contribua le plus efficacement à
l'affermissement de la propriété. C'était une mesure de salut
public indispensable ; un seul fait le prouve : dès le début
de la mise à exécution, les 9/12 des terres soumises à la

délimitation, étaient réclamées par plusieurs propriétaires à la fois.

En 1851, l'opération de la reconnaissance de la propriété algérienne, dans les territoires de colonisation, était à peu près terminée. Le capital européen était arrivé avec la pacification; des besoins, des idées et des intérêts nouveaux s'étaient formés. L'ordonnance de 1844 qui ne pouvait être qu'une transition ne suffisait plus ; il fallait une constitution nouvelle qui se rapprochâ le plus possible du droit commun de la Métropole. C'est alors que fut proposé et promulgué la loi du 16 juin 1851.

—

EXPOSÉ DES MOTIFS

de

M. LE MARÉCHAL RANDON, MINISTRE DE LA GUERRE.

—

Messieurs, la constitution de la propriété immobilière est une des mesures qui intéressent le plus l'avenir de l'Algérie.

Les ordonnances du 1er octobre 1844 et du 21 juillet 1846, constituent un grand progrès vers ce but; mais la première élaborée à une époque où les véritables besoins de la colonisation ne pouvaient être appréciés, et la seconde combinée surtout en vue des obstacles rencontrés par cette colonisation, alors à son début, portent l'empreinte de circonstances transitoires aujourd'hui disparues, présentent des lacunes, qu'il est essentiel de combler, et contiennent des dispositions qui, devenues incomplètes ou imparfaites, doivent être, les unes modifiées, les autres abrogées.

Il importe, en premier lieu, de ne pas tarder davantage à déterminer le caractère et la nature de la propriété indigène, trop négligée jusqu'ici par la législation, et à en proclamer hautement l'inviolabilité. Cette déclaration sera le plus sûr moyen de fonder la confiance dans notre justice et la perpétuité de la foi dans notre domination.

Comme conséquence de ce principe fécond, il y a lieu de modifier le régime de l'ordonnance de 1844 sur l'expropriation pour cause d'utilité publique, et d'étendre à la propriété indigène les garanties données ou à donner à la propriété européenne.

Cette dernière propriété a besoin elle-même d'être mieux assise et d'être tout à fait dégagée d'un passé litigieux qui pèse lourdement sur elle. Enfin, après les avoir constituées et également protégées toutes les deux, il convient de tarir une source abondante de contestations en imposant à la propriété indigène, au moment où, aliénée au profit d'un Européen, elle change tout à la fois et de maître et de loi, des conditions qui, sans entraver la liberté des transactions, en garantissent la sincérité et la solidité indispensables au développement de la colonisation.

Telles sont les principales réformes dont l'exécution a occupé en même temps la commission de législation algérienne que vous avez instituée en décembre 1849 et mes prédécesseurs au département de la guerre ; il a été déposé au nom de votre commission, le 6 juillet dernier, un projet de loi sur la matière. Je viens à mon tour, soumettre à vos délibérations un nouveau projet de loi dû à l'initiative de mon départemennt et approuvé par le Conseil d'Etat ; il me semble en plus complète harmonie avec les diverses exigences auxquelles il s'agit de pourvoir.

Une rapide analyse en fera ressortir la pensée générale et en développera l'économie.

Distribué en cinq titres, il détermine en quoi doit consister le Domaine en Algérie. Il constitue ensuite la propriété privée, le mode de son aliénation, puis celui de son expropriation ou de son occupation temporaire pour cause d'utilité publique, et enfin il réglemente le séquestre.

TITRE I{.}.

DU DOMAINE.

On a dû placer en tête de la loi sur la propriété des dispositions sur le Domaine national en Algérie, et principalement sur sa constitution. En effet, ce qui ne sera pas compris dans ce Domaine constituera naturellement la part réservée à la propriété privée, indigène ou européenne.

En second lieu, il était indispensable d'abroger les dispositions des art. 137 et 138 de l'ordonnance du 21 août 1839. Ces dispositions, que n'ont modifiées ni l'ordonnance du 1ᵉʳ octobre 1844 sur la propriété ni celle du 17 janvier 1845, sur le régime financier, ni celle du 5 novembre suivant, sur le Domaine, ont donné du Domaine une définition qui n'est plus conforme aux faits maintenant reconnus et aux résultats de l'étude plus avancée de la constitution territoriale de l'Algérie.

On a, conformément aux indications de la science administrative, distingué nettement le Domaine public du Domaine de l'Etat, et donné la nomenclature des objets qui les composent. Il n'y avait pas à cela un pur intérêt de doctrine, on a obéi à une nécessité, car il y a lieu de comprendre dans le Domaine national en Algérie des objets qui, dans la législation française, n'en font pas partie, ou dont la nature pourrait être controversée en Algérie, si elle n'était expressément déterminée.

L'énumération des objets qui composent le Domaine public résulte du Code civil, sauf en ce qui concerne les fleuves et cours d'eau non naviguables ni flottables, sous la réserve toutefois des droits acquis antérieurement à la loi.

Il est à remarquer que, dans nos provinces algériennes, aucun cours d'eau ne rentrerait peut-être dans le Domaine public, si le texte du Code civil était clair sur ce point. Au surplus, la propriété publique de ces objets a été réservée formellement dans tous les actes de concessions rurales émanés de l'Administration.

Le Domaine de l'Etat est également constitué d'après les indications données par le Code civil ; on a dû y comprendre, en outre, les éléments fournis, soit par la conquête elle-même, tels que les biens et droits de toute nature provenant du beylek, soit par les résultats de la lutte armée soutenue depuis l'occupation ; tels que les biens et droits de toute nature provenant du beylick, soit par les résultats de la lutte armée soutenue depuis l'occupation tels que les biens et droits provenus ou à provenir du séquestre. Mais on a dû poser pour l'aliénation de ce Domaine en Algérie un principe différent de celui qui le régit en France.

Si, en France, le but de l'Administration est de conserver le Domaine de l'Etat, on peut dire qu'en Algérie, au contraire, le but de l'Administration, une fois les services publics satisfaits, est de le vendre incessamment pour les besoins de la colonisation et du peuplement du pays. Il est donc nécessaire de donner à l'Administration chargée de cette œuvre considérable et journalière, des pouvoirs très-étendus. Elle se trouve, en effet, dans d'autres conditions que la Métropole, où le principe même a dû fléchir.

Le conseil d'Etat réglera dans ses détails cette matière importante.

TITRE II.

DE LA PROPRIÉTÉ.

En tête des dispositions sur la propriété en Algérie et les dominant toutes, devait être écrit le principe de son inviolabilité. Mais cette inviolabilité, soigneusement garantie d'ailleurs à la propriété indigène sous chacune de ces diverses formes, ne serait qu'illusoire si l'on ne s'attachait d'abord à asseoir la propriété sur une base solide.

Le titre III du projet satisfait à cette condition pour l'avenir, en entourant les acquisitions de formalités tutélaires.

Pour le passé, pour les transactions souvent irrégulières faites depuis la conquête, et dont il s'agit de liquider les résultats, des dispositions nouvelles étaient indispensables.

Cette liquidation du passé, si utile, si féconde pour l'avenir, a été largement faite, en ce qui concerne les territoires civils, par l'ordonnance du 1er octobre 1844, et en ce qui concerne les transactions autorisées en territoires militaires, par l'ordonnance du 21 juillet 1846 pour toutes les années antérieures à la promulgation des dites ordonnances. Mais il a pu, depuis 1844, en territoire civil, et depuis 1846, en territoire militaire, être conclu des transactions susceptibles, comme celles antérieures et amnistiées en quelque sorte, de donner lieu à des revendications. Aux termes de l'art. 7 de l'ordonnance de 1844, les acquisitions ultérieures devaient être soumises aux dispositions du Code civil ; les revendications, en ce qui les concerne, peuvent donc être intentées par les particuliers et par le Domaine dans le délai ordinaire des prescriptions de dix, vingt ou trente années.

Le projet de loi ne change point entre particuliers les conditions des contrats accomplis depuis 1844 jusqu'à sa promulgation. Une mesure rétroactive aussi radicale n'a pas paru devoir être prise une seconde fois ; mais l'Administration a voulu, pour sa part, renoncer au bénéfice de ces longues prescriptions. Par l'abandon d'une partie de ses droits, le Domaine de l'Etat concourra de nouveau à la consolidation de la propriété algérienne, qui reçoit, en outre, une garantie nouvelle.

L'art. 19 de l'ordonnance du 9 novembre 1845 réservait à la juridiction administrative toutes les actions où le Domaine intervenait à titre de successeur du Beylik ; désormais toutes ces actions seront portées en tout territoire, devant les tribunaux civils.

TITRE III.

DES ACQUISITIONS.

Le droit d'acquérir en Algérie, illimité dans les premières années de la conquête, a subi plus tard des restrictions au double point de vue des personnes et des choses.

Au point de vue des personnes, dès 1834, une décision

ministérielle interdit à tous les agents du Gouvernement la faculté de devenir propriétaires sans une autorisation préalable. L'ordonnance du 1er octobre 1844, a renouvelé cette prohibition, et frappé de nullité tous les actes faits contrairement à cette disposition.

Les inconvénients de cette mesure qui mettait en état de suspicion les agents du pouvoir et enlevait à certaines catégories de personnes la possibilité de se fixer en Algérie, sans esprit de retour, étaient trop graves pour être compensés par l'avantage de prévenir quelques abus faciles d'ailleurs à réprimer ; le projet de loi sanctionne l'arrêté du 5 mai 1848 abrogatif de cette partie des dispositions de l'ordonnance de 1841, et pris par M. le général Cavaignac, alors Gouverneur général de l'Algérie, en vertu des pouvoirs exceptionnels que lui avait conférés le Gouvernement provisoire.

Au point de vue des choses, les ordonnances de 1844 et de 1846, après avoir déterminé les territoires dans lesquels les acquisitions étaient permises, ont réservé implicitement à l'Autorité administrative le droit d'étendre progressivement la même mesure à d'autres territoires. Ces restrictions à la liberté absolue des transactions peuvent, au premier aperçu, paraître fâcheuses. Elles sont cependant commandées par la situation du pays dans lequel il s'agit d'opérer. Le projet de loi les maintient. Cela posé, afin de hâter par la constitution définitive de la propriété, la fondation du crédit foncier, il abrège soit contre l'État, soit contre les particuliers, les délais de prescription établis par le Code civil ; puis il prescrit à l'établissement des actes soit d'Européen à Européen, d'Européen à Musulman, soit enfin de Musulman à Musulman, des conditions de nature à protéger tous les intérêts en présence, et à ne laisser aucune prise à la mauvaise foi.

TITRE IV.

DE L'EXPROPRIATION ET DE L'OCCUPATION TEMPORAIRE
POUR CAUSE D'UTILITÉ PUBLIQUE.

Ces deux faits, qui découlent du même principe, l'utilité commune, n'ayant point les mêmes conséquences, devaient être réglées séparément. Ils sont donc chacun l'objet d'un chapitre spécial.

Le projet concilie, quant à l'expropriation, toutes les garanties que l'expérience a démontrées être justes en France, avec les nécessités exceptionnelles spéciales à l'Algérie. Je ferai de plus remarquer que cette mesure doit pouvoir être prise en Algérie dans des cas ou pour des motifs où elle n'est pas admise en France :

1° Fondation et agrandissement des centres de population ;

2° Campement des troupes ;

3° Établissements des fontaines, abreuvoirs, pépinières moulins à farine sur les cours d'eau.

Les terres domaniales ne sont pas toujours assez bien disposées pour qu'on y puisse trouver constamment les emplacements nécessaires, soit à la création, soit au développement des villages indispensables à la sécurité ou à la mise en valeur du sol.

Les étapes des troupes sont indiquées, en Algérie, par la

nature même, de telle façon que les lieux de campement sont, pour ainsi dire, forcés et fixes.

Quant aux autres établissements, ils sont d'une importance telle et si générale dans un pays où les cours d'eau sont si peu nombreux et si peu abondants, qu'on pourrait presque considérer comme une calamité le droit qui serait laissé à un propriétaire de s'opposer à la création d'une fontaine, d'un abreuvoir, ou à l'utilisation d'une chute d'eau pour mettre en mouvement un moulin à farine.

L'occupation temporaire garantie, à son début, de la même manière que l'expropriation, avait besoin d'être limitée quant à sa durée.

Le projet de loi pourvoit à cette nécessité, et tout propriétaire européen ou indigène, car aucune distinction n'est plus admise, sera libre, soit de laisser se continuer l'occupation, soit de lui faire assigner un délai, si cela n'a pas été fait dès le principe, soit enfin de réclamer le bénéfice de l'expropriation définitive.

TITRE V.

DU SÉQUESTRE.

Malgré son désir de donner à la propriété en Algérie, toutes les garanties qu'elle a en France, le Gouvernement ne peut rester désarmé contre les indigènes. Le projet qui vous est soumis maintient donc le droit de séquestre contre ceux qui passeraient à l'ennemi ou se rendraient coupables d'hostilité contre la France. Les dispositions de ce titre sont tirées de l'ordonnance du 31 octobre 1845; elles n'ont pour objet que de régler le cas où le séquestre peut être apposé et l'Autorité qui peut en faire l'application Elles ne présentent que deux innovations : L'une qui autorise les Généraux, en cas d'urgence, à frapper provisoirement de séquestre les propriétés des indigènes dans les territoires militaires ; l'autre qui exige l'avis du Conseil d'État pour réunir définitivement au Domaine les immeubles séquestrés.

La première se justifie par le cas, tout à fait exceptionnel, dans lequel elle peut être appliquée. Pour la deuxième on a pensé que le séquestre pouvait être assimilé aux prises maritimes, ce qui justifie l'intervention du Conseil d'État. Il a paru bon, d'ailleurs, que le décret qui doit dépouiller de ses biens une famille ou une tribu, fût rendu avec solennité.

Quant aux mesures d'exécution, elles ont paru du ressort du pouvoir exécutif, et ont été renvoyées à un décret rendu dans la forme des réglements d'administrtion publique.

Telles sont, en résumé, les principales dispositions du projet de loi soumis à vos délibérations.

Le Gouvernement a la conviction profonde que l'ensemble des garanties qu'elles assurent à la propriété ne pourra manquer de ranimer en Algérie la confiance publique, et d'imprimer un énergique élan à l'œuvre nationale de la colonisation.

PROJET DE LOI.

Au nom du peuple français.

Le Président de la République,

Décrète :

Le projet de loi dont la teneur suit sera présenté à l'Assemblée nationale par le Ministre de la guerre, qui est chargé d'en exposer les motifs et d'en soutenir la discussion.

TITRE Ier

DU DOMAINE.

ART. 1er. — Le Domaine public, en Algérie, comprend.

1° Les routes, chemins publics, places et vues ;

2° Les lacs, fleuves, rivières et cours d'eau navigables ou non navigables, flottables ou non flottables ; les lacs et les sources naturelles, sous la réserve des droits acquis antérieurement à la présente loi ;

3° Les ports et les quais qui en dépendent, les hâvres et les rades ;

4° Les rivages, lais et relais de la mer ;

5° Les fortifications ou travaux défensifs, et les terrains qui en dépendent ;

6° Les canaux d'irrigation, de navigation et de dessèchement exécutés par l'Etat, les départements, les communes et les tribus, ou par des concessionnaires dans un but d'utilité publique, et les dépendances de ces canaux les aqueducs et les puits à l'usage du public, et généralement toutes les portions du territoire qui ne sont pas susceptibles de propriété privée.

Art. 2. — Le Gouvernement peut, aux conditions et dans les formes qui seront déterminées par des réglements d'administration publique, concéder la propriété des lais et relais de mer, l'exploitation des canaux et la jouissance des lacs et des sources compris dans le Domaine public.

Art. 3. — Font partie du Domaine de l'Etat :

1° Les biens et droits mobiliers et immobiliers provenant du beylick et tous autres réunis au Domaine par des arrêts ou ordonnances rendus antérieurement à la promulgation de la présente loi ;

2° Les biens séquestrés qui auront été réunis au Domaine dans les cas prévus par l'art. 44 de la présente loi ;

— 3° Les biens qui sont dévolus au Domaine de l'Etat, soit par les art. 33, 339, 541, 713, 723 du Code civil, et par la législation sur les épaves : soit par suite de déshérence, en vertu de l'art. 768 du Code civil en ce qui concerne les Européens, et en vertu du droit musulman en ce qui concerne les indigènes ;

4° Les bois et les forêts sous la réserve des droits de propriété et d'usage acquis antérieurement à la promulgation de la présente loi ; des réglements spéciaux détermineront le mode d'exercice des droits d'usage.

Art. 4. — Les mines et minières seront régies par une loi spéciale.

Art. 5. — Le Domaine de l'Etat peut, dans les cas, aux conditions et selon les formes qui seront déterminées par un règlement d'administration publique fait par le Conseil d'Etat, être aliéné ou donné à bail, avec ou sans adjudication publique, échangé, concédé ou affecté à des services publics de l'Etat, des départements et des communes.

ART. 6. — Chaque année, le Ministre rend compte à l'Assemblée législative de la situation du Domaine national en Algérie, et lui fait connaître le nombre, la nature et l'importance des immeubles aliénés, affectés à des servivices publics ou concédés.

TITRE II.

DE LA PROPRIÉTÉ.

ART. 7. — La propriété est inviolable.

ART. 8. — Sont reconnus, à l'égard de l'Etat, tels qu'ils existaient au 5 juillet 1830, ou tels qu'ils ont été maintenus réglés ou constitués postérieurement par le Gouvernement français, les droits de propriété et les droits de jouissance appartenant aux particuliers, aux tribus ou aux fractions de tribus.

ART. 9. — Les droits de propriété ou de jouissance des tribus ou fractions de tribus ne peuvent être transférés à une autre tribu ou fraction de tribu sans une autorisation du Gouvernement.

ART. 10. — Sont validés vis-à-vis de l'Etat les acquisitions d'immeubles faites en territoire civil deux années avant la promulgation de la présente loi, et à l'égard desquelles aucune action en revendication n'aura été intentée par le Domaine. — Les actions en revendication d'immeubles acquis dans le cours des deux années antérieures à la promulgation de la présente loi, devront, sous peine de déchéance, être intentées par le Domaine dans le délai de deux ans, à partir de ladite promulgation. — Les deux paragraphes précédents sont applicables aux domaines acquis en territoire militaire, avec autorisation du Gouvernement.

ART. 11. — Les actions immobilières intentées par le Domaine ou contre lui, seront, en territoire civil, portées devant le tribunal civil de la situation des biens, et, en territoire militaire, devant celui des tribunaux civils qui aura été désigné par un décret rendu dans la forme des règlements d'administration publique.

TITRE III.

DES ACQUISITIONS.

ART. 12. — Toute personne peut acquérir des immeubles :

1° Dans toute l'étendue des territoires civils, excepté dans la partie de ces territoires occupée par les tribus, et qui sera délimitée par un décret du Président de la république : — 2° Dans les portions des territoires militaires qui seront déterminées, à cet effet, par décrets du Président de la République. En dehors des territoires où toute personne peut acquérir, l'acquisition des immeubles n'est permise qu'aux membres de la tribu sur le territoire de laquelle ils sont situés ; néanmoins, les Musulmans étrangers à la tribu pourront être autorisés par le Gouvernement à y faire des acquisitions.

Art. 13. — Les acquisitions faites contrairement aux dispositions précédentes seront nulles, même entre les parties contractantes.

Art. 14. — Tous actes à titre onéreux ou à titre gratuit entre vifs, transférant la propriété d'un immeuble d'un Musulman à tout autre qu'un Musulman, devront, à peine de nullité, être passés devant notaire. Ces actes devront, en outre, à la diligence du notaire et sous peine d'une amende de 100 fr., être transcrits à la conservation des hypothèques publiques. — Un règlement d'administration publique déterminera le mode et le délai de cette publication. Ces actes devront énoncer les titres ou la possession sur lesquels repose la propriété, et, en outre, la situation, la contenance, les tenants et les aboutissants de l'immeuble cédé, à peine, contre le notaire contrevenant, d'une amende de 100 fr. qui sera prononcée par le tribunal civil.

Art. 15. — Tous jugements ou arrêts transférant la propriété d'un immeuble, d'un Musulman à tout autre qu'un Musulman, devront être transcrits à la conservation des hypothèques et publiés conformément à l'arrêté précédent.

Art. 16. — Toute action par laquelle le Domaine revendiquera la propriété d'un immeuble transmis par un Musulman à tout autre qu'un Musulman, devra, sous peine de déchéance, être intentée dans le délai de deux ans, à partir de la transcription de l'acte de vente.

Art. 17. — La propriété de tous immeubles acquis

avec juste titre sera prescrite entre toutes parties privées par une possession de cinq années à partir de la transcription.

Art. 18. — Aucun acte transférant la propriété d'un immeuble, d'un Musulman à tout autre qu'un Musulman, ne pourra être attaqué pour cause d'inaliénabilité fondée sur la loi musulmane.

Art. 19. — Les transmissions de biens de Musulman à Musulman continueront d'être régies par la loi musulmane.

Art. 20. — Les indigènes ou les tribus qui auront élevé des constructions sur les terrains dont ils n'ont que la jouissance, auront droit à la propriété pleine et entière de ces terrains, sur une superficie qui sera déterminée par l'Administration.

TITRE IV.

DE L'EXPROPRIATION ET DE L'OCCUPATION TEMPORAIRE POUR CAUSE D'UTILITÉ PUBLIQUE.

CHAPITRE I.

De l'expropriation.

Art. 21. — L'Etat ne peut exiger le sacrifice des propriétés ou des droits de jouissance reconnus par l'art. 8 de la présente loi, que pour cause d'utilité publique légalement constatée, et moyennant une juste et préalable indemnité.

Art. 22. — L'expropriation peut être prononcée dans tous les cas d'utilité publique, et notamment :

Pour la fondation des villes, villages ou hameaux, ou l'agrandissement de leur enceinte ou de leur territoire ;

Pour la défense du sol ou le campement des troupes ;

Pour l'établissement des fontaines, d'abreuvoirs ou de pépinières ;

Pour l'ouverture des routes, chemins, canaux de dessèchement, de navigation ou d'irrigation et l'établissement des moulins à farine.

ART. 23. — L'utilité publique est constatée et déclarée, soit par décret du Président de la République ; soit par arrêté des Autorités qui seront désignées par un réglement d'administration publique. Cette déclaration est toujours précédée d'une enquête administrative, dont les formes seront déterminées par un arrêté ministériel.

ART. 24. — Des arrêtés du Préfet dans le département, et du Général commandant la division dans les territoires, militaires, désignent les localités et territoires sur lesquels les travaux devront avoir lieu, lorsque cette désignation ne résulte pas du décret ou de l'arrêté rendu conformément à l'article précédent.

Des arrêtés ultérieurs déterminent, après enquête préalable où les parties intéressées seront mises en état de fournir leurs observations, les propriétés auxquelles l'expropriation sera applicable.

ART. 25. — L'expropriation est prononcée et l'indemnité est réglée dans les départements, par le Conseil de préfecture, et, dans les territoires militaires, par les commission placées au chef-lieu de la subdivision. En cas de contestation sur le montant de l'indemnité, il est procédé à une expertise contradictoire.

Art. 26. — En cas d'expropriation partielle, si l'exécution des travaux doit avoir pour résultat de donner une plus-value au reste de l'immeuble, l'indemnité est réglée, déduction faite de cette plus value.

La plus value peut être admise jusqu'à concurrence du montant total de l'indemnité, mais, dans aucun cas, elle ne peut motiver le paiement d'une soulte par le propriéta're exproprié.

Art. 27. — L'appel des décisions rendues en exécution de l'art. 25 est porté devant le Conseil du Gouvernement. — Il y aura recours devant le Conseil d'Etat, pour violation de la loi, incompétence ou excès de pouvoir.

Art 28. — Lorsque l'expropriation s'applique aux droits de propriété et de jouissance des tribus ou fractions de tribus ; il est procédé à la déclaration de l'utilité publique et au réglement de l'indemnité par le Gouverneur général, au Conseil du Gouvernement, sauf approbation du Ministre de la guerre.

L'indemnité due pour les droits de jouissance ou de propriété appartenant aux tribus ou fractions de tribus, est payée soit en argent, soit en nature.

L'indemnité en nature consiste, s'il s'agit de droits de jouissánce, dans la concession d'un titre de propriété pleine et entière, soit sur une portion des terres possédées à titre de jouissance, soit sur d'autres terres, et, s'il s'agit de droits de propriété, dans la concession, à titre d'échange, de terres d'une valeur au moins égale à celle des terres expropriées.

Art. 29. — Un réglement d'administration publique, fait par le Conseil d'Etat, déterminera le mode de consta

tation et de déclaration de l'utilité publique, les formes
de l'expropriation et les règles à suivre pour la liquidation et le paiement de l'indemnité dans le cas de l'article
précédent.

Art. 30. — Lorsqu'il y a urgence de prendre possession de tout ou partie d'un immeuble soumis à l'expropriation, l'urgence est déclarée par l'autorité chargée de
constater l'utilité publique.

Art. 31. — A défaut du règlement amiable de l'indemnité, l'arrêté déclarant l'urgence et la somme offerte par
l'Administration sont notifiés aux parties intéressées. Les
parties intéressées sont mises en demeure de faire connaître dans le délai déterminé par l'arrêté de notification
la somme dont elles demandent la consignation avant
l'envoi en possession.

Art. 32. — Faute par les parties intéressées de faire
connaître leurs prétentions, ou, en cas de désaccord, la
somme à consigner est évaluée par l'autorité chargée de
fixer définitivement l'indemnité. La prise de possession ne
peut avoir lieu qu'après la consignation de ladite somme.

Art. 33. — Après la prise de possession, il est procédé
à la fixation définitive de l'indemnité dans les formes
ci-desus prescrites.

CAHPITRE II.

De l'occupation temporaire.

Art. 34. — Lorsque, pour l'exécution des travaux
publics, pour la défense du sol ou pour le campement des
troupes, il est nécessaire d'occuper témpairement, en

totalité ou en partie une propriété non bâtie, cette nécessité est constatée et l'occupation autorisée, en territoire civil, par un arrêté du Préfet ; en territoire militaire, par le général commandant la division.

Art. 35. — Avant toute occupation, il est procédé contradictoirement par deux experts : 1° à la constatation de l'État de l'immeuble ; 2° à l'évaluation de sa valeur locative ou du dommage résultant de la dépossession. Un des deux experts est nommé par l'autorité qui a ordonné l'expropriation, l'autre par la partie intéressée. — Le tiers expert, s'il en est besoin, est de droit l'Ingénieur des Ponts et chaussées, ou à son défaut l'Officier du Génie de la localité.

Art. 36. — Aussitôt après l'occupation des terrains, il est procédé conformément aux articles 25 et suivants, au règlement définitif de l'indemnité due en raison de l'occupation.

Art. 37. — Dans le cas où l'occupation a pour objet une carrière en cours d'exploitation, l'indemnité consiste dans la valeur des matériaux à extraire, d'après leur prix courant, sans tenir compte de l'augmentation de prix qui pourrait résulter des travaux en vue desquels l'occupation a lieu.

Art. 38. — Si l'occupation temporaire se prolonge plus de trois ans, le propriétaire a le droit de se pourvoir devant l'Autorité, chargée par la présente loi de déclarer l'utilité publique, pour demander à être remis en possession de sa propriété. Si sa demande n'est pas admise, ou s'il s'écoule six mois sans qu'il ait été statué, il peut se pourvoir devant les juridictions désignées dans l'art. 25, et demander son expropriation définitive. Selon les circonstances, l'occupation temporaire est maintenue pendant un délai déterminé, ou l'expropriation est prononcée.

TITRE V.

DU SÉQUESTRE.

Art. 39. — Les propriétés et droits de jouissance des indigènes peuvent être séquestrés : 1° si les indigènes ont passé à l'ennemi ; — 2° s'ils ont commis des actes hostiles, soit contre les Français, soit contre les tribus soumises à la France, ou prêté, soit directement ou indirectement, assistance à l'ennemi, ou entretenu des intelligences avec l'ennemi. Les propriétés et droits de jouissance appartenant aux tribus peuvent encore être séquestrés si les tribus ont volontairement, et sans autorisation, abandonné leur sol pour se fixer sur une autre partie du territoire algérien.

Art. 40. — Le séquestre ne pourra être établi dans les territoires civils que par un arrêté motivé du Gouverneur général, pris en Conseil de gouvernement. — Dans les territoires militaires, le séquestre pourra être ordonné provisoirement et d'urgence par les Généraux commandant les divisions, sauf décision ultérieure du Gouvernement général. Tout arrêté portant établissement de séquestre sera soumis par le Gouverneur général au Ministre de la guerre.

Art. 41. — Les biens séquestrés pourront être réunis

au Domaine de l'État, la réunion ne pourra être prononcée que par un décret du Président de la République, le conseil d'État entendu.

Art. 42. — Un décret spécial rendu dans les formes des règlements d'administration publique déterminera les conditions relatives à l'apposition et à la main levée du séquestre.

PREMIER RAPPORT DE M. DIDIER

au nom de

LA COMMISSION DE L'ASSEMBLÉE LÉGISLATIVE.

—

Messieurs, après avoir soumis à votre sanction une loi destinée à ouvrir à la production algérienne les débouchés qui lui manquent et sans lesquels toute colonisation de l'immense et fertile territoire de l'Algérie serait à peu près impossible, la commission que vous avez chargée de préparer la législation promise à ce pays par l'article 109 de la constitution s'est empressée de déposer sur votre bureau un autre projet de loi qui a pour but d'en organiser le gouvernement et l'administration sur des bases et dans un esprit tout à la fois plus conformes à ses besoins et mieux appropriés aux conditions de son développement.

C'étaient là, lui a-t-il semblé, les questions que tout d'abord il importait de résoudre, un peuple qui se crée voulant être, avant tout, encouragé et aidé dans son travail, et ayant pour cela, besoin de trouver à sa portée des marchés où s'écoulent facilement ses produits, et de pouvoir compter sur la protection active et intelligente d'une administration régulièrement ordonnée.

Cela fait, elle vient vous proposer de donner au droi

de propriété trop incertain encore et trop dépendant de
la tutelle capricieuse et variable des pouvoirs administratifs actuels, toute la solidité qui lui est nécessaire pour
qu'il inspire à tous le respect et la confiance, et que le
capital, cet élément indispensable de toute vie agricole et
industrielle, inquiet et ombrageux de sa nature, puisse
désormais, sûr de l'avenir, consentir à venir en aide au
travail et concourir avec lui à la fécondation du sol.

Depuis vingt ans que nous possédons l'Algérie, nous y
avons dépensé les millions par centaines ; nous y avons
fondé plusieurs villes et un grand nombre de villages ;
nous y avons ouvert des routes qui relient entre eux les
points principaux du territoire, et, en établissant de distance en distance des postes militaires chargés de surveiller et de maintenir dans l'obéissance les populations
indigènes, nous y avons assuré la plus grande sécurité.
Le champ le plus vaste y a été livré aux espérances de
la colonisation. Dans le voisinage des villes, des terrains
immenses ont passé directement des mains des indigènes,
dans celles d'Européens ; d'autres ont été concédés par
l'Etat, gratuitement ou moyennant de faibles redevances,
soit à des capitalistes, soit à des familles de travailleurs.
La conquête par les armes depuis longtemps finie sur le
littoral, la guerre refoulée jusqu'aux confins du désert ou
dans les montagnes de la Kabylie, et réduite aux proportions de simples émeutes à réprimer, il semblait qu'il ne
tînt qu'à la charrue de prendre définitivement possession du
sol et d'en faire la ressource et la richesse d'une partie
considérable de la population souffrante de notre patrie.

Et cependant, après vingt ans de sacrifices, d'efforts et

d'essais de toute sorte, à peine y a-t-il en Algérie, sur un territoire de deux cent cinquante lieues de côtes et de près de cent lieues de profondeur, une population française civile de soixante quatre mille individus, dont le quart tout au plus sont employés à la culture des champs ; et tous, ou presque tous, y sont dans la gêne ou dans la misère.

Dans les villes, à Alger et à Blidah particulièrement, l'esprit de spéculation, toujours et partout si habile à exploiter les illusions que fait naître toute grande entreprise à son origine, s'est d'abord emparé des terrains à bâtir, et en élevant des maisons avec la seule puissance du crédit, a su créer et jeter dans la circulation des masses de valeurs exagérées ou fictives qui, pendant quelques années, y ont eu tout le relief de valeurs sérieuses et réelles ; mais les fortunes puisées à cette source n'ont pas tardé à s'évanouir, et la crise qui s'en est suivie y pèse aujourd'hui encore d'un poids énorme sur le mouvement des affaires.

D'un autre côté, dans les campagnes, la terre n'offrait pas de suffisantes garanties aux capitaux. Concédée à titre provisoire par l'Etat ou acquise des propriétaires anciens, elle était également exposée aux contestations administratives les plus inattendues et les plus arbitraires. Elle s'est par cela même refusée à l'hypothèque et privée de l'assistance de l'argent ; elle a manqué du seul moyen efficace d'attirer les bras, et elle est en grande partie restée à l'état d'inculture.

C'est à cette triste situation qu'il est urgent de porter remède. L'Algérie est un pays agricole par excellence : son passé et son présent l'attestent ; et ceux qui l'ont étudiée avec soin et qui la connaissent, s'accordent tous à penser que les richesses de son sol peuvent devenir pour la France ce qu'elles ont été autrefois pour Rome, une source inépuisable de prospérité.

Mais, en tout pays, pour se développer et grandir, l'agriculture n'a pas seulement besoin de la sécurité extérieure, appuyée sur le courage d'une armée victorieuse et garantie par la toute-puissance d'un Gouvernement de guerre ; il lui faut aussi, il lui faut surtout la sécurité morale qu'il n'est donné qu'à la loi et aux institutions civiles de créer.

Des arrêtés de circonstance et de contrainte, impératifs et absolus comme des ordres du jour militaires, peuvent bien avoir la prétention d'imposer à échéance fixe la mise en valeur de la terre ou l'expropriation. Le sens commun n'en tient nul compte, et, en résultat, cette prétention de la force n'aboutit qu'à l'impuissance.

L'expérience en a été faite en Algérie, et il est aujourd'hui démontré à tous que l'application d'un tel système ne peut que jeter le trouble et l'inquiétude dans la propriété et par suite y perpétuer l'inculture.

Avec une population civile, élevée en France et habituée aux protections de la loi, il n'y a que le droit commun et la liberté qui puissent mener à bien une pareille œuvre.

La raison le proclame ; mais les faits le disent plus haut encore que la raison, et c'est avec une entière confiance que, après avoir attentivement recherché les causes de la stagnation agricole de l'Algérie et les moyens d'y remédier, votre commission vous apporte un troisième proet de loi, par lequel elle réclame de vous, pour la propriété algérienne, toutes les sûretés qui entourent la propriété dans la mère-patrie.

Ce projet de loi se compose de quatre titres, dont le premier est relatif au domaine national, le second au domaine départemental et au domaine communal, le troisième à la propriété privée et dont le quatrième contient des dispositions générales.

De courtes explications suffiront pour en indiquer la portée et en justifier l'économie.

I. — DU DOMAINE NATIONAL.

Aucune règle bien précise n'a jusqu'à présent posé les limites du domaine national en Algérie. Par le fait seul de la conquête d'Alger, la France s'est trouvée, depuis 1830, substituée dans les droits du gouvernement précédent, et les biens de toutes natures de ce gouvernement, désignés sous le nom de *Biens de Beylick*, sont devenus la propriété du conquérant. Au fur et à mesure qu'ils ont été découverts ou dénoncés, ces biens, meubles et immeubles, droits et redevances, ont été réunis au Domaine de l'Etat. Avec le temps et à la faveur de la guerre, la masse s'en est accrue de prises faites sur l'ennemi, dans les termes et suivant les pratiques de la loi musulmane.

Ce n'est pas tout : il y avait dans toute l'étendue de la Régence des corporations religieuses, dont l'influence était d'autant plus à redouter, qu'elles disposaient de biens considérables à l'aide desquels elles pouvaient entretenir et dominer une nombreuse clientèle de mécon-

.tents, aisément accessibles à toutes les pensées de révolte et d'insurrection.

Dès les premiers jours de notre installation en Afrique, le général en chef de l'armée avait compris et apprécié le danger d'une telle situation, et, par deux arrêtés, l'un du 8 septembre et l'autre du 7 décembre 1830, il décidait que les maisons, boutiques, jardins, terrains, locaux et établissements quelconques dont les revenus étaient affectés, à quelque titre que ce soit, à la Mecque et Médine et aux mosquées, ou avaient d'autres affectations spéciales, seraient à l'avenir régis, loués ou affermés par l'administration des Domaines.

Cette décision, qui ne peut trouver d'excuse que dans une nécessité de salut public, était d'ailleurs tempérée par l'engagement pris de pourvoir à tous les frais du culte antérieurement à la charge des corporations, ainsi qu'à toutes les dépenses, pensions et aumônes prélevées jusque-là sur les revenus de ces immeubles.

D'autres arrêtés inspirés par le même sentiment et ayant le même but ont été pris par le Gouverneur-Général, le 1er octobre 1840, le 4 novembre de la même année et le 4 juin 1843.

Enfin, le Ministre de la guerre est venu, par un arrêté du 23 mars 1843, donner à ce principe de la réunion au Domaine de l'Etat des biens provenant des mosquées et des corporations religieuses la consécration de son autorité, en sorte que c'est aujourd'hui un fait absolument accompli et que personne ne conteste.

A ces divers modes de formation et d'accroissement du domaine de l'État, en Algérie, il faut en ajouter un autre qui mérite une mention particulière, le *séquestre*. Laissé pendant longtemps à la merci de certaines autorités locales, il a été trop souvent appliqué à l'aventure et a donné lieu à de déplorables abus. Mais une ordonnance du 31 octobre 1845 en a soumis l'exercice à des conditions et à des règles qui lui ont enlevé ce que primitivement il avait d'excessif.

A cette époque, des tribus tout entières, soulevées à la voix du fanatisme qui les appelait à la guerre sainte, avaient délaissé leur territoire pour aller se mettre à la disposition d'Abd el Kader, sans toutefois renoncer au droit de venir le réclamer et le reprendre, suivant les évènements. Des colonnes expéditionnaires de notre armée, averties de leurs mouvements, se sont, il est vrai, portées en toute hâte, à leur rencontre et les ont forcées à rebrousser chemin. Mais par là s'était révélé un péril extrême qui commandait de prendre au plus tôt les précautions les plus énergiques. Ce fut une occasion pour le Gouvernement d'étudier, mieux qu'on ne l'avait fait, la question du séquestre, et de là est sortie l'ordonnance du 31 octobre 1845, qui l'a dégagé de ses formes par trop arbitraires et en a fait une arme toujours violente, mais régulière, et d'une légalité politique rigoureusement justifiable.

Cette ordonnance dispose que le séquestre ne pourra plus être désormais établi que sur les biens des indigènes qui auront commis directement ou indirectement des actes d'hostilité contre notre souveraineté, ou abandonné, pour passer à l'ennemi, les territoires sur lesquels ils vivent ; puis, déterminant les effets de cette mesure, elle déclare

que les biens sequestrés seront, après deux ans, définitivement acquis au Domaine, si leurs propriétaires n'ont
pas été reconnus innocents des faits qui leur étaient im-
putés.

Quelque rigoureuses et exorbitantes que puissent paraître de telles dispositions, quand on songe aux circons-
'ances qui les ont motivées, et aux éventualités à prévoir
dans un pays conquis où, en face d'un peuple à demi
barbare, notre domination pour être sûre et durable, devra longtemps encore être entourée d'un imposant appa-
reil de force, on est amené à convenir qu'elles étaient
dictées par la plus impérieuse des nécessités.

C'est pourquoi votre Commission n'hésite pas à vous
demander de les légitimer entièrement, quant au passé,
et de les maintenir pour l'avenir, dans la mesure indispensable à la défense de nos intérêts les plus pressants.

Mais, tout en faisant ainsi la part de ce qu'il y a d'exceptionnel dans notre situation vis-à-vis des populations
arabes, elle pense que le temps est venu d'étendre à l'Algérie les principes généraux de la législation qui constitue en France le domaine public et le domaine de l'État.
Elle vous propose donc de les y déclarer applicables, et
pour que, sous aucun prétexte, il ne puisse y être dérogé,
elle vous demande en même temps d'imposer au Ministre
le devoir de vous soumettre chaque année un état détaillé
de tous les biens qui seront entrés dans le Domaine national et de tous ceux qui pourront en avoir été distraits
soit par voie d'affectation à des services publics, soit par
voie d'aliénation ou de concession.

II. — DU DOMAINE DÉPARTEMENTAL ET DU DOMAINE COMMUNAL.

De toutes les grandes institutions civiles auxquelles est échu le rare privilége d'aider visiblement à l'établissement et au progrès des sociétés, celles qui, les premières, se recommandent à l'attention, comme les plus importantes et les plus salutaires, ce sont sans contredit les institutions municipales.

Avec elles et par elles, les besoins et les intérêts de tous et de chacun sont entourés d'une sollicitude constante ; ils sont appréciés et peuvent être satisfaits à propos ; toutes les forces et toutes les bonnes volontés, confondues sous une sorte de protection de famille, trouvent un appui immédiat et des encouragements de chaque jour, et par suite il se développe chez les populations une émulation dans la poursuite du bien et un esprit de solidarité qui ne concourent pas moins à l'utilité publique qu'à l'utilité particulière.

Sans elles, au contraire, tout est obstacle et difficulté : l'autorité étant exercée par des hommes qu'aucun lien ne rattache au sol et que les souffrances communes ne sauraient directement atteindre, est trop éloignée, ou trop mobile, ou trop préoccupée d'elle-même pour être disposée à ouvrir une oreille patiente à toutes les doléances et pour bien comprendre et remplir toujours à temps les devoirs si étendus et si variés qui lui sont confiés ; son action, supérieure et dominante, tend sans cesse à s'égarer dans des généralités indifférentes au bien-être quotidien des agglomérations particulières de population, dont la vie séparée et distincte est soumise à des conditions toutes spéciales et parfois très-diverses, et son assistance par la force même des choses est plus souvent une faveur individuelle accordée aux obsessions de l'intrigue qu'un acte réfléchi de bonne administration. Par cela même, les intérêts les plus dignes d'être soutenus restent abandonnés à eux-mêmes et isolés les uns des autres, et les efforts n'ayant pas un but commun, en se dépensant en pure perte, ou ne donnant que des résultats partiels, sans efficacité sérieuse et sans portée. Aussi convient-il de compter au nombre des causes de la situation misérable où se trouve l'Algérie, l'absence d'institutions municipales, et de combler au plus tôt cette regrettable lacune.

Déjà, dans les derniers mois de son existence, l'ancien Gouvernement avait fini par apercevoir que le défaut d'institutions de ce genre, dans une société naissante, pourrait bien être un mal, et une ordonnance fut rendue, le 28 septembre 1847, qui prescrivait l'érection en commune de tous les centres de population ayant acquis un certain degré de développement, et organisait, partout où il était possible de le faire, des pouvoirs municipaux.

Malheureusement cette mesure contrariait des habitudes enracinées et elle est demeurée à l'état de lettre morte dans les colonnes du *Moniteur algérien*. Il n'a fallu rien moins que la révolution de février pour qu'elle put recevoir un commencement d'exécution. Alors seulement Alger a conquis sa municipalité, et, le principe une fois établi en fait dans le centre du pays, un arrêté du Chef

du Pouvoir exécutif du 16 août 1848 s'est chargé d'en tirer les conséquences, et l'a généralisé dans toute l'étendue
des territoires civils.

Ce n'était pas assez : la commune reconnue et déclarée,
il était indispensable de lui créer des moyens d'existence.
Un second arrêté du 4 novembre suivant a concédé provisoirement aux communes les édifices et bâtiments domaniaux déjà affectés aux services de l'administration municipale, et a décidé qu'il serait fait à chacune d'elles une
dotation en immeubles susceptibles de produire des revenus. Le même arrêté leur attribue une part dans le produit de l'octroi existant aux ports de mer des villes du littoral et y ajoute, outre la portion déterminée par la loi
générale dans le produit de l'impôt des patentes et les différents droits inhérents à l'existence du pouvoir municipal en France, le bénéfice entier d'une taxe spéciale à établir sur les loyers. Enfin, deux autres arrêtés du 9 et du
16 décembre 1848 ont élevé le territoire civil de chacune
des trois provinces au rang de département et ont donné
pour couronnement à cette libérale organisation municipale des Conseils généraux électifs dont les attributions
devraient être les mêmes que celles des Conseils généraux
de la France.

Mais toute cette générosité n'était qu'illusions. Des difficultés imprévues et qu'il n'est pas dans notre mission d'apprécier en ce moment en eut bientôt paralysé les effets.
On s'est borné à instituer çà et là quelques municipalités,
et de ces différents arrêtés l'Algérie n'a, en définitive, re-
cueilli et conservé qu'un mot, celui de département.

De vous. Messieurs, elle attend mieux, et certainement

vous ne lui ferez pas défaut. Votre commission est saisie de la question, et, aussitôt que la loi organique qui s'élabore au Conseil d'État sur le régime municipal de la métropole vous aura été distribuée et sera soumise à vos délibérations, elle se mettra à l'œuvre, et, sous l'inspiration même de vos idées, elle rédigera un projet de loi qu'elle s'efforcera de rendre digne de vos suffrages et qui puisse n'être pas pour l'Algérie un vain droit à la vie municipale et départementale.

Dès à présent, du reste, le département et la commune existant en principe en Algérie, vous estimerez sans doute qu'il n'est pas hors de propos d'introduire dans une loi qui a pour objet d'y constituer définitivement la propriété quelques dispositions propres à y former aussi le domaine départemental et le domaine communal. Il n'y a, en effet, aucun inconvénient et il peut y avoir avantage à déterminer à l'avance la nature et l'importance des biens qui doivent nécessairement en faire partie. C'est un point de départ à marquer, et pour le faire, il suffit de se rappeler que, d'une part, lorsqu'on a organisé en France les départements, des bâtiments nationaux ont été mis à leur disposition ; que, d'autre part, les terres vaines et vagues, les pacages, pâtis et marais ne constituant pas des propriétés privées, ont été attribués aux communes, et que, plus tard, un décret du 9 avril 1811 a fait don aux départements ainsi qu'aux communes de la pleine propriété de tous les immeubles occupés alors par les services administratifs. L'Algérie n'était et ne pouvait être, comme on l'a dit souvent, qu'une extension de la France elle-même, il est naturel et juste de la faire participer progressivement et autant que le comportent les circonstances, au bienfait de la législation française. Notre premier soin a donc été de chercher dans cette législation les premiers éléments du domaine départemental et du domaine communal de l'Algérie ; puis avec les arrêtés spécialement rendus sur cette matière, nous y avons ajouté pour le domaine communal une part dans le produit de l'octroi de mer, et pour le domaine départemental une part dans le produit de l'impôt arabe, d'après le caractère plus ou moins général des besoins de l'un et de l'autre, et nous avons lieu d'espérer que nos résolutions à cet égard obtiendront votre approbation.

III. — DE LA PROPRIÉTÉ PRIVÉE.

Ce serait une histoire à peine vraisemblable que celle des nombreuses et étranges vicissitudes par lesquelles a passé, depuis 1830, la propriété immobilière en Algérie, si le *Bulletin des Actes du Gouvernement* n'était là pour la raconter lui-même officiellement.

La capitulation qui a ouvert à notre armée les portes d'Alger contient l'engagement, écrit au nom de la France, de respecter et de faire respecter les propriétés du peuple vaincu. Ainsi le voulaient et le droit des gens de l'Europe et l'esprit généreux de notre civilisation. Mais, s'il avait été mieux instruit des mœurs du pays et de l'esprit des émigrants que notre victoire allait bientôt attirer à sa suite, le Gouvernement, tout en reconnaissant aux indigènes le droit de jouir et de disposer de leurs biens comme par le passé, aurait compris qu'il devait, dans les premiers temps au moins, se réserver, à lui seul de tous les nouveaux venus, la faculté d'acquérir les terres et de les livrer ensuite au commerce actif et intelligent des Européens. Il n'y a pas songé, ou il n'y songé que trop tard, et de là sont nés les plus affligeants désordres.

Bien que, dans les villes d'Algérie et dans les territoires qui les avoisinent, la propriété terrienne fut privative et librement transmissible, comme sur notre continent, l'apathie naturelle de la population musulmane l'avait rendue à peu près immobile. A la mort du propriétaire, elle passait à ses héritiers, sans qu'aucun acte public en fît foi, et le plus souvent elle traversait une longue série de générations sans être l'objet d'un partage même amiable, en sorte que le droit n'avait généralement d'autre base que la possession et une notoriété plus ou moins certaine.

Les spéculateurs ne tardèrent pas à se rendre compte du parti à tirer d'une pareille situation ; ils se mirent à la recherche des terres à acquérir. Des indigènes qui n'avaient droit qu'à une portion indivise plus ou moins restreinte de domaines ruraux considérables et dont la cupidité était habilement mise en jeu se présentèrent à eux comme étant propriétaires de tout, et il se trouva que les mêmes propriétés furent vendues plusieurs fois par des gens qui n'en possédaient que la moindre partie. D'autres poussèrent l'audace jusqu'à vendre des terres qui n'avaient d'existence que dans leur imagination. Toutes les contenances furent exagérées comme à plaisir, même par les propriétaires les plus sérieux, et d'immenses étendues de territoires furent ainsi acquises, la plupart du temps sans vérification préalable, à vil prix, sur des simples actes

de notoriété d'autant plus faciles à obtenir de la complai-
sance des kadis que la conviction commune des musulmans était que nous ne pourrions pas garder notre conquête, et que toutes ces aliénations resteraient sans effet.

On conçoit, du reste, que parmi les acquéreurs de cette
sorte, bien peu étaient disposés à se faire directeurs de
travaux agricoles. Quelques-uns l'ont fait courageusement
et isolés, sans secours, y ont engagé leur fortune et leur
vie : ceux-là se sont honorés. Mais le plus grand nombre
n'ont cherché dans leurs titres d'acquisitions que des
moyens d'agiotage ou se sont résignés à attendre que le
temps vint donner aux terres une plus=value indépendante
de tout travail. Pendant ce temps-là, l'Administration qui
voulait se procurer des terrains pour commencer l'œuvre
de la colonisation, prenait des arrêtés par lesquels elle
sommait les propriétaires, détenteurs ou tenanciers d'immeubles, de déposer leurs titres entre ses mains dans le
délai de trois jours, en leur déclarant que, faute par eux
de le faire dans ce délai, leurs biens seraient traités comme biens appartenant à l'État. Puis elle établissait, en
matière d'expropriation pour cause d'utilité publique, des
règles toutes nouvelles qui l'autorisaient à s'emparer dans
es vingt=quatre heures de toute propriété, sans indemnité
préalable; et non contente de s'arroger le droit de se saisir
immédiatement au gré de ses désirs et de sa volonté, des
maisons et des terres appartenant aux particuliers, elle
s'attribuait encore à elle-même celui de déterminer ensuite, sur une expertise tardive et quelquefois devenue
impossible, le chiffre de l'indemnité due aux propriétaires
dépossédés.

Cet état de choses, précaire et indéfini, non moins inquiétant pour le travail que pour le capital honnête et prudent, dura jusqu'au jour de la promulgation de l'ordonnance du 1er octobre 1844. A cette époque seulement fut supprimé l'arbitraire de l'expropriation. Cette ordonnance organisa en ce point tout un système de formalités protectrices des intérêts de toute nature qui sont liés à la propriété immobilière. Une enquête dut précéder toute déclaration d'utilité publique ; des délais raisonnables permirent à toutes les réclamations légitimes de se produire ; il fut interdit à l'Administration de prendre possession des immeubles avant d'avoir payé ou consigné l'indemnité, et en cas de dissentiment entre elle et les intéressés sur le taux auquel elle devait être portée, c'est au tribunal de première instance que fut remis le soin d'en faire le règlement.

Elle fit davantage. En même temps qu'elle désarmait de l'expropriation directe et immédiate les arrêtés de circonstance et de hasard de l'autorité locale elle voulut, pour rassurer la propriété chancelante dans sa base, la rapprocher aussi sous un autre rapport du droit commun, et elle décida que les transactions sur immeubles seraient à l'avenir soumises aux règles tracées par le Code civil. Mais à ces dispositions bienveillantes et sages elle en ajouta d'autres qui devaient provoquer la critique.

Quelques agents du Gouvernement trop facilement oublieux de leur propre dignité, avaient souffert que leurs noms fussent mêlés aux jeux scandaleux de la spéculation. Peut-être eût-il été juste de les destituer et de les flétir. On recula devant ces sévérités, qui n'eussent été que légitimes, et il fut trouvé préférable d'interdire à tous officiers de l'armée et à tous les fonctionnaires civils et militaires les acquisitions ou locations à longs termes de biens immeubles, à moins d'une autorisation spéciale et préalable, mesure puérilement blessante et qui ne pouvait être un frein que pour les plus honnêtes gens ! Les autres savent toujours éluder de pareilles entraves. Avec un peu de réflexion, on serait arrivé sans peine à se convaincre qu'il n'y avait rien de bon à espérer d'une prohibition de cette nature et l'on aurait compris que le seul résultat qui pût en sortir était d'empêcher, au grand détriment de l'Algérie, une multitude de familles laborieuses et honorables de s'affectionner à son sol et de s'y incorporer.

D'un autre côté, la plus grande partie des terres étaient restées dans l'inculture. Cela tenait aux causes que nous avons signalées, mais aussi à des causes d'un ordre plus supérieur. On ne s'inquiéta pas des premières, et, afin d'en avoir raison, l'ordonnance du 1er octobre 1844 édicta que les terres laissées incultes dans les perimètres où la culture aurait été ordonnée, seraient frappées d'un impôt spécial et annuel de cinq francs par hectare, et que ceux qui se refuseraient à le payer ou qui demeureraient plus de six mois sans le faire, seraient réputés de plein droit avoir fait au Domaine le délaissement de leurs terres.

Deux ans après, le 24 juillet 1846, une nouvelle ordonnance aggravant encore ces conditions, élevait de cinq à dix francs cet impôt spécial, faisait de l'inculture un cas particulier d'expropriation pour utilité publique, et réunissait souverainement au Domaine de l'État tous les marais comme biens vacants et sans maîtres ; et tout cela dans la louable intention de constituer la propriété.

C'était en effet avec la meilleure foi du monde qu'on prétendait obtenir ainsi de vive force la mise en valeur, la fertilisation et l'appropriation utile du territoire par une nombreuse population européenne. « Le travail, disait le rapport placé en tête de cette dernière ordonnance, est un titre, le meilleur peut-être à la possession du sol ; » et, en partant de cet axiôme difficilement contestable, on s'était laissé entraîner, de déduction en déduction, jusqu'à cette singulière et extrême conséquence, que le propriétaire de terres qui ne travaillait pas devait être dépossédé. Mais une telle logique offense la conscience de toute société civilisée ; elle est contraire à nos mœurs, non moins qu'aux premiers éléments de notre droit, et les prescriptions auxquelles elles prêtait son appui ne réussirent qu'à augmenter les alarmes de la propriété et à exciter un soulèvement à peu près général de l'opinion sans qu'aucune dépossession ait pu être prononcée et sans qu'un hectare de plus ait été cultivé.

L'ordonnance du 24 juillet 1846 fut plus heureuse en un autre point. En dehors des villes et de leurs banlieues où les terrains sont couverts de bâtisses ou enclos de haies, la propriété, nous l'avons déjà dit, était dans un désolant état d'anarchie. La plupart des titres n'indiquaient ni contenance précise ni limites ; plusieurs s'appliquaient aux mêmes immeubles ou même à des immeubles qui n'existaient pas. Comment résoudre des difficultés aussi nombreuses et aussi diverses ? Par les voies ordinaires, cela semblait impossible. Il y avait évidemment nécessité de recourir à une procédure plus simple et plus expéditive et l'on imagina d'ordonner une vérification générale, par voie administrative des titres de propriétés rurales, dans certains territoires, déterminés par des arrêtés ministériels. C'était là, sans doute encore une violence aux formes habituelles de notre justice ; mais aucun intérêt vraiment légitime ne devait avoir à en souffrir, et les réclamations qu'elle suscita d'abord se calmèrent peu à peu. Les opérations prescrites furent bientôt commencées dans la province d'Alger, et s'étendirent successivement à la province d'Oran et à celle de Constantine. Aujourd'hui elles touchent à leur terme, et, s'il est permis de regretter qu'elles aient été rendues nécessaires, on ne saurait du moins méconnaître qu'elles auront produit ce grand bienfait de purifier un grand nombre de titres incertains et douteux, et de restituer la mobilité et la vie à des territoires considérables, frappés d'une sorte de mort et fatalement improductifs, en dépit de leur fécondité naturelle, par l'incertitude même de la possession dont ils étaient l'objet.

En résumé, quoique la situation de la propriété immobilière se soit améliorée depuis quelques années en Algérie. l'exposé qui précède fait suffisamment ressortir qu'elle est loin encore d'avoir acquis le degré de consistance et de force où elle est arrivée en France. Et cependant c'est ce but qu'elle doit atteindre.

Vouloir attirer en Algérie une émigration importante de cultivateurs et de capitalistes Européens, de Français surtout, avant d'y avoir affermi la terre sous leurs pieds et de l'avoir assimilée par le droit à celle de leur pays natal, c'est tenter l'impossible.

L'Algérie, c'est encore la France, et il ne faut pas que, en entrant dans les mains des Français, la propriété y soit moins protégée et moins sûre qu'elle ne l'est en France. En pareille matière, ce qui serait injuste et funeste en-deçà de la Méditerranée ne saurait être juste et avantageux au-delà. Il est donc de toute raison, comme d'ailleurs, il est de l'intérêt bien entendu de tous, que la règle soit la même des deux côtés, et que cette règle soit la loi française.

Telle est la pensée des dispositions que votre commission croit devoir proposer à votre sanction sur cet important sujet.

Le régime de l'exception par ordonnance a atténué le mal causé par celui des arrêtés ministériels ou locaux, mais il ne l'a pas guéri. Peut-être sera-t-il donné au droit commun de le faire. Le droit commun, c'est la sécurité du lendemain, la garantie de l'avenir, et placer l'agriculture algérienne sous sa protection, c'est appeler sûrement à elle le capital et lui assurer à elle-même les meilleures et les plus solides conditions de prospérité.

Néanmoins, en vous proposant de restituer au principe du droit commun l'autorité qui doit lui appartenir dans le règlement de la propriété en Algérie, votre commission n'a pas pu ne pas faire état de certaines circonstances particulières et des nécessités du peuplement que le Gouvernement est tenu de favoriser et de hâter, autant qu'il est en lui.

Ainsi, que la propriété privé esoit inviolable en Algérie comme en France ; que là comme ici, chacun ait le droit absolu d'en jouir et d'en disposer dans toute la latitude du Code civil ; que nul ne puisse en être dépossédé que pour cause d'utilité publique légalement constatée et moyennant le payement ou la consignation d'une suffisante indemnité, rien de plus naturel et de plus juste. Mais à mesure que la population augmente, il devient indispensable de fonder ou d'agrandir des villes et des villages et d'assainir le sol, d'exécuter de grands travaux d'aménagement et, en vue, de tous ces besoins dont elle devrait apprécier la gravité et l'étendue, elle a du accroître et elle a accru la nomenclature des causes d'utilité publique qui motivent et légitiment l'expropriation.

De plus, elle avait à considérer, que si les indigènes qui habitent les villes et les territoires environnants sont propriétaires, à titre privé, des immeubles qu'ils détiennent, il en est tout autrement dans les tribus. La propriété n'est là qu'exceptionnellement individuelle dans les mains de quelques chefs qui l'ont reçue en apanage de la munificence des Deys, et le plus ordinairement elle est collective ou même elle appartient à l'État, et les tribus n'en ont que l'usufruit.

En un tel état de choses, il y avait à ménager non pas seulement des intérêts délicats de propriété, mais aussi de graves intérêts de Gouvernement. Il y va de notre honneur aussi bien que de la prospérité matérielle de notre entreprise de maintenir sur le sol, à côté de nous, au milieu de nous, dans le plein exercice de ses droits cette race arabe si robuste et si intelligente, qui paie un impôt territorial déjà considérable, qui peut fournir à notre agriculture de bons exemples et d'utiles auxiliaires, et qui pendant la guerre, nous rend les plus grands services. En établissant sur elle notre empire, nous nous sommes donné la mission de travailler à l'amélioration de son sort, et nous avons le devoir d'ouvrir devant elle les voies de notre civilisation, œuvre nécessairement longue, difficile et pleine de périls, car, bien que vaincue et soumise, il est à remarquer qu'elle ne subit le joug des chrétiens qu'avec une douleur extrême, que le fanatisme épie toutes les occasions de lui remettre les armes aux mains contre eux, et que si elle était trop brusquement inquiétée dans sa vie et dans ses mœurs par l'envahissement de son territoire, elle pourrait être facilement poussée aux dernières extrémités du désespoir. Tout cela voulait être pesé avec le plus grand soin, et votre commission, après y avoir mûrement réfléchi, est d'avis que les droits de propriété et de jouissance portant sur le sol et appartenant collectivement aux tribus ou divisément à des particuliers, soient reconnus tels qu'ils existaient au moment de notre conquête, mais que les immeubles dépendant d'une tribu ne puissent être aliénés au profit de personnes étrangères à la tribu.

Dans les territoires civils et dans les villes, la fusion des intérêts des indigènes et des Européens est assez avancée pour qu'il n'y ait plus aucun inconvénient à laisser aux transactions la liberté la plus entière, sous la seule autorité de la loi commune. Il n'y existe plus aujourd'hui de biens de main-morte comme autrefois, de ces biens frappés, sous le nom de habbous, de substitution fidéi-commissaire au profit des corporations religieuses et que la crainte toujours présente des confiscations autant que la vivacité de la foi s'empressait d'abriter à l'ombre de la puissance inattaquable de la religion. L'ordonnance du

1ᵉʳ octobre 1844 les a rendus au commerce et ils sont do-
rénavant susceptibles de libre transmission. Le dernier
obstacle que puisse encore présenter la propriété indigène
dans ces territoires, consiste dans le droit accordé par la
loi musulmane à tout propriétaire partiel d'un immeuble,
de racheter la portion de cet immeuble aliénée par un copropriétaire, moyennant le remboursement à l'acquéreur
du prix de la vente et du montant des frais qu'elle a en-
traînés. Ce droit, éminemment empreint de l'esprit musulman, a pour but d'empêcher le contact de l'étranger avec
la famille dont la vie doit rester mystérieuse et cachée.
Mais il est loisible aux tribunaux de l'appliquer ou de ne
pas l'appliquer, suivant les circonstances ; et réduit à ces
termes, il ne saurait apporter de gêne sérieuse à l'intérêt
de personne. On peut donc raisonnablement dire que la
propriété y est affranchie de toute entrave dans les éléments qui la constituent comme par le caractère et les
mœurs des populations qui la possèdent, et dès lors elle
y doit jouir de toutes les garanties et de tous les priviléges
résultant du droit commun.

Quant aux territoires occupés par les tribus, l'humanité
non moins que la politique et l'intérêt de ceux de nos com-
patriotes qui ont pris à cœur de coloniser l'Algérie, autant
que l'intérêt des Arabes eux-mêmes, exigent qu'ils demeurent provisoirement soumis à une législation exceptionnelle.

Ce sont de grandes unités qu'il serait, il est vrai, nécessaire de briser et de dissoudre au plus tôt, puisqu'elles
sont le levier de toute résistance à notre domination. Mais
comment vaincre les habitudes et les liens qui sont dans
le sang et dans les cœurs depuis des siècles ? — Par la

force? — ce serait s'imposer la tâche d'exterminer tout un peuple ; — par l'introduction libre et spontanée au milieu des tribus de la spéculation européenne se disputant et se partageant leurs terres ? — ce serait semer parmi elles le trouble et la défiance et provoquer des révoltes partielles qu'il importe de prévenir. En voulant arriver trop vite au but, ou courrait évidemment le risque de tout compromettre. Le temps, aidé de la prudence la plus consommée, est seule capable d'accomplir cette désirable dissolution de l'unité de tribu. Le gouvernement, placé au-dessus de tous les intérêts privés et les dominant également au nom de l'intérêt général, doit rester maître de choisir l'occasion et l'heure, et c'est pour cela qu'il faut n'accorder qu'à lui la faculté d'acquérir des immeubles compris dans ces territoires et lui réserver celle d'en enrichir la colonisation, quand il sera possible de le faire avec avantage pour tout le monde et sans danger pour la sécurité et la bonne conduite de nos affaires.

IV. — DISPOSITIONS GÉNÉRALES.

Il a été expliqué plus haut jusqu'à quel point les entreprises d'une spéculation effrénée d'abord, et l'intervention arbitraire des arrêtés ministériels ou locaux ensuite, avaient obscurci et troublé le droit de propriété en Algérie et comment, dans l'impuissance des procédés ordinaires de la loi en face d'un mal aussi étendu et aussi profond, on a été amené à prescrire, en 1846, une vérification générale administrative des titres de propriétés rurales. Cette vérification se poursuit avec ardeur depuis quatre ans ; elle n'a donné jusqu'à présent que de bons résultats, et aujourd'hui qu'elle a fait la plus grande partie de son œuvre, pourrait-il être sage et utile d'y renoncer et d'en revenir, à cet égard comme à tous les autres, aux fermes accoutumées du droit commun? La rigueur des principes le voudrait sans aucun doute; mais par là on laisserait subsister pour un temps indéfini le désordre le plus regrettable dans un grand nombre de propriétés, et on s'exposerait à ébranler la foi que méritent les travaux de vérification déjà accomplis. Ce serait jeter de nouveau la propriété toute entière dans des embarras inextricables. Votre commission pense qu'il n'y aurait à cela profit pour personne et elle vous propose de maintenir toute sa puissance à l'ordonnance du 21 juillet 1846, en ce qui touche la vérification des titres, jusqu'à l'achèvement des opérations actuellement commencées. Enfin, elle vous demande d'abroger toutes les dispositions des ordonnances, arrêtés et règlements qui pourraient être contraires à l'esprit ou à la lettre de la présente loi et notamment les dispositions des ordonnances et arrêtés relatifs aux terres incultes et aux marais.

Il n'appartient pas plus à l'Etat qu'il ne pourrait appartenir à des particuliers, de mettre la main sur la propriété d'autrui. Les marais qui sont l'objet d'une propriété privée ont droit au respect de l'autorité publique, non moins que les autres immeubles. Si, dans l'intérêt de la salubrité, on juge qu'ils doivent être désséchés, qu'on suive la voie de l'expropriation pour cause d'utilite publique, à la bonne heure, mais déclarer à l'avance et d'une façon absolue qu'ils doivent être considérés comme biens vacants, et que l'État peut s'en saisir sans en payer la valeur, ce n'est pas faire autre chose qu'ériger en droit la spoliation. De même, prétendre qu'un propriétaire, que la nécessité ou le calcul obligent à laisser ses terres incultes, doit en être dépossédé, c'est porter l'atteinte la plus grave à un droit consacré dans la législation de tous les peuples civilisés. Il est certainement déplorable que des terres fertiles, et dont la mise en valeur pourrait largement contribuer au développement de la richesse commune, restent improductives. Mais, est-ce à dire qu'en passant des mains des particuliers en celles de l'État, elles vont tout-à-coup se transformer et produire ? Il n'en est rien. L'inculture ne peut cesser que progressivement, en raison du nombre de bras et de l'importance plus ou moins grande des capitaux qu'on aura su attirer sur le sol, et les bras et les capitaux ne consentiront à s'y porter qu'autant que les conditions faites aux personnes et à la propriété, leur offriront les sûretés et les garanties du droit commun.

Voilà l'ensemble des motifs qui nous ont guidés dans la préparation de ce projet de loi. Ils sont puisés dans une étude minutieuse et approfondie des faits rapprochés de la législation variable et incertaine qui les a gouvernés pendant vingt ans. Nous commettrions une injustice en imputant à cette législation la responsabilité entière du désordre auquel a été jusqu'à présent livrée la propriété en Algérie ; mais il nous est impossible de ne pas admettre qu'elle n'a pas assez fait pour le prévenir ou y remédier, et nous espérons que vous penserez avec nous que le temps est venu de le remplacer par des dispositions plus tutélaires et plus rassurantes pour tous les intérêts.

DEUXIÈME RAPPORT DE M. DIDIER

—

Messieurs, le 9 juillet dernier, la commission que vous avez chargé de préparer les lois particulières destinées à régir l'Algérie, a eu l'honneur de vous présenter un projet de loi relatif à la constitution de la propriété dans ce pays, aujourd'hui partie intégrante du territoire de la France. L'Assemblée était alors à la veille d'une prorogation de trois mois, et quelque importance qu'ait un projet de loi de cette nature, il était postérieur en date à beaucoup d'autres déjà inscrits à votre ordre du jour, et force a été d'en ajourner la discussion jusqu'à l'époque de la reprise de vos travaux. Mais, dans l'intervalle, le Gouvernement avec qui, par des raisons qui vous ont été expliquées et que vous n'avez point oubliées sans doute, la commission avait eu le regret de ne pouvoir s'entendre, avait jugé à propos de faire examiner pour son compte et à son point de vue la question, et quand, au mois de novembre, vous fûtes appelés à vous prononcer sur la valeur de notre œuvre, nous étions informés qu'un autre projet, élaboré dans les bureaux du ministère de la guerre, avait été soumis à l'appréciation du Conseil d'Etat, et, ne prenant conseil que de notre désir de remplir aussi pleinement et aussi bien qu'il était en nous de le faire la tâche que vous nous avez confiée, nous avons sollicité et obtenu de vous un nouvel ajournement qui permît au Gouvernement de mettre la dernière main à son projet, et à nous de profiter de ses lumières et de celles des grands corps que, dans sa prévoyance, la Constitution lui a donné pour auxiliaire.

Enfin, après quatre mois d'attente, vous avez été saisis du projet ministériel que vous avez renvoyé à notre examen. Nous avons étudié minutieusement et une à une toutes ces dispositions ; nous les avons comparées à celles que nous avions précédemment adoptées ; et cette étude et cette comparaison nous ont amenés à apporter à votre projet primitif divers amendements dont nous venons vous rendre compte.

Mais, tout d'abord, nous sommes heureux de pouvoir constater l'accord du Gouvernement avec votre commission en ce point essentiel, que la première chose à faire en Algérie, dans l'intérêt du droit de propriété, c'est de l'asseoir sur la base du droit commun et de le faire participer aux principaux bénéfices d'une législation à laquelle il doit être considéré depuis longtemps en France comme inviolable et sacré.

Les deux projets se rencontrent sur ce principe, et la pensée commune de l'un et de l'autre est tout à la fois de consolider le sol et d'en assurer le libre mouvement dans les mains de ses possesseurs légitimes, de manière à offrir aux capitaux et aux bras les premières garanties qui soient propres à les rallier à cette grande œuvre de la colonisation algérienne; mais ils diffèrent à certains égards sur les moyens d'arriver au but, et ils n'acceptent pas aussi résolument l'un que l'autre les conséquences du principe qui leur sert également de point de départ.

C'est ainsi que le projet du Gouvernement fait dépendre la validité des contrats de formalités particulières, inusitées dans notre Code civil, ou tout au moins laissées par lui à l'arbitraire des parties contractantes, et qui ne tendent à rien moins qu'a dénaturer l'esprit de notre droit ; qu'il fonde en outre, sur l'accomplissement de ces formalités, des prescriptions nouvelles, à brève durée, à l'effet d'acquérir, et que, dans certains cas, il remet à l'administration des pouvoirs en opposition avec toutes les règles reçues en matière d'expropriation et de fixation d'indemnité pour cause d'utilité publique.

De plus, à la faveur de dispositions accessoires et qui ne se rattachent que très incidemment à la consécration du droit de propriété, il paraît vouloir engager implicitement et résoudre par voie indirecte la grande question du Gouvernement et de l'administration générale, sur laquelle nous vous avons proposé, il y a plusieurs mois déjà, un projet de loi tout spécial.

Il nous a semblé, à nous, qu'il serait plus rationnel de réserver tout entière cette haute et capitale question, qui est la question même de l'avenir de l'Algérie, pour le jour où il plaira à l'Assemblée de la discuter dans son ensemble, et nous avons rejeté toute disposition d'où pourrait s'induire, même indirectement, un préjugé sur une partie quelconque de ce grave sujet.

Nous avons aussi pensé que, pour être admise, toute innovation et toute exception à la loi commune avait besoin d'être justifiée par la plus flagrante nécessité ; et les conditions extraordinaires exigées par le projet du Gouvernement pour la validité des contrats ne nous ayant pas été démontrées nécessaires, il nous a été impossible de les accueillir.

Du reste, nous aimons à le répéter, les deux projets se ressemblent en ce qu'ils ont de fondamental, et si nous n'avons pas adopté en son entier le travail du Gouvernement la rapide analyse que nous allons faire des différents titres dont l'un et l'autre se composent montrera que nous y avons fait de notables emprunts, et que le projet, à peu près tout nouveau, que nous soumettons en ce moment à l'Assemblée, lui est redevable de la plupart de ses dispositions.

I. — DU DOMAINE NATIONAL.

Le Gouvernement, comme votre Commission, ayant compris que le Domaine national n'a pas en Algérie d'autre raison d'être qu'en France, et que, par cela même, il n'y a aucun motif sérieux de laisser plus longtemps au hasard des événements et à l'arbitraire des décrets et des arrêtés le soin de le former et de l'étendre ou de le restreindre, demande qu'il y soit désormais constitué d'après les règles générales de notre législation, et cette proposition ne rencontrera, sans doute, aucune difficulté. Seulement à l'énumération des choses que les lois de France ont placées dans le Domaine public et déclarées inaliénables et imprescriptibles, il juge utile d'ajouter les canaux de navigation, d'irrigation et de dessèchement, exécutés

par l'Etat ou pour son compte, dans un but d'utilité publique ; les aqueducs et les puits à l'usage du public, ainsi que
les lacs salés, les cours d'eau de toutes sortes et les sources, sous la réserve des droits particuliers antérieurement
acquis. Et, en cela, il est juste de reconnaître que s'il dépasse la mesure du droit généralement établi, il ne fait
que se soumettre aux inévitables et permanentes nécessités du climat et du sol, là où la vie, autant que la fortune
de tous, dans l'avenir et dans le présent, est intéressée au
suprême degré à ce que les eaux, cet élément indispensable de salubrité et de production dispensé par la Provi-
dence d'une main si avare à l'Algérie, ne puissent jamais
être détournées de la masse des propriétés communes.

Pour quelques esprits, cet accroissement extraordinaire
du Domaine public, lequel s'appuie sur la plus grave des
autorités, la nature même des choses, trouverait d'ailleurs
sa justification dans l'esprit de la loi musulmane, qui, partout, à en juger comme ils le font sur certains règlements
émanés des Arabes, à l'époque de leur domination en Es-
pagne et dans quelques-unes de nos provinces du Midi,
aurait fait des eaux une dépendance forcée de la puissance
publique. Mais ce n'est là qu'une théorie spécieuse, autorisée peut-être par des applications exceptionnelles en
temps et en pays de conquête; tandis que, sur la terre
musulmane, en Algérie notamment, elle est contredite par
une multitude de faits de propriété privée reconnus et
consacrés par les siècles, au profit de tribus et de particuliers, sur un nombre infini de cours d'eau et de sources.
Et, loin de vouloir abriter une disposition de cette sorte
derrière un argument aussi contestable, lequel mènerait

tout droit à l'anéantissement des droits les mieux et les plus authentiquement établis, le projet du Gouvernement entend, avant tout, que ces droits soient maintenus et respectés, et, pour obtenir de vous l'adoption de la mesure qu'il vous propose, il croit qu'il lui suffit de la raison d'intérêt général qui vient de vous être exposée.

De même aux biens qui régulièrement doivent faire partie du domaine de l'Etat, il propose, en réservant toujours les droits privés antérieurs, de réunir, outre les biens séquestrés sur les indigènes qui ont ou qui auront déserté notre cause ou leur territoire pour passer à l'ennemi, les mines, les minières, les bois et les forêts.

Ces richesses d'un ordre tout spécial ont, en effet, un caractère d'utilité publique si élevé et si manifeste que, à toutes les époques et dans toutes les législations, elles ont été l'objet d'une règlementation particulière.

« Les mines et les minières, — porte la loi du 16 juillet 1791, laquelle n'est guère qu'un résumé des anciennes ordonnances des rois sur ce sujet, — sont à la disposition de la nation, en ce sens qu'elles ne pourront être exploitées que de son consentement et sous sa surveillance. » Et, après elle, la loi du 21 avril 1810, procédant du même esprit, a dit : « Les mines ne peuvent être exploitées qu'en vertu d'un acte de concession délibéré en conseil d'Etat, et les minières, qu'avec une permission du Préfet du département. » Mais, rendant l'une et l'autre hommage au principe traditionnel du droit qui, chez nous, veut que la propriété du sol emporte la propriété du dessous et du dessus, elles décident en même temps que l'exploitation des mines et des minières donnera lieu à une indemnité en faveur des propriétaires des terrains dans lesquels elles auront été découvertes.

En France, où il n'y a pas une parcelle de terre qui ne soit depuis longtemps possédée à titre privé, et où l'industrie, constamment en progrès, s'ingénie d'elle-même à devancer plutôt qu'à suivre le mouvement des besoins de la société, où elle trouve une force toujours active et toujours nouvelle dans les efforts individuels et dans l'assistance infatigable d'une population nombreuse adhérente au sol, cette sorte de transaction entre le droit supérieur de l'État et le droit particulier est un acte nécessaire de justice.

En Algérie, au contraire, tout est à faire, le sol lui-même, aussi bien que la population et l'industrie, et c'est à l'Etat qu'est imposé le devoir d'y ouvrir à tous et d'y faire large et facile la voie du travail et du progrès. C'est pour cela qu'il importe de lui attribuer sans restriction et de concentrer dans ses mains, de la façon la plus absolue et la plus entière, ces grands instruments de richesse commune qu'on appelle les mines et les minières.

Les ressources de ce genre répandues sur le territoire de l'Algérie sont incalculables et de toute nature. Dédaignées ou méconnues jusqu'à ce jour par un peuple incapable d'en apprécier la valeur et d'en tirer parti, il est hors de doute que, sous une habile et intelligente administration, elles contribueront puissamment à la prospérité du pays, à l'augmentation et à l'enrichissement de sa population, et cela sans qu'il en coûte un sacrifice ou même un froissement à aucun intérêt particulier. Il est, en outre, permis d'espérer qu'elles pourront avoir, avec le temps, cct autre avantage de décharger la métropole d'un tribut considérable, annuellement prélevé sur elle par l'étranger; en sorte que tout concours à en légitimer la réunion au domaine de l'Etat.

Quant aux bois et aux forêts, ce sont, personne ne l'ignore, des biens qui, comme les eaux, y sont rares et ne s'y rencontrent qu'à des distances fort éloignées les unes des autres. Ils constituent néanmoins une richesse assez importante et qui vaut la peine d'être conservée. Mais il n'est pas besoin d'invoquer cette considération pour conférer à l'Etat le droit de s'en saisir. Héritier du Beylik, il s'est tout naturellement trouvé propriétaire de la plupart des bois et forêts que possède l'Algérie, et, en cette circonstance, le projet de loi ne fait que confirmer un fait préexistant et hors de toute contestation.

Donc, jusque-là, rien qui ne mérite d'être approuvé, et votre Commission n'hésite pas à soumettre à votre sanction, comme préférables à celles qu'elle vous avait d'abord proposées, les dispositions du projet du Gouvernement.

Mais, ce qu'il lui a été impossible d'admettre, c'est que le domaine de l'Etat, ainsi régularisé et constitué, fût abandonné à la merci de l'administration, et que, sous la simple garantie d'un règlement fait par le conseil d'Etat, il pût être par elle, à son choix et à sa volonté, affecté à des services publics, donné à bail, échangé, concédé ou aliéné.

On ne saurait oublier que, dans ces dernières années, cette liberté de disposition du domaine de l'Etat, en Algérie, a été la source des abus les plus regrettables; qu'une foule d'immeubles importants situés dans les villes, et particulièremeut à Alger, ont été vendus moyennant des reutes perpétuelles qui n'ont pas toujours été payées exactement, et dont, en définitive, il a fallu réduire le taux de moitié, et que, ces ventes faites, on s'est trouvé dans la nécessité de prendre à bail, [à des prix exorbitants, pour l'installation ou l'agrandissement des services administratifs, d'autres immeubles, et parfois même ceux qu'on avait trop précipitamment aliénés ; que, d'un autre côté, les terrains les plus beaux, les plus fertiles, les plus enviés, et les mines les plus riches et les plus précieuses ont été concédés trop souvent au gré de la faveur et de la manière la moins profitable aux intérêts de la colonisation.

De tels faits sont des avertissements dont il serait imprudent de ne pas tenir compte. Et comme il est certain que le bon ou le mauvais emploi que l'Etat fait de son domaine doit avoir en bien ou en mal une influence immense sur nos entreprises en Algérie, il s'ensuit qu'on ne saurait déterminer avec trop de soin les conditions auxquelles il peut être permis d'en disposer.

Toutefois, et tout en repoussant les propositions du projet du Gouvernement à cet égard, votre Commission qui, dans son premier projet, estimait qu'il suffirait de régler par une loi la matière des concessions seulement, et réclamait pour le surplus le bénéfice des formes ordinaires suivies en France, après y avoir réfléchi de nouveau, pense que cette manière de procéder entraînerait, dans bien des cas, des lenteurs et des embarras préjudiciables à la bonne gestion des affaires, et elle espère que vous jugerez comme elle, que le mieux est de laisser à une loi spéciale, qui pourra vous être prochainement apportée, le soin de régler également tous les modes de disposition et d'aliénation du domaine de l'Etat en Algérie.

II. — DU DOMAINE DÉPARTEMENTAL ET DU DOMAINE COMMUNAL.

Le département et la commune n'existant guère encore que nominalement en Algérie, en dépit des ordonnances et des arrêtés qui les y ont établis en principe, le Gouvernement a cru pouvoir se dispenser de vous faire des propositions relatives au Domaine départemental et au Domaine communal. Mais omettre une question, ce n'est pas la résoudre.

D'ailleurs, s'il est vrai de dire que les arrêtés qui divisent le territoire civil de l'Algérie en trois départements et prescrivent de l'organiser en communes sont restés à peu près sans exécution, cependant il faut reconnaître que le titre de département a été réellement donné à une portion du territoire de chacune des trois provinces, et que six des localités principales qui y sont comprises ont été admises à exercer le droit de vie communale. C'est donc, dès à présent, plus qu'un principe abstrait, c'est un fait matériel et vivant qu'il ne s'agit plus que de généraliser, et qu'une loi ne manquera certainement pas de généraliser avant l'expiration de cette législature.

Il serait superflu de répéter ici ce qui a été dit dans notre premier rapport, de la nécessité, pour une société naissante, d'une bonne organisation municipale, des heureux effets qui y sont attachés, et des inconvénients que le défaut de toute organisation de ce genre doit nécessairement entraîner. Il n'est personne qui ne sache que les sociétés qui se sont agrandies le plus rapidement et qui ont marché le plus vite et le plus sûrement dans les voies de la civilisation sont celles dont les divers éléments ont été, à leur origine, reliés entre eux, sous l'influence généreuse de l'esprit de famille municipale, et que, partout où cette influence a fait défaut, les individus et les intérêts, isolés les uns des autres ou comprimés uniformément par l'abus de la force, n'ont en général engendré que le découragement, la faiblesse et l'impuissance.

De là que conclure, si ce n'est qu'il est urgent d'étendre au plus tôt, sur toute la partie de l'Algérie habitée par des Européens, le bienfait des institutions municipales. C'était la pensée de la monarchie en 1847 ; c'était aussi le vœu de l'honorable général Cavaignac, en 1848, alors qu'il était à la tête du Gouvernement, et votre Commission s'associe à ce vœu et à cette pensée sans la moindre hésitation.

C'est pourquoi elle tient à poser dans cette loi le principe du Domaine départemental et du Domaine communal.

Primitivement il lui avait semblé à propos de s'approprier certaines dispositions toutes spéciales des arrêtés de 1848, et de vous proposer d'ajouter aux biens attribués aux départements et aux communes par la législation générale de la France, une part dans le produit de l'octroi établi aux ports de mer en Algérie, par l'ordonnance du 21 décembre 1844, et une part dans le produit de l'impôt arabe. Mais une discussion plus approfondie lui a fait comprendre que l'octroi de mer et l'impôt arabe sont trop éventuels pour servir de base soit à la propriété départementale, soit à la propriété communale, et que, sur ces deux points, il vaut mieux s'en remettre à la loi d'organisation, qui devra plus tard vous être présentée.

Elle se borne donc aujourd'hui à vous demander de rendre applicables à l'Algérie les principes généraux sur lesquels reposent en France le Domaine départemental et le Domaine communal, et elle ne doute pas que, réduite à ces simples termes, sa proposition n'obtienne votre assentiment.

III. — DE LA PROPRIÉTÉ PRIVÉE.

Nous vous avons exposé déjà les misères qui, jusqu'à présent, ont désolé la propriété immobilière en Algérie, la confusion, les fraudes et les obstacles contre lesquels elle a eu à se débattre, et le peu de confiance que, sous une réglementation incessamment variable et tracassière, elle devait inspirer. Nous n'avons donc point à revenir sur un aussi triste sujet.

Cet état de choses est devenu intolérable pour tout le monde, et le Gouvernement, aussi bien que votre Commission, est décidé à y porter remède. Dans le temps où nous vivons, n'est-il pas, en effet, plus qu'à aucune autre époque, d'une bonne et sage administration, d'affermir la terre dans les mains de ceux qui la possèdent et la fécondent? Et si cela est incontestablement juste et utile sur notre continent, combien à plus forte raison n'est-ce pas juste et utile dans un pays qui, pour vivre, a besoin de voir s'accroître promptement sa population, et de faire un appel efficace à toutes les bonnes volontés.

Cela admis, si l'on considère que le territoire de l'Algérie n'est autre, à l'heure qu'il est, que le territoire français lui-même, la conséquence toute d'équité et de raison à en déduire n'est-elle pas qu'il faut placer la propriété algérienne sous la protection de notre droit commun ? Telle a été aussi bien la portée du projet qui la déclare inviolable au même titre que si elle était située en France, sans distinguer entre les possesseurs indigènes et les possesseurs français ou autres, et reconnaît tels qu'ils existaient au moment de la conquête, ou tels qu'ils ont été postérieurement réglés, les droits réels de toutes sortes appartenant aux particuliers, aux tribus et aux fractions de tribus.

Ce n'est pas tout, le Gouvernement, dans sa sollicitude éclairée pour ce grand intérêt de la propriété, consent à abandonner les immeubles acquis, au détriment de son Domaine, plus de deux années avant la promulgation de la présente loi, et qui n'ont pas été encore l'objet d'une revendication régulièrement formée par lui.

De cette manière, la propriété en Algérie se trouve assise sur le fondement le plus solide. Mais le droit ainsi déclaré devrait naturellement emporter avec lui la liberté pour chacun d'user et de disposer de sa propriété dans les formes et sous les garanties de la loi ordinaire. Et, par une conséquence qu'on ne peut expliquer qu'en confondant des époques manifestement différentes, le Gouvernement voudrait qu'aucun acte translatif de propriété ne fût valable qu'autant qu'il aurait été fait dans la forme authentique. Il demande, en outre, que tout acte soit, sous peine d'amende, transcrit au bureau des hypothèques, et que cinq ans suffisent, à partir de cette transcription, pour parfaire la prescription de la propriété de tout immeuble acquis avec juste titre.

Ces précautions et ces formalités qu'il juge nécessaires toutes les fois qu'une personne autre qu'un musulman est partie dans une transmission de bien, il trouve néanmoins à propos d'en affranchir les transactions qui ont lieu de musulman à musulman ; et, à notre avis , l'exception à l'égard des uns est aussi peu justifiable que la règle à l'égard des autres.

En droit français, comme en droit musulman, il suffit du consentement des parties pour former les conventions et la vente est parfaite dès que l'on est convenu de la chose et du prix. Le reste n'est qu'une affaire de preuve, et il n'y est pas moins efficacement pourvu par un acte sous seing privé que par un acte notarié.

Pourquoi donc substituer à l'autorité toute spiritualiste de ce système, si bien en accord avec l'état de notre société, celle de la matérialité de certaines formes solennelles que la loi commune n'exige pas ? Parce que pendant quatorze ou quinze ans le commerce des immeubles en Algérie, livré à toutes les cupidités de l'agiotage, a pu impunément jeter le trouble dans la propriété, par l'audace de sa mauvaise foi et de ses improbités.

Mais si alors les Arabes, pénétrés de cette conviction que notre présence au milieu d'eux n'était qu'un accident sans durée possible, ont osé vendre à vil prix des biens qui ne leur appartenaient pas, ou qui même n'avaient qu'une apparence trompeuse de réalité, il est à remarquer que ces ventes se faisaient dans les villes, sans visite préalable des lieux, sur de simples actes de notoriété, à des spéculateurs européens, impatients de faire fortune, peu soucieux euxmêmes de la réalité des acquisitions qu'ils faisaient, pourvu qu'elles leur procurassent un titre à négocier chèrement à d'autres spéculateurs ou à des dupes.

Aujourd'hui, au contraire, toutes les illusions sont dissipées ; une crise, à la fois funeste et salutaire, déterminée par l'excès de ce trafic honteux, est venue éclairer tous les esprits. Les Arabes ont perdu l'espoir de nous expulser de l'Algérie et sont résignés à vivre avec nous, sous notre domination. L'agiotage, déconcerté, est à bout de tout crédit, et la prudence la plus ombrageuse préside aux transactions en matière d'immeubles. Les déceptions accumulées ont pour effet de ramener les choses à leur état normal.

En présence de cette situation toute nouvelle, à quoi pourraient servir les exigences du projet du Gouvernement? — A contrarier des habitudes fondées sur les lois les plus certainement acceptées, et à entraver, sans profit pour personne, le mouvement régulier des affaires.

Ce sont là des conséquences qu'il faut éviter, et votre Commission est d'avis que les propositions qui vous sont faites à ce sujet et la prescription quinquennale qui en serait le bénéfice doivent être rejetées.

Il lui paraît préférable d'étendre à la propriété algérienne la liberté d'action que possède la propriété française, et de remettre, d'une part, à la loi musulmane, le soin de régler les transmissions de biens de musulman à musulman ; et, d'autre part, au Code civil, celui de régler les transmissions de biens entre toutes autres personnes, sans imposer aux uns plus qu'aux autres l'emploi de formalités qui ne sont en aucune manière de l'essence des contrats, et qu'il est plus convenable de laisser au libre choix de chacun.

A ces règles générales il importe seulement d'ajouter

des dispositions propres à concilier ce qu'il y a de fondamentalement contraire dans les deux législations.

Sous le gouvernement des deys, la ferveur religieuse et surtout la crainte des confiscations sans cesse suspendue sur la tête des populations poussaient la plupart des propriétaires à constituer leurs biens en main-morte, au moyen d'une substitution fidéicommissaire permise par la loi musulmane, et faite au profit des mosquées ou des corporations religieuses. Les biens ainsi substitués devenaient inaliénables, et, protégés par la main toute puissante de la religion, ils étaient à l'abri de l'avidité du pouvoir politique. C'était bien et c'était juste dans des temps où le droit était toujours menacé et toujours sans force contre la violence ; mais, sous le gouvernement de la France, une pareille faculté ne pourrait être qu'un obstacle gratuitement illégitime à la mise en valeur et à la circulation de la propriété, et il y a lieu de confirmer dans la loi actuelle la partie de l'ordonnance du 1er octobre 1844, par laquelle cette faculté a été restituée au commerce.

D'un autre côté, d'après notre Code civil, nul ne peut être contraint à demeurer dans l'indivision, et quiconque a une part indivise dans un immeuble est en droit de provoquer le partage, ou si le partage est impossible, la vente par licitation de l'immeuble entier. Cela est praticable et sans inconvénient parmi nous ; mais chez la race musulmane où l'état d'indivision est presque général, à ce point qu'il n'est pas rare de trouver des maisons appartenant en commun, à dix, à vingt, à trente individus sortis de la même souche, et où la famille est organisée de manière à ne pouvoir souffrir le contact de l'étranger, vouloir tout d'un coup appliquer cette règle sans ménagement et d'une façon absolue, ce serait frapper au cœur les intérêts les plus respectables, et s'exposer à voir se retirer de nous et s'expatrier la plupart des indigènes qui peuplent nos villes, et qu'il est de notre honneur, autant que de notre intérêt, d'y maintenir. Aussi croyons-nous qu'il est sage et équitable de donner une consécration formelle à ce droit écrit dans la loi musulmane, sous le nom de droit de *cheffa*, pour tout propriétaire partiel d'un immeuble de racheter, moyennant le remboursement du prix et des frais de la vente, toute portion de cet immeuble aliénée par un copropriétaire, en y portant toutefois cette restriction que les tribunaux resteront maîtres d'autoriser ou de refuser le rachat, suivant la nature des immeubles et les circonstances.

A cette condition et à l'aide de ce tempérament, toutes les situations dignes d'intérêt, et qu'il y aura avantage pour nous à préserver de toute brusque perturbation, pourront être suffisamment sauvegardées, et, comme nous ne faisons que fortifier une jurisprudence établie, il est permis de croire et d'affirmer qu'il n'en résultera pour personne aucun dommage de quelque importance.

Une autre dérogation aux principes, plus radicale et plus profonde, nous a semblée commandée par la nécessité : elle est relative aux territoires occupés par les tribus. Nous en avons dit ailleurs les motifs, et nous avons lieu de penser qu'il sera admis par vous, comme il est admis par le Gouvernement, qu'il y aurait le plus grand danger à laisser entièrement libres la transmission et l'acquisition des immeubles compris dans ces territoires. Mais entre le Gouvernement et votre Commission, il existe, sur les moyens d'en rendre la propriété accessible aux Européens et aux étrangers, un dissentiment qui doit vous être signalé.

Suivant le projet du Gouvernement, l'aliénation de ces immeubles pourrait toujours avoir lieu avec une autorisation administrative ; en d'autres termes, elle serait subordonnée à toutes les chances de la faveur, autant au moins qu'à la raison d'intérêt public, la seule qui doive être consultée en pareille circonstance.

Et ce même projet, qui se contente de mettre une barrière si facile à franchir, à la libre disposition du domaine des tribus, voudrait que les autres portions des territoires militaires, lesquelles sont possédées à titre privé, distinctement, et sont indépendantes les unes des autres, ne fussent ouvertes à l'activité et à l'industrie de tous que dans les cas où ces portions de territoire auraient été expressément classées, par décrets du Président de la République, au rang des biens susceptibles de libre transmission.

Quant à votre Commission, elle pense que les exigences de la politique seront pleinement satisfaites par la mise hors de droit commun des territoires des tribus, et qu'aller au-delà ce serait porter, mal à propos et sans cause, un préjudice extrême au progrès de nos entreprises et à l'influence de notre civilisation en Algérie.

Les tribus seules peuvent opposer une résistance dangereuse à notre action sur le sol et sur les populations, parce qu'elles sont organisées en unités compactes, et qu'elles forment des espèces de petits États, ayant le même intérêt et le même sentiment.

C'est dans leur sein que se préparent et qu'éclatent les révoltes et les insurrections. L'ennemi est là, pas ailleurs, et il serait à craindre que les autorisations individuelles de créer des établissements européens sur ces territoires n'y devinssent l'occasion ou le prétexte de froissements et de troubles qu'il est sage de prévenir. Le mieux est, par cela même, en interdisant les acquisitions immobilières dans le territoire d'une tribu à toute personne qui y est étrangère, de réserver à l'Etat seul la faculté d'en opérer le démembrement par voie d'expropriation ou par transactions amiables, quand il le jugera opportun et utile aux services publics ou à la colonisation.

Peut-être n'arrivera-t-on ainsi que lentement au but à atteindre, mais on arrivera avec sûreté, sans luttes et sans violences ; et notre domination, pour être plus humaine et plus pacifique, n'en sera que plus facilement acceptée et plus décisive.

IV. — DE L'EXPROPRIATION ET DE L'OCCUPATION TEMPORAIRE POUR CAUSE D'UTILITÉ PUBLIQUE.

Si inviolable et si sacrée que doive être la propriété privée, comme elle n'est qu'un des éléments de l'ordre général, il est de principe chez toutes les nations civilisées que son droit s'arrête et fléchisse devant les nécessités de l'utilité commune. De là le droit d'expopriation, droit supérieur dont l'exercice est confié à l'Etat, et dont il n'est, du reste, possible d'user que dans des cas déterminés, et à la condition de payer au propriétaire exproprié une juste et préalable indemnité.

En Algérie, où il est resté beaucoup à faire dans la

sphère des intérêts généraux, et où le terrain mal emmé-
nagé a besoin d'être rendu cultivable et doit être préparé
de manière à pouvoir recevoir chaque jour un accroissement de population, ce droit est plus essentiel et mieux
justifié encore que sur notre continent, et les causes d'expropriation y sont plus nombreuses et plus irrésistibles ; il
y faut fonder des villes, des villages, des hameaux; agrandir l'enceinte ou le territoire de ceux qui déjà y sont
créés ; élever des ouvrages de défense; pourvoir au campement des troupes ; établir des fontaines, des aqueducs,
des abreuvoirs, des moulins à farine ; creuser des canaux
de dessèchement et d'irrigation. Toutes ces causes doivent
être énoncées dans la loi et ajoutées à celles qui, en règle
ordinaire, légitiment l'expropriation.

C'est ce que vous proposent de faire le Gouvernement
et votre Commission.

Mais à cette occasion, et pour faciliter l'expropriation,
le Gouvernement a imaginé de reprendre au passé un système de juridiction et de procédure que l'expérience a
souverainement condamné, et que vous aussi, nous l'espérons bien, vous condamnerez.

Comme la loi du 16 septembre 1807, et comme les arrêtés si malheureusement pratiqués en Algérie, de 1830 à
1844, il demande que toutes les contestations auxquelles
pourront donner lieu les expropriations pour cause d'utilité publique soient déférées à l'administration, aux conseils de préfecture, aux commissions consultatives, au
Conseil du Gouvernement et au Gouverneur général, suivant les cas et les territoires, et encore ne fait-il que poser les bases de ce système qu'il se réserve de développer

et de compléter à son gré, par une série de règlements d'administration publique.

L'Assemblée sait que, dans l'application, la loi de 1807 a suscité de si vives et de si unanimes réclamations qu'elle a dû être bientôt rapportée, et que, deux ans et demi après, une loi nouvelle, celle du 8 mars 1810, a restitué aux tribunaux ordinaires le jugement de tous les cas d'expropriation.

En Algérie, il en a été de même ; mais en Algérie on n'obtient pas aussi vite qu'en France le redressement des abus. Ce n'est qu'après quatorze ans de plaintes et de doléances, humblement mais persévéramment exprimées, que l'administration a consenti à se dessaisir des litiges d'expropriation et à les abandonner à l'appréciation de la magistrature régulière.

Ce bienfait de l'ordonnance du 1ᵉʳ octobre 1844, a été accueilli de tous avec la plus grande reconnaissance. Et n'allez pas croire que cette ordonnance ait fait aux intérêts particuliers un sacrifice qui puisse nuire à la rapidité des expropriations, et qui laisse à la défense une latitude excessive. Non ; elle restreint les délais dans les limites les plus étroites, et, en cas de refus par les propriétaires ou autres intéressés des sommes offertes pour indemnités par l'Administration, elle fait intervenir le Tribunal qui, vérifications faites et renseignements pris, délibère en chambre du Conseil, toutes affaires cessantes, sur les mémoires des parties et les conclusions écrites du ministère public, et statue définitivement, sans qu'il soit permis d'appeler de sa décision.

Ces garanties données à la propriété privée ne sont assurément pas exagérées, et l'on pourrait, à la rigueur, en vouloir de plus complètes. Mais, telles qu'elles sont, il n'est pas douteux qu'elles ne soient très préférables et à l'état antérieur des choses et aux formes nouvelles inventées par le projet du Gouvernement.

Aujourd'hui encore, il est vrai, la magistrature algérienne est dans une situation précaire ; elle désire et elle attend l'inamovibilité ; mais, quoique privé de cette force, le magistrat inspirera toujours plus de confiance que l'Administration proprement dite, quand il s'agira de justice, parce qu'il est dans la conscience de tous qu'il y a sous sa robe et dans le corps auquel il appartient des traditions d'indépendance et de légalité, qui sont la première règle de sa conduite, et seraient, au besoin, sa sauvegarde contre les influences, de quelque part qu'elles viennent et cherchent à le circonvenir.

Certes, ces raisons s'élèvent assez haut contre une innovation pareille pour vous déterminer à la repousser. Mais il en est une autre moins spéciale, mais plus grave et plus pressante peut-être que nous avons indiquée au commencement de ce rapport et sur laquelle nous devons insister : c'est que sous cette innovation se cache vraisemblablement, à l'insu et contre la volonté de ses auteurs, la solution indirecte des grandes questions du Gouvernement et de l'Administration générale de l'Algérie, et que si vous l'adoptiez, par ce fait seul que vous auriez conféré, dans les circonstances actuelles, les attributions judiciaires ou autres aux Commissions consultatives, au Conseil du Gouvernement et au Gouverneur général, il se pourrait que, par voie d'induction, on fût tenté de s'en

prévaloir prochainement pour solliciter de vous le rejet
du projet de loi qui est depuis longtemps dans vos mains,
sur l'organisation des pouvoirs dans ce pays.

Cet argument anticipé, l'Assemblée ne voudra pas le
fournir à ceux qui trouvent qu'en ce moment tout est
pour le mieux en Algérie, et nous avons la confiance
qu'elle décidera, comme nous lui demandons de le faire,
que, jusqu'à ce qu'une loi en ait autrement ordonné, les
formes à suivre en matière d'expropriation ou d'occupa
tion temporaire pour cause d'utilité publique seront celles
de l'ordonnance du 1er octobre 1844.

V. — DISPOSITIONS GÉNÉRALES.

Ce titre a pour but de maintenir toute leur puissance,
jusqu'à l'achèvement des opérations actuellement commencées, aux dispositions de l'ordonnance du 21 juillet
1846, relative à la vérification des titres de propriété, et
de prononcer l'abrogation des ordonnances, arrêtés et règlements antérieurs qui pourraient être contraires à la
présente loi. Il est textuellement extrait de notre premier
projet, et nous sommes, par suite, dispensés d'en donner
de nouveau une explication qui se trouve dans notre premier rapport.

Mais il est à propos d'ajouter, en ce qui touche l'ordonnance du 21 juillet 1846 qu'il est si désirable de pouvoir
au plus tôt effacer de notre législation, que nous avons
reçu du Ministre de la guerre l'assurance positive que le
ravail de vérification de tous les titres litigieux ou contradictoires soumis à son autorité touche à sa fin et sera
entièrement accompli dans trois ou quatre mois.

19

Ce résultat est certainement de nature à la réhabiliter, et nous serions mal venus, après cela, à en dire encore du mal. Mais il n'en restera pas moins vrai que, si la cupidité individuelle et les aventureux calculs d'un agiotage insensé ont été les premières causes des désordres qui ont si longtemps pesé sur la propriété immobilière en Algérie, la mobilité incessante et l'arbitraire des ordonnances et des arrêtés n'y ont pas été absolument étrangers.

C'est à vous maintenant, Messieurs, à faire que les leçons de ce passé si malheureux ne soient pas perdues pour l'avenir.

Vous avez voté, il y a deux mois à peine, une loi qui a ouvert à la production algérienne son marché naurel, le marché de la France, et vous avez aussitôt vu renaître au cœur de l'Algérie aux abois l'espérance de la prospérité, et s'agiter en efforts merveilleux toute sa population agricole et commerciale.

En sanctionnant celle que le Gouvernement et votre Commission vous soumettent aujourd'hui ; en consolidant la propriété et en lui donnant pour appui et pour protection le droit commun de la France, vous ferez mieux encore, vous convierez les capitaux à venir en aide au travail, vous ranimerez chez tous la confiance, et vous rendrez plus facile et plus inévitable la réforme gouvernementale et administrative qui est dans les vœux de toute l'Algérie, et qui n'est pas moins nécessaire à la sécurité et à la liberté des personnes que n'est la loi actuelle à l'affermissement et à l'inviolabilité de la propriété.

LOI

TITRE I.

DU DOMAINE NATIONAL EN ALGÉRIE.

Art. 1. — Le Domaine national comprend le Domaine public et le Domaine de l'Etat.

Art. 2. — Le Domaine public se compose : — 1º des biens de toute nature que le Code Napoléon et les lois générales de la France déclarent non susceptibles de propriété privée ; — 2 Des canaux d'irrigation, de navigation et de desséchement exécutés par l'Etat ou pour son compte dans un but d'utilité publique, et des dépendances de ces canaux ; des aqueducs et des puits à l'usage du public ; — 3º des lacs salés, des cours d'eaux de toutes sortes et des sources.

Néanmoins sont reconnus et maintenus, tels qu'ils existent les droits privés de propriété, d'usufruit ou d'usage légalement acquis antérieurement à la promulgation de la présente loi sur les lacs salés, les cours d'eaux et les sources, et les tribunaux ordinaires restent seuls juges des contestations qui peuvent s'élever sur ces droits.

Art. 3. — L'exploitation et la jouissance des canaux, lacs et sources pourront être concédées par l'Etat, dans les cas, suivant les formes et aux conditions qui seront déterminées par un règlement d'administration publique.

Art. 4. — Le Domaine de l'Etat se compose : — 1º des biens qui, en France, sont dévolus à l'Etat, soit par les art. 33, 539, 541, 713, 723 C. Nap., et par la législation sur les épaves, soit par suite de déshérence, en vertu de l'art. 768 C. Nap., en ce qui concerne les Français et les étrangers, et en vertu du droit musulman, en ce qui concerne les indigènes ; — 2° des biens et droits mobiliers et immobiliers provenant du beylik et de tous autres réunis au Domaine par des arrêtés ou ordonnances rendus antérieurement à la promulgation de la présente loi ; — 3° des biens séquestrés qui auront été réunis au Domaine de l'Etat, dans les cas et suivant les formes prévus par l'ord. du 31 oct. 1845 ; — 4° des bois et forêts, sous la réserve des droits de propriété ou d'usage régulièrement acquis avant la promulgation de la présente loi.

Des règlements d'administration publique détermineront le mode d'exercice des droits d'usage.

Art. 5. — Les mines et minières sont régies par la législation générale de la France.

Art. 6. — Les biens dépendant du Domaine de l'Etat pourront être aliénés, échangés, concédés, donnés à bail ou affectés à des services publics, dans les formes et aux conditions qui seront ultérieurement déterminées par la loi.

Art. 7. — Chaque année le Ministre rend compte à l'Assemblée législative de l'Etat du Domaine national en Algérie, et lui fait connaître le nombre, la nature et l'importance des immeubles aliénés, affectés à des services publics ou concédés.

TITRE II.

DU DOMAINE DÉPARTEMENTAL ET DU DOMAINE COMMUNAL.

Art. 8. — Le Domaine départemental se compose : — 1° des édifices et bâtiments domaniaux qui sont ou seront affectés aux différents services de l'administration départementale ; — 2º des biens meubles et immeubles, et des droits attribués aux départemants par la législation générale de la France.

ART. 9. — Le Domaine communal se compose : — 1º des édifices ou bâtiments domaniaux qui sont ou seront affectés aux services de l'administration communale ; — 2º des biens déclarés biens communaux et des droits conférés aux communes par la legislation générale de la France ; 3º des biens et des dotations qui sont ou qui pourront être attribués aux communes par la législation spéciale de l'Algérie.

TITRE III.

DE LA PROPRIÉTÉ PRIVÉE.

ART. 10. — La propriété est inviolable, sans distinction, entre les possesseurs indigènes et les possesseurs français ou autres.

ART. 11. — Sont reconnus tels qu'ils existaient au moment de la conquête ou tels qu'ils ont été maintenus, réglés ou constitués postérieurement par le gouvernement français, les droits de propriété et les droits de jouissance appartenant aux particuliers, aux tribus et aux fractions de tribus.

ART. 12. — Sont validées, vis-à-vis de l'Etat, les acquisitions d'immeubles en territoire civil faites plus de deux années avant la promulgation de la présente loi, et à l'égard desquelles aucune action en revendication n'a été intentée par le Domaine.

Les actions en revendication d'immeubles acquis dans le cours des deux années antérieures à la promulgation d e la présente loi devront, sous peine de déchéance, être intentées par le Domaine dans le délai de deux ans, à partir de ladite promulgation.

Les deux paragraphes précédents sont applicables aux domaines acquis en territoire militaire avec autorisation du Gouvernement.

ART. 13. — Les actions immobilières intentées par le Domaine ou contre lui seront, en territoire civil, portées devant le Tribunal civil de la situation des biens ; et quand il s'agira de biens situés en territoire militaire, elles seront portées devant celui des tribunaux civils de la province qui en sera le plus rapproché.

ART. 14. — Chacun a le droit de jouir et de de disposer de sa propriété de la manière la plus absolue, en se conformant à la loi. — Néanmoins, aucun droit de propriété ou de jouissance portant sur le sol du territoire d'une tribu ne pourra être aliéné au profit des personnes étrangères à la tribu.

A l'Etat seul est réservée la faculté d'acquérir ces droits dans l'intérêt des services publics ou de la colonisation, et de les rendre, en tout ou en partie, susceptibles de libre transmission (1).

ART. 15. — Sont nulles de plein droit, même entre les parties contractantes, toutes aliénations ou acquisitions faites contrairement à la prohibition portée au § 2 de l'article précédent. — La nullité en sera poursuivie, soit par les parties directement, soit d'office, à la requête de l'Administration supérieure ou du ministère public, devant

---

(1) Ce qu'il pouvait y avoir de restrictif dans cet article a été abrogé par l'art. 6 du Sénatus-Consulte. V. suprà, p. 160.

le tribunal de la situation des biens. — Les notaires ou autres officiers publics qui auront prêté leur ministère pour des aliénations ou acquisitions de cette nature seront, suivant la gravité des cas, suspendus ou révoqués, sans préjudice, s'il y a lieu, de dommages intérêts envers les parties.

ART. 16. — Les transmissions de biens de musulman à musulman continueront à être régies par la loi musulmane. — Entre toutes autres personnes, elles seront régies par le Code Napoléon.

ART. 17. — Aucun acte translatif de la propriété d'un immeuble appartenant à un musulman au profit d'une autre personne qu'un musulman ne pourra être attaqué pour cause d'inaliénabilité fondée sur la loi musulmane (1).

Toutefois, dans le cas de transmission par un musulman à toute autre personne d'une portion d'immeubles indivis entre le vendeur et d'autres musulmans, l'action en retrait, connue sous le nom de *droit de cheffa* dans la loi musulmane, pourra être accueillie par la justice française, et le retrait être autorisé ou refusé, selon la nature de l'immeuble ou les circonstances.

TITRE IV.

DE L'EXPROPRIATION ET DE L'OCCUPATION TEMPORAIRE POUR CAUSE D'UTILITÉ PUBLIQUE.

ART. 18. — L'Etat ne peut exiger le sacrifice des propriétés ou des droits de jouissance reconnus par les art.

---

(1) Cette disposition a été rendue applicable pour [le passé et l'avenir aux transactions immobilières de musulman à musulman, par décret du 30 octobre 1858.

10, 11 et 12 de la présente loi, que pour cause d'utilité publique légalement constatée, et moyennant le payement ou la consignation d'une juste et préalable indemnité.

ART. 19. — L'expropriation peut être prononcée pour les causes suivantes : — Pour la fondation des villes, villages ou hameaux, ou pour l'agrandissement de leur enceinte ou de leur territoire ; — pour l'établissement des ouvrages de défense et des lieux de campement de troupes ; — pour l'établissement de fontaines, d'aqueducs, d'abreuvoirs ; — pour l'ouverture des routes, chemins, canaux de desséchement, de navigation ou d'irrigation, et l'établissement de moulins à farine ; — pour toutes les autres causes prévues et déterminées par la loi française.

ART. 20. — Il sera toujours tenu compte, dans le règlement des indemités, de la plus-value résultant de l'exécution des travaux pour la partie de l'immeuble qui n'aura pas été atteinte par l'expropriation. — La plus-value pourra être admise jusqu'à concurrence du montant total de l'indemnité, et dans aucun cas elle ne pourra motiver le payement d'une soulte par le propriétaire exproprié.

ART. 21. — Jusqu'à ce qu'une loi en ait autrement décidé, l'ord. du 1er octobre 1844 continuera à être exécutée en ce qui touche les formes à suivre en matière d'expropriation ou d'occupation temporaire pour cause d'utilité publique, et sera appliquée dans les territoires militaires comme dans les territoires civils.

TITRE V.

DISPOSITIONS GÉNÉRALES

ART. 22. — Continueront à être exécutées : — 1° les dispositions de l'ord. du 21 juillet 1846, relatives à la vérification des titres de propriété, jusqu'à l'achèvement des opérations actuellement commencées ; — 2° l'ord. du 31 oct. 1845, relative au séquestre des biens appartenant à des indigènes, jusqu'à ce qu'une loi en ait autrement ordonné.

ART. 23. — Sont abrogés, en tout ce qu'ils ont de contraire à la présente loi, les ordonnances, arrêtés et règlements antérieurs relatifs au Domaine national, au Domaine départemental, au Domaine communal et à la propriété privée en Algérie, notamment les dispositions de ces ordonnances, arrêtés et règlements qui s'appliquent aux terres incultes et aux marais.

Délibéré en séance publique, à Paris, les 9, 25 avril et 16 juin 1851.

CHAPITRE II.

Colonisation. — Concessions.

La colonisation, c'est le but de notre occupation, et c'est vers ce but que tendent ou doivent tendre toutes les institutions algériennes.

Dans un pays où la conquête a respecté le droit de propriété des indigènes, en considérant la possession immémoriale et traditionnelle comme un titre, l'aliénation et l'emploi des terres de l'État au profit du travail et du capital individuels sont l'un des éléments les plus importants de la colonisation, et les questions qui s'y rattachent ont toujours été l'objet des préoccupations publiques.

A Rome, on distribuait aux vétérans ou on donnait aux chevaliers les terres conquises ; quelquefois on les affermait pour le compte du trésor public. C'est ainsi que la domination romaine en a agi avec ses provinces d'Afrique, où elle a établi ces nombreuses et si utiles *colonies* militaires, dont on retrouve encore aujourd'hui quelques vestiges.

Le gouvernement turc inféodait ses terres ou les exploitait directement. Il eut aussi des colonies militaires sous le nom de *zmelas*.

C'est un peu cette tradition que nous suivîmes nous-mêmes en prenant possession de l'Algérie. L'aliénation des terres domaniales se fit par voie de concession directe, individuelle et plus ou moins onéreuse, aux conditions arrêtées et imposées par l'Administration, conditions qui variaient suivant les circonstances. Comme tout était remis à la discrétion, pour ne pas dire à l'arbitraire, de l'Administration, la concession n'était pas à la portée de tous, et ce régime était considéré comme un régime exceptionnel, de faveur, et par conséquent mauvais à tous égards.

Le Gouvernement s'était donc constitué le souverain absolu en ce qui touchait la distribution et l'emploi des terres ; il faisait même plus, il créait, par ordonnances, décrets et arrêtés, des villages européens, avec un territoire et une population déterminés.

Ces *colonies agricoles* ont généralement obtenu peu de succès. Si elles ont résisté et fini par s'établir, c'est par suite de conditions particulières et après bien des privations, des misères et des luttes. L'histoire de ces colonies agricoles prouverait une fois de plus que c'est la liberté et l'initiative individuelles, et non la réglementation officielle, qui font la colonisation.

Voici la législation qui a institué ou organisé ce régime :

Arr. gouv. gén., 18 avril-4 mars 1841.

RÈGLEMENT SUR LES CONCESSIONS EN GÉNÉRAL, ET LA FOR-
MATION DE CENTRES DE POPULATI N.

Considérant que, s'il importe d'encourager les projets de colonisation sur les points où la défense est assurée l'état du pays ne permet pas encore de laisser de nouveaux établissements se fonder sans l'intervention de l'autorité supérieure ; — Que, pour activer le plus possible la formation de nouveaux centres de population, la reconnaissance et la distribution des terres à concéder, il est nécessaire de régler les attributions des diverses branches de l'administration publique qui sont appelées à prendre part aux opérations préparatoires de la colonisation ;

ART. 1. — La colonisation d'un territoire déterminé et la formation de nouveaux centres de population sont autorisées par arrêté du Gouverneur général qui règle les conditions d'existence de ces établissements, leur emplacement, leur circonscription, la populations qu'ils sont susceptibles de recevoir immédiatement, et l'étendue des terres à concéder aux premiers habitants.

ART. 2. — L'arrêté du Gouverneur général est rendu en conseil d'administration, sur la proposition du Directeur de l'intérieur.

Cette proposition ne peut être mise en délibération si elle n'est accompagnée d'un plan détaillé et d'un rapport explicatif, indiquant . 1° Le périmètre des villes et villages et celui des terres qui doivent y être annexées pour en former le territoire ; — 2° Les routes, chemins, places, rues et autres voies de communication ; — 3° Les bâtiments ou emplacements réservés pour les établissements publics, ainsi que pour les différents services militaires, civils et financiers

ART. 3. — A la proposition du Directeur de l'intérieur seront nécessairement joints : — 1° L'avis du directeur des finances et le relevé sommaire des propriétés présumées appartenir aux particuliers, aux corporations et au domaine; — 2° L'avis du Directeur des fortifications, lequel sera accompagné d'un plan indicatif des travaux à exécuter pour assurer la défense par les habitants, avec évaluation de la dépense.

Art. 4. — Les arrêtés pris par le Gouverneur général, en conformité des art 1 et 2, ne peuvent être mis à exécution avant l'approbation du Ministre auquel les projets, plans et rapports seront adressés.

Art. 5. — Les propriétés domaniales non réservées pour des services publics, seront affectées à la colonisation, et remises, à cet effet, au Directeur de l'intérieur par le Directeur des finances. Cette remise sera constatée par procès-verbal contradictoire des agents des deux administrations.

Les propriétés particulières et des corporations, qui auront été reconnues indispensables à la colonisation par délibération du conseil, seront expropriées d'urgence pour cause d'utilité publique, à la diligence du Directeur de l'Intérieur, et affectées à la colonisation immédiatement après l'arrêté qui aura prononcé l'expropriation, sauf réglement ultérieur de l'indemnité.

art. 6. — Les propriétés bâties, les emplacements à bâtir et les terrains à cultiver seront distribués aux colons, conformément à un état de proposition dressé par le Directeur de l'Intérieur, et arrêté provisoirement par le Gouverneur général.

Cet état contiendra : — 1° Les noms, prénoms et professions des concessionnaires ; — 2° La situation, les tenants et aboutissants, la nature et l'étendue des concessions; — 3° Les conditions spéciales et obligatoires que les concessionnaires auront à remplir, sous peine de déchéance.

Art. 7. — Chacun des colons admis sera envoyé en possession provisoire des immeubles compris dans sa concession ; il recevra du Directeur de l'Intérieur un titre de concession conforme au modèle n° 1, annexé au présent arrêté, et contenant la mention de toutes les conditions imposées au concessionnaire et acceptées par lui.

Art. 8. — Les concessionnaires pourront, avec l'autorisation du Directeur de l'intérieur, substituer au bénéfice de leur concession toute personne agréée par ce fonctionnaire. Les conditions de cette substitution seront, à peine de nullité, écrites dans l'acte même qui la constituera. Toute contre-lettre, toute simulation, donnera lieu à la révocation de la concession, tant contre le concessionnaire que contre son ayant droit. Le concessionnaire pourra également, sous la même autorisation, grever d'hypothèques les immeubles concédés, mais seulement lorsque la créance aura pour cause vérifiée des dépenses de construction ou de mise en culture. Cette autorisation cessera d'être nécessaire après la délivrance du titre définitif de propriété dont il sera parlé ci-après.

Art. 9. — A l'expiration des délais fixés par l'acte de concession, l'exécution ou la non-exécution des conditions imposées sera vérifiée par un agent de la direction de l'intérieur. Le résultat de cette vérification sera constaté par un procès-verbal, dans lequel le concessionnaire aura droit de faire consigner ses dires et explications.

Art. 10. — Si toutes les conditions ne sont pas remplies le concessionnaire pourra demander, et le directeur de

l'intérieur accorder, s'il y a lieu, une prorogation de délai.
— En cas de refus, le concessionnaire aura la faculté de se pourvoir devant le Gouverneur général, qui statuera définitivement.

ART. 11. — Le concessionnaire est toujours admis, même avant l'expiration du délai, à justifier de l'accomplissement des conditions à lui imposées. Il en est dressé procès-verbal de vérification, comme il est dit en l'art. 9. L'état de tous les concessionnaires libérés, dressé par le Directeur de l'intérieur, est transmis au Gouverneur-général, qui l'arrête en conseil d'administration. Il est ensuite soumis à l'approbation du Ministre, avec toutes les pièces justificatives.

ART. 12. — En conséquence de l'approbation ministérielle, le Directeur des finances, auquel l'état définitif mentionné en l'article précédent est remis par le Gouverneur général, délivre, à chacun des concessionnaires y dénommés, un titre définitif de propriété, conforme au modèle n° 2, et fait procéder à l'inscription du propriétaire sur les sommiers du domaine.

ART 13. — Dans le cas prévu par l'art. 10, où le concessionnaire n'aura pas entièrement accompli les conditions mises à sa charge, la concession pourra lui être retirée, en tout ou partie, sur la proposition du Directeur de l'intérieur, par décision du Gouverneur général, rendue en conseil d'administration.

Cette décision sera notifiée administrativement par l'agent de la direction de l'intérieur. Elle sera sans recours et immédiatement exécutoire. Les immeubles ou parties d'immeubles devenus disponibles resteront dans les mains de l'administration, libres de tous droits, priviléges et hypothèques autres que celles qui auront été formellement autorisées par le directeur de l'intérieur, conformément à l'art. 8 du présent arrêté.

Art. 14. — Jusqu'à la délivrance du titre définitif de propriété, toute contestation relative aux immeubles concédés sera vidée par décison du Directeur de l'intérieur, sauf recours au conseil d'administration, qui statuera définitivement. Ce recours devra être exercé, à peine de déchéance, dans le mois de la notification de la décision du Directeur.

Art. 15. — Il n'est rien innové aux dispositions et réglements concernant l'administration des propriétés, appartenant aux domaines et aux corporations, qui ne seront ni comprises dans les territoires colonisables déterminés conformément à l'art. 2, ni expropriées, ni délaissées en exécution de l'art. 5.

Art. 16. — Toutes dispositions contraires au présent arrêté sont et demeurent abrogées.

Ord. Roy. — 21 juillet—1er septembre 1845

RÈGLEMENT GÉNÉRAL SUR LES CONCESSIONS.

Art. 1. — Il est statué par ordonnances royales sur les concessions : — De terres ; — De forêts ; — De mines et bancs de sel gemme ou artificiel ; — De sources minérales ; — De sources d'eaux salées ; — De desséchements de marais ; — De force motrice pour l'établissement de moulins et usines sur les rivières et cours d'eau, et de prises d'eau pour les irrigations.

Art. 2. — Les propriétés domaniales non affectées à un service public et les terres incultes, réputées vacantes aux termes de l'art. 83 de notre ord. du 1er oct. 1844, peuvent être affectées à la fondation des villes, villages et hameaux, ou concédées à des particuliers.

Art. 3. — Nos ordonnances déterminent la fondation et le périmètre des villes, villages et hameaux, ainsi que l'étendue de leur territoire.

Les concessions à faire, soit à l'intérieur, soit à l'extérieur de ce périmètre et de ce territoire, pour des étendues moindres de 100 hectares, sont autorisées par notre Ministre de la guerre, qui nous soumet chaque trimestre un état des concessions délivrées, pour être sanctionnées par ordonnance royale.

Art. 4 — Le conseil supérieur d'administration est consulté sur les concessions réglées par la présente ordonnance. — Le Gouverneur général transmet la délibération de ce conseil, avec son avis personnel, à notre Ministre de la guerre, dans le délai déterminé par le même Ministre.

Art. 5. — Tout individu qui se trouvera dans l'un des cas prévus par l'art 89 de notre ord. du 1er oct. 1844, pourra réclamer une concession de terres incultes, dont l'étendue sera proportionnée au montant de la rente stipulée comme prix d'acquisition dans les titres produits, et sera fixée à raison d'un hectare par chaque 3 fr. de rente établie auxdits titres, le tout moyennant les conditions ordinaires de culture imposées aux autres concessionnaires.

Art. 6. — Toute concession soumet le concessionnaire à payer au domaine de l'État une rente annuelle et perpétuelle dont la quotité est, dans chaque cas, déterminée par l'acte de concession, qui fixe également l'époque à partir de laquelle cette rente est exigible. — Cette disposition n'est pas applicable aux concessions mentionnées dans l'article précédent.

ART. 7. — Si, à l'expiration des délais déterminés par l'acte de concession, il est constaté que les conditions imposées au concessionnaire ont été accomplies, une nouvelle ordonnance royale déclare la concession définitive. — Avant l'expiration des mêmes délais, le concessionnaire a la faculté de demander qu'il soit procédé à la vérification prescrite par le paragraphe précédent.

ART. 8. — Lorsque la vérification, faite d'office ou sur la demande du concessionnaire, établit que les conditions imposées par l'acte de concession n'ont pas été remplies, le concessionnaire peut être déclaré déchu du bénéfice de tout ou partie de la concession. — Cette déchéance est prononcée par notre Ministre de la guerre, sur le rapport du Gouverneur général et l'avis du conseil du contentieux, le concessionnaire préalablement entendu, sauf recours devant nous en notre conseil d'État par la voie contentieuse.

ART. 9. — Tant que son titre n'est pas déclaré définitif, le concessionnaire ne peut aliéner ni hypothéquer les biens compris dans la concession, sans l'autorisation de notre Ministre de la guerre.

ART. 10. — Sont abrogées toutes dispositions contraires aux dispositions qui précèdent.

Ord. Roy. — 5 juin-1er juillet 1847.

TITRE Ier.

DES CONCESSIONS SUR LES TERRITOIRES CIVILS.

CHAPITRE I.
Dispositions générales.

Art. 1. — Toutes les concessions d'immeubles individuelles ou collectives, soit à l'intérieur, soit à l'extérieur du territoire assigné à chacun des centres de population créés ou à créer, rentrent dans les attributions du Directeur de l'intérieur et de la colonisation.

Les concessions de forêts, de mines, de sources minérales, de sources d'eau salés, de desséchements de marais et de prises d'eau continuent à ressortir, celles qui concernent les forêts, à la direction des finances et du commerce, et toutes les autres à la direction des travaux publics.

Art. 2. — Les immeubles concessibles sont mis, par le Directeur des finances et du commerce, à la disposition du Directeur de l'intérieur et de la colonisation, au fur et à mesure de leur dévolution au domaine.

Chaque remise est constatée par un procès-verbal contradictoire, auquel sont toujours joints le plan de l'immeuble et un état indiquant sa provenance, sa situation, ses tenants et aboutissants et son étendue, ainsi que le numéro sous lequel il est inscrit au sommier de consistance du domaine.

Art. 3. — Les concessions d'une superficie de 25 hectares et au-dessous à opérer sur le territoire des nouveaux centres de population, régulièrement approuvés, sont autorisées par le Gouverneur général, sur la proposition du Directeur de l'intérieur et de la colonisation.

Celles d'une étendue supérieure à 25 hectares, mais inférieure à 100 hectares, à effectuer dans les conditions de situation qui viennent d'être indiquées, sont autorisées par notre Ministre de la guerre, sur l'avis du Gouverneur général et du conseil supérieur d'administration, de même que celles de toute contenance au-dessous de 100 hect. à opérer en dehors du territoire des nouveaux centres de population.

Quant à celles d'une superficie de 100 hectares et au-dessus, soit qu'elles s'appliquent ou non au territoire des nouveaux centres de population, elles sont autorisées par nos ordonnances, sur le rapport de notre Ministre de la guerre, notre conseil d'État entendu.

Art. 4. — Toute proposition de concession doit être accompagnée : — 1° De la soumission du demandeur ; — 2° Du projet d'acte provisoire à délivrer au concessionnaire, conformément aux dispositions de l'art. 7 ci-après ; — 3° Du plan de l'immeuble à concéder.

Art. 5. — Toute concession, à l'exception de celles à opérer en exécution des dispositions prévues par les art. 18, 19, 21, 24, 25, 26 et 32 de notre ordonnance du 21 juillet 1846 (1), soumet le concessionnaire à payer au do-

____

(1) Voici le texte des articles visés :

Art. 18. — Lorsque les titres déposés dans les délais fixés par l'art. 3 de la présente ordonnance ne réuniront pas toutes les conditions exigées par le paragraphe 1 de l'art. 8 ci-dessus, le conseil du contentieux déclarera la nullité de ces titres.

La même décision portera que, conformément à l'art. 5 de notre ord. du 21 juillet 1845, l'administration sera tenue de délivrer à

maine de l'Etat une rente annuelle et perpétuelle dont le chiffre est proportionné à l'importance de l'immeuble et des dépenses à y effectuer.

---

l'acquéreur dont le titre aura été annulé, lorsqu'il en fera la demande, un hectare de terre par chaque 3 fr. de rente stipulés dans le dernier acte d'acquisition ayant acquis date certaine antérieurement à la promulgation de l'ord. du 21 juill. 1845 relative aux concessions.

Art. 19 — Ces terres seront prises dans des parties disponibles du territoire civil. — Elles seront concédées en franchise de redevance et dans la forme établie par notre ordonnance du 21 juillet 1845, à la diligence du Directeur de l'intérieur et de la colonisation. — Elles seront délivrées, si la partie le demande, par fractions, et à des époques différentes ; toutefois, les fractions ne pourront être ni supérieures ni inférieures à 20 hectares. — La demande du tout devra être formée dans le délai de cinq ans à partir du jour de l'annulation des titres, sous peine de déchéance.

Art. 21. — En cas d'inexécution des conditions prescrites, il sera procédé conformément aux dispositions de notre ordonnance du 21 juillet 1845.

Art. 24. — Celui qui aura cultivé, même en l'absence d'un titre régulier, recevra la concession définitive de la partie du sol cultivée, si les travaux exécutés sont conformes aux prescriptions de l'article 20.

En cas de contestation, il sera statué par notre Ministre de la guerre, sur l'avis du conseil du contentieux, sauf recours devant nous en notre conseil d'État.

Indépendamment des terres pour lesquelles le réclamant aura obtenu une concession définitive, il aura le droit de demander l'étendue des terres qui lui revient, d'après la rente stipulée dans son acte d'acquisition, conformément à l'art. 18, paragraphe 2, et suivants.

Art. 25. — S'il y a eu, antérieurement à la publication de la présente ordonnance, simple commencement de travaux entrepris par le réclamant ou par ses auteurs européens, il sera préféré à tout autre pour la concession des terrains sur lesquels les travaux ont été commencés, dans la proportion et moyennant les conditions mentionnées aux art. 18, paragr. 2, 19, 20, 21 de la présente ordonnance.

La demande en devra être formée dans le délai de trois mois, déterminé par l'art. 3. Passé ce délai, l'administration aura la libre disposition de ces terrains.

Cette rente n'est exigible qu'après l'expiration du délai accordé au concessionnaire pour l'entier accomplissement des divers travaux imposés.

ART. 6. — Toute concession d'une superficie de 100 hectares et au-dessus n'est accordée, sauf les exceptions indiquées par l'article précédent, qu'à la condition de la réalisation par le concessionnaire, et avant son entrée en jouissance, d'un cautionnement calculé à raison de 10 fr. par chacun des hectares concédés.

Ces cautionnements sont réalisables en numéraire ou en rente sur l'État. — Ceux en numéraire sont versés au titre de la caisse des dépôts et consignation, et productifs d'intérêts à raison de 3 pour 100 par an, à compter du soixante et unième jour de leur réalisation. — Ceux en rentes sur l'État sont constitués à Paris par les soins de l'agent judiciaire du trésor public au Ministère des finances.

Toutefois, la concession ne pourra en être faite à des tiers qu'à la condition de rembourser préalablement, ou de faire rembourser par le concessionnaire, soit le coût dûment justifié des ouvrages effectués par le possesseur évincé ou par ses auteurs européens, soit une somme égale à celle dont ces ouvrages ont augmenté la valeur du fonds, le tout au choix de l'administration.

Les contestations, le cas échéant, seront portées devant le conseil du contentieux.

ART. 26. — Lorsqu'il s'agira d'une exploitation ayant pour objet l'élève du bétail ou le boisement, l'état des lieux sera constaté par le conseil du contentieux, et, eu égard à l'importance des travaux exécutés, il pourra être pareillement accordé une concession définitive, même à ceux qui ne se trouveraient pas dans les conditions prescrites par l'art. 20.

ART. 82. — Les créanciers de ces rentes ou prix pourront réclamer des terres à cultiver, moyennant les conditions qui seront déterminées par l'administration, selon les circonstances.

Art. 7. — Tout concessionnaire reçoit, au moment de sa mise en possession, un titre provisoire, signé par le Directeur de l'intérieur et de la colonisation, et indiquant : — 1° Les noms, prénoms et professions ; — 2° La situation, les tenants et aboutissants, la nature et l'étendue de de la concession; — 3° Les diverses conditions imposées ; — 4° La date de la décision qui a autorisé la concession , et l'autorité de laquelle elle émane ; — 5° Le montant du cautionnement, s'il a dû en être exigé, et la date du dépôt qui en a été fait.

Art. 8. — En cas de décès du concessionnaire, le titre provisoire qui lui a été délivré en vertu de l'article précédent est transmissible de plein droit à ses héritiers, sous la réserve de toutes les conditions stipulées.

Art. 9. — Tant que son titre n'a pas été déclaré définitif, le concessionnaire ne peut, sous peine de déchéance, consentir à une substitution, aliénation ou hypothèque, sans une autorisation spéciale. — Cette autorisation est donnée par le Gouverneur général, sur la proposition du Directeur de l'intérieur et de la colonisation, dans les cas prévus par le § 1 de l'art. 3 ci-dessus. — Sauf cette exception, l'autorisation est délivrée conformément aux dispositions de notre ordonnance du 21 juillet 1845.

Art. 10. — En cas d'expropriation judiciaire de l'immeuble concédé, l'adjudicataire reste soumis, vis-à-vis de l'État, aux obligations du concessionnaire provisoire exproprié.

Art. 11. — A l'expiration du délai fixé par le titre provisoire et même avant cette époque, si le concessionnaire le demande, l'exécution ou la non-exécution des conditions imposées est vérifiée par un inspecteur de la colonisation, ou, à son défaut, par tout autre délégué du Directeur de l'intérieur et de la colonisation. — Le résultat de cette vérification est constaté par un procès-verbal, qui est immédiatement communiqué au concessionnaire, lequel a le droit d'y faire consigner ses dires et observations.

Art. 12. — Si toutes les conditions ont été remplies, le Directeur de l'intérieur et de la colonisation, en produisant les pièces justificatives des faits, propose de convertir la concession provisoire en concession définitive.

Ces propositions sont transmises à notre Ministre de la guerre par le Gouverneur général, avec l'avis du conseil supérieur d'administration.

Aussitôt qu'elles ont été approuvées par notre Ministre de la guerre, dans les cas prévus par les deux premiers paragraphes de l'art. 3 ci-dessus, et par nos ordonnances, dans les cas prévus par le troisième paragraphe du même article, le Directeur de l'intérieur et de la colonisation délivre au concessionnaire un titre définitif de propriété.

Le concessionnaire est admis, sur la production de ce titre, à demander la mainlevée du cautionnement qu'il a pu avoir à constituer.

Cette demande est adressée à notre Ministre de la guerre par l'intermédiaire du Gouverneur général.

Art. 13. — Si les conditions de la concession n'ont pas été remplies, ou ne l'ont été qu'en partie, le Directeur de l'intérieur et de la colonisation à la faculté, soit de provoquer auprès du Gouverneur général la déchéance du concessionnaire, en tout ou en partie, soit de solliciter, au profit de ce dernier, en cas d'excuses légitimes, une prorogation de délai pour l'achèvement de ses travaux.

ART. 14. — Les déchéances sont prononcées dans les formes indiquées par notre ordonnance du 21 juillet 1845. — Aussitôt qu'elles sont devenues définitives, le cautionement du concessionnaire déchu est acquis à l'État en totalité, à titre de dommages-intérêts, alors même qu'elles ne s'appliqueraient qu'à une partie de la concession. — Toutefois, dans ce dernier cas, notre Ministre de la guerre appréciera quand il y aura lieu de restituer une partie dudit cautionnement.

ART. 15. — Les prorogations de délais sont accordées, lorsqu'il y a lieu, par le Gouverneur général, sur la proposition du Directeur de l'intérieur et de la colonisation, dans les cas prévus par le § 1 de l'art. 3 ci-dessus, et dans les autres cas, par notre Ministre secrétaire d'État de la guerre, sur l'avis du Gouverneur général, le conseil supérieur d'administration entendu.

A l'expiration de ces prorogations, il est procédé à une nouvelle inspection de l'état des lieux, et le Directeur de l'intérieur et de la colonisation propose, suivant le cas, dans les formes indiquées par les art. 12, 13 et 14 ci-dessus, la délivrance d'un titre définitif en faveur du concessionnaire, ou son éviction.

Art. 16. — Dans la première quinzaine de chaque trimestre, le Gouverneur général adresse à notre Ministre de la guerre des états détaillés de toutes les opérations du trimestre précédent en matière de concessions.

Ces états, qui tous doivent être remplacés, lorsqu'il y a lieu, par des certificats négatifs, comprennent, par *arrondissement*, pour les propriétés situées en dehors des nouveaux centres de population, et par *village*, pour celles situées dans le territoire de ces centres : — 1° Les immeubles concessibles mis par le Directeur des finances et du commerce à la disposition du Directeur de l'intérieur et de la colonisation ; — 2° Les concessions provisoires ; — 3° Les concessions définitives ; — 4° Les substitutions ; — 5° Les emprunts hypothécaires ; — 6° Les prorogations de délais ; — 7° Les déchéances.

CHAPITRE II.

Dispositions particulières relatives aux concessions sur le territoire des nouveaux centres de population.

ART. 17. — Toute proposition du Directeur de l'intérieur et de la colonisation pour l'établissement d'un nouveau centre de population, est examinée préalablement par une commission spéciale, aux divers points de vue : — 1° De la sécurité et de l'influence politique ; — 2° De la salubrité ; — 3° De la propriété ; — 4° Des communications ; — 5° Des eaux ; — 6° Du commerce ; — 7° De la dépense.

ART. 18. — Il est réservé sur le territoire de chaque nouveau centre de population : — 1° Un dixième de la superficie, tant urbaine que rurale, comme domaine de l'État ; — 2° Un second dixième de la superficie rurale, comme terrain communal.

ART. 19. — Immédiatement après la promulgation de l'ordonnance autorisant la création d'un nouveau centre de population, et, s'il y a lieu, de l'arrêté prononçant l'expropriation des propriétés particulières, comprises dans son territoire, le Directeur de l'intérieur et de la colonisation et le Directeur des travaux publics se concertent pour l'exécution des travaux des voies de communication, de conduites d'eaux et autres qui doivent précéder l'installation des colons.

TITRE II.

DES CONCESSIONS SUR LES TERRITOIRES MIXTES.

CHAPITRE UNIQUE,

Art. 20. — Toutes les dispositions qui font l'objet des art. 3 à 19 ci-dessus sont applicables aux concessions sur les territoires mixtes.

Les attributions du Directeur de l'intérieur et de la colonisation y sont remplies par le lieutenant général commandant la province, lequel est tenu de prendre sur chaque affaire l'avis préalable de la commission consultative de la localité. — Les attributions du directeur des travaux publics y sont exercées par le commandant supérieur du génie militaire.

Art. 21. — Indépendamment des pouvoirs qui lui sont conférés sur les territoires mixtes, par application des art. 3, 8 et 15 ci-dessus, le Gouverneur général est autorisé à accorder sur ces territoires les concessions provisoires d'une superficie de 25 hectares et au-dessous, dans un rayon de 4 kilomètres autour des places et postes militaires.

Art. 22. — Sont abrogées toutes dispositions contraires aux dispositions qui précèdent.

Ord. Roy. — 1er-30 *septembre* 1847.

DISPOSITIONS COMPLÉMENTAIRES DU RÈGLEMENT
QUI PRÉCÈDE.

Vu nos ordonnances en date des 21 juillet 1845 et 5 juin 1847 :

ART. 1. — A l'avenir, les concessions provisoires de terres de 25 hectares et au-dessous seront autorisées, dans les territoires civils, par le Directeur des affaires civiles de la province, sur l'avis du conseil de direction, et dans les territoires mixtes par le lieutenant général commandant la province, sur l'avis de la commission consultative du lieu de la situation des biens. — Les concessions provisoires au-dessus de 25 hectares et au-dessous de 100 hectares seront autorisées par le Gouvernement général sur l'avis du conseil supérieur d'administration. — Les concessions de 100 hectares et au-dessus seront autorisées par nous, sur le rapport de notre ministre de la guerre et l'avis de notre conseil d'État.

ART. 2. — Les autorisations d'hypothèques et les substitutions, ainsi que les prorogations de délais, seront accordées par les directeurs des affaires civiles, par les lieutenants généraux et par le Gouverneur général, pour les propriétés qu'ils sont autorisés à concéder par l'article précédent.

ART. 3. — Les immeubles concessibles seront mis à la disposition du Directeur des affaires civiles pour les territoires civils, et du lieutenant général commandant la province pour les territoires mixtes, par le chef du service des domaines.

Chaque remise sera constatée par un procès-verbal contradictoire, auquel seront toujours joints le plan de l'immeuble et un état indiquant sa provenance, sa situation, ses tenants et aboutissants et son étendue, ainsi que le numéro sous lequel il aura été inscrit au sommier de consistance du domaine.

ART. 4. — Les concessionnaires indigènes seront exemptés du cautionnement imposé par l'art. 6 de notre ordonnance du 5 juin 1847, pour les concessions d'une superficie de 100 hectares et au-dessus.

ART. 5. — Les concessions de forêts, de mines, de sources minérales, de sources d'eau salée et de dessèchement de marais, seront toujours accordées par nous, sur le rapport de notre Ministre de la guerre, notre conseil d'État entendu.

ART. 6. — Nos ordonnances du 21 juillet 1845 et du 5 juin 1847, sur les concessions en Algérie, sont maintenues dans toutes celles de leurs dispositions auxquelles il n'est point dérogé par la présente ordonnance.

Le régime des concessions fut sacrifié en 1860 ;
un décret impérial, rendu le 25 juillet, le remplaça
par un régime mixte qui posa en principe que la
vente serait désormais la règle.

*Rapport de M. le Ministre de l'Algérie et des
Colonies à l'Empereur.*

SIRE,

De tous les problèmes que nous avions à résoudre pour
nous établir en Afrique, sans aucun doute, le premier
et le plus difficile était la reconnaissance et la distribution des terres sur lesquelles de nouvelles populations
devaient être placées.

En effet, nous n'avions pas devant nous, comme l'avaient
eu les conquérants du nouveau monde, comme l'ont encore les Américains du nord, de vastes espaces libres à
à notre disposition ; le sol était occupé par un peuple
que nous ne voulions ni refouler ni dépouiller.

D'un autre côté, l'algérie n'était pas une de ces colonies que les intérêts commerciaux peuvent, en quelque
sorte, créer d'eux-mêmes, car, au moment où nous
nous en emparions, elle n'offrait, ni par ses produits, ni
par ses habitants, leurs besoins et leurs mœurs, un marché

sur lequel notre industrie et notre commerce pussent trouver ces précieux éléments d'échange qui enrichissent les nations.

Pour que notre conquête ne fut pas stérile, nous devions donc attirer de nouvelles populations sorties de nos provinces ou qui, venues des autres contrées de l'Europe, étaient aptes à prendre promptement notre langage, nos habitudes, nos lois ; vous l'avez dit, en un mot, Sire, c'était un nouveau royaume qu'il nous fallait fonder de l'autre côté de la Méditerranée. Œuvre lente et difficile, mais glorieuse et durable, et qui doit un jour récompenser notre pays du courage qu'il a eu de l'entreprendre, de la persévérance qu'il met à la poursuivre.

Mais, à ces populations Européennes, il fallait des terres, et, puisque nous avions répudié le droit de conquête des temps passés, c'était dans la constiution même de la société que nous avions devant nous, que nous devions trouver les droits en vertu desquels nous pouvions revendiquer le sol que réclamait la colonisation.

Ce que nous avions renversé, c'était le gouvernement, représentant désavoué de la puissance ottomane, victorieuse, jadis, des Maures et des Arabes ; notre autorité était substituée à la sienne ; tout ce qu'il avait possédé, nous devions le recueillir. Au domaine de l'État devait appartenir tout ce qui avait appartenu au beylick.

Mais autant ce principe était simple, autant l'application en était compliquée, et d'un droit si clair, la reconnaissance était pleine d'obscurité. S'il ne pouvait y avoir de doute sur les propriétés dont les souverains avaient joui par eux-mêmes, sur les domaines dont les revenus étaient

perçus directement, sur de vastes forêts souvent inex-
ploitées, il n'en était pas demême de tout ce qui se présentait à nous sous un autre aspect.

Etait-ce une simple jouissance ou un droit de propriété
que possédaient des tribus que la volonté du souverain
pouvait déplacer au gré des intérêts de sa politique ou
même de ses caprices? Etsur le territoirequ'elles occupaint,
qu'était-ce que cette distribution de terres renouvellée
chaque année et par laquelle le caïd, selon ses préférences,
assignait à chacun des lots mesurés aux moyens présumés
de la mise en culture? Etait-ce un impôt, une rente ou un
fermage que payaient ceux qui étaient placés sur certaines terres? Enfin était-ce le droit ou l'arbitraire qui
pouvait les en évincer?

Ces questions, Sire, il a fallu les étudier dans les lois,
des usages qu'on avait presque toujours intérêt à nous
cacher, interroger des titres bien souvent falsifiés ; enfin,
lorsque la propriété complète ne pouvait nous être contestée, la dégager des entraves qui l'embarrassaient encore. Certes, ce ne sera pas une des pages les moins in-
téressantes de notre domination que celle qui racontera
par quels efforts incessants et, en même temps, avec
quelle constante équité nous sommes parvenus et nous
parvenons tous les jours à reconnaître et, dès lors, à respecter ce qui doit appartenir aux indigènes, à substituer,
dans nos généreux partages, à une simple jouissance indivise et précaire sur des territoires trop étendus pour
leurs besoins, un droit de propriété incommutable qu'aujourd'hui même nous rendons individuel, enfin comment
nous déterminerons ce que nous pouvons offrir à nos colons.

Et ce sera le grand bienfait de notre civilisation en Afrique que cette œuvre laborieuse de la constitution de la propriété, non-seulement pour les populations européennes, mais encore pour ces populations indigènes auxquelles (chose rare dans l'histoire d'une conquête) nous avons donné, sur le sol qu'elles occupaient, des droits qu'elles n'avaient pas avant nous.

Une fois la libre disposition des terres reconnue, par quel mode fallait-il les remettre à ceux qui demandaient à les cultiver ?

Evidemment, l'idée de concession dut se présenter la première. Le sol le plus fertile n'a guère de valeur que celle que lui donne le travail de l'homme ; et, au début de notre occupation, le travail avait bien des chances contraires. C'est les armes à la main que plus d'un de nos hardis pionniers dut défendre la terre qu'il avait défrichée. Comment donc songer alors à vendre au colon le champ qu'il devait garder en soldat !

On ne pouvait d'ailleurs, dans les contrées mêmes où la sécurité était la plus assurée, disposer d'étendues assez considérables pour y organiser un système bien défini d'aliénation. Ce qu'on faisait alors, c'était la conquête ; et c'est, pour ainsi dire, au jour le jour, à la suite de l'armée, et comme des camps, que se sont fondés bien des centres de population, dont quelques-uns aujourd'hui sont devenus de véritables villes. On était donc amené, par la force des choses, à donner des terres aux hommes qui se présentaient les premiers pour les exploiter.

Toutefois, si, dans l'état où était le pays et dans la situation où l'on se trouvait, il était à peu près impossible d'agir autrement qu'on ne l'a fait, et si on ne peut sans injustice méconnaître les grands résultats déjà obtenus, on ne saurait non plus se dissimuler que le système des concessions, surtout depuis que notre domination est assurée, n'ait révélé de sérieux inconvénients.

Et d'abord, Sire, c'est pour l'administration supérieure, ainsi que pour ses représentants, une position difficile et délicate que celle où ils sont en butte à d'incessantes sollicitations, et où il faut se prononcer entre des postulants qui, pour la plupart, ne présentent aucun motif de préférence. Ensuite, pour faire un choix entre des demandeurs, il faut bien que l'administration cherche à s'éclairer sur leur position. Alors une instruction est nécessaire, des renseignements sont demandés, des preuves de ressources pécuniaires réclamées, et le temps s'écoule en démarches d'un côté, en examens de l'autre. Puis, par cela même que le Gouvernement concède des terres, il doit vouloir qu'elles soient mises en culture. De là les obligations qu'il prescrit, et qui, toutes, évidemment déterminées d'avance dans un seul règlement, ne sont pas toujours applicables aux terrains sur lesquels ils sont placés. Enfin, comme la clause résolutoire de la concession reste sans cesse menaçante tant que les obligations stipulées n'ont pas été remplies; il en résulte que le cessionnaire le plus laborieux, celui qui a employé tout ce qu'il possédait de capitaux et de forces pour atteindre ce but, mais qui n'y est pas encore parvenu, ne peut que bien difficilement, pour trouver les capitaux dont il a encore besoin, faire accepter comme suffisante la garantie hypothécaire d'une terre dont son travail a pourtant déjà décuplé la valeur.

Sans doute, et à toutes les époques, l'administration s'est
montrée aussi favorable et bienveillante que possible pour
le colon ; à des délais déjà accordés, des délais ont été
ajoutés, et il a fallu, de la part du concessionnaire, la
preuve bien certaine d'une détermination formelle et pro-
longée de ne rien faire pour que la déchéance fût prononcée. Mais enfin, pour celui qui s'est courageusement
consacré à sa tâche, il n'a réellement la libre disposition
de sa propriété, avec toute la valeur qu'il lui a donnée,
que lorsque le titre définitif lui est délivré.

Tous ces inconvénients, Sire, ont plus d'une fois frappé
l'administration, et on s'est demandé s'il ne serait pas
préférable, sous tous les rapports, d'abandonner entièrement le système des concessions, et de mettre simplement
en vente les terres dont on pourrait disposer. On a bien
souvent cité, à cette occasion, l'exemple de l'Amérique, où
le régime des ventes est adopté depuis longtemps, et où
l'émigration d'Europe vient, chaque année, apporter un
contingent si considérable.

Mais, si cet exemple était bien fait pour entraîner,
d'autre part on faisait remarquer qu'il était impossible de
méconnaître qu'elle différence immense existe entre les
conditions de la colonisation qu'offre l'Amérique et celles
que présente l'Algérie. Là ce sont de vastes étendues
de terrains libres, sur lesquelles les nouvelles populations peuvent se répandre à leur aise ; elles n'ont à
vaincre que les difficultés de la nature, et chacun peut
acquérir toutes les terres qu'il désire avoir. Nul accaparement n'est à redouter, nulle spéculation dangereuse
pour l'avenir n'est à craindre. Après de vastes espaces

peuplés, de plus vastes espaces restent à peupler encore ; ce sont des états tout entiers à créer que l'activité humaine a devant elle. Ici, au contraire, les limites sont resserrées ; il nous faut, je l'ai dit en commençant, rechercher, reconnaître et déterminer ce que nous pouvons consacrer à notre colonisation. Il nous faut, dans bien des circonstances, lui désigner les lieux sur lesquels elle devra créer des centres de population comme des points d'appui nécessaires ; enfin, il nous faut, en quelque sorte, d'avance lui tracer sa voie pour qu'elle ne se heurte pas contre un peuple que nous avons voulu conserver, que nous voulons amener à notre civilisation, et dont les soldats, mêlés aux nôtres ont déjà fait voir qu'il y avait là une nouvelle force pour l'Empire.

Sans doute, on aurait tort de croire que cette situation ne présente que des inconvénients ; elle a aussi ses avantages. Tout en respectant les droits des indigènes, tout en leur faisant une large part, nous en avons encore une belle à donner à de nombreux colons ; il y a place pour eux dans ce Tell si fertile, et si l'Algérie ne peut leur offrir les immenses étendues de l'Amérique, elle leur fournit des travailleurs intelligents qui, chaque jour, se familiarisant davantage avec nos mœurs et nos lois, sont de précieux auxiliaires pour nos établisssements.

Mais enfin, il y a des conditions de colonisation trop différentes entre le nord de l'Amérique et le nord de l'Afrique pour qu'il soit possible de ne pas s'en préoccuper, et on s'exposerait à de singuliers mécomptes, si on voulait, sans souci du sol où il s'agit de les introduire, transplanter tout d'une pièce des institutions qui, fécondes d'un côté de l'Atlantique, pourraient bien, de l'autre, demeurer stériles.

Quoi qu'il en soit, Sire, toutes les questions relatives aux différents modes d'aliénation des terres à adopter en Algérie ont été depuis longtemps soulevées, étudiées, controversées. Le conseil supérieur de l'Algérie et des colonies a dû en être saisi ; il y a consacré de sérieuses discussions, et je viens aujourd'hui soumettre à l'approbation de Votre Majesté un projet de décret qui est le résultat de ses délibérations.

Ce décret pose en principe et comme règle générale la vente des terres destinées à la colonisation.

Ces terres, dont les périmètres seront déterminés au fur et à mesure de leur reconnaissance et des partages qui peuvent être faits avec les tribus, seront divisées en lots d'étendues différentes, selon la nature et les conditions du terrain. Des réserves y seront faites pour la fondation de centres de population, lorsqu'ils seront jugés nécessaires, et pour la formation de communaux ou autres biens d'établissements publics ; enfin pour l'installation de quelques-uns des premiers colons, tous les lots qui n'auront pas été réservés seront mis en vente.

1° La vente à prix fixe ;

2° La vente aux enchères ;

3° Enfin la vente de gré à gré.

Empruntée au pays où l'émigration s'est portée avec le plus d'empressement, la vente à prix fixe se présente dans les conditions les plus simples ; elle n'entraîne aucune lenteur, n'amène aucune difficulté ; le prix de chaque lot est déterminé d'avance, et quiconque veut en acquérir un ou plusieurs, n'a qu'à faire sa demande, déposer le tiers du prix fixé, et le lendemain du jour où il s'est présenté, il peut disposer, comme il l'entend, de la terre qu'il a acquise et sans être assujéti à aucune obligation de mise en valeur. C'est à son intérêt et à son intelligence que le décret s'en rapporte du soin de tirer parti de ce qu'il a acheté, de ce qu'il a déjà payé en partie et de ce qu'il doit achever de payer en deux ans. Si plusieurs personnes se présentent le même jour pour acquérir le même lot, ce lot est mis aux enchères huit jours après ; et il reste à celui qui en a donné le prix le plus élevé.

Le système, on le voit, est peu compliqué. Seulement, pour qu'il produise, dans l'intérêt de la colonisation, tous les bons effets qu'on doit en attendre, il faut que l'annonce de ces ventes reçoive la plus grande publicité tant que tous les lots ne seront pas vendus ; enfin, qu'un temps suffisant soit laissé entre l'annonce de la vente et le jour où elle commence, afin que tous ceux qui veulent acquérir puissent se mettre en mesure de le faire. Deux mois ont paru nécessaires pour cela. Les émigrants devront en outre, au moment de leur arrivée, être mis à même d'obtenir tous les renseignements désirables.

Mais, si la vente à prix fixe, mode d'aliénation le plus simple, le plus expéditif, paraît devoir être adoptée presque toujours pour les nouveaux périmètres de colonisation, il n'en est pas de même lorsqu'il s'agit de terres qui, par leur position rapprochée d'une ville ou d'un village, par des facilités d'irrigation, enfin par des conditions spéciales dans lesquelles elles se trouvent, ont déjà une valeur vénale assez considérable et doivent être, par cela même, recherchées par un certain nombre de personnes. Dans ce cas, il n'y a nulle raison pour que l'Etat abandonne ce qui lui appartient sans en obtenir le véritable prix, et il n'y a nul inconvénient à maintenir les règles tracées par la législation pour assurer au trésor toutes les garanties qu'il doit avoir. Les enchères publiques peuvent seules les lui offrir : le décret les lui conserve.

Enfin, Sire, il est une autre espèce de vente qu'il est nécessaire de maintenir, bien qu'on ne doive y recourir que dans des cas exceptionnels : je veux parler de la vente de gré à gré ; le décret a dû l'autoriser, mais en même temps il la renferme dans des limites ressérées, en dehors desquelles elle présenterait de graves inconvénients. En cas d'indivision, d'enclave, de préemption légale, il est difficile, sans causer des pertes considérables au colon dont la propriété se trouve dans cette situation, de procéder autrement à l'aliénation de la terre.

Il est aussi une circonstance, mais qui chaque jour va disparaissant, dans laquelle il pourra être procédé à des ventes de gré à gré : c'est celle dans laquelle un colon se trouve posséder de bonne foi, un terrain qui appartient à l'Etat et sur lequel il a été installé par erreur et sans titre, et qu'il a pourtant déjà amélioré par son travail.

Au surplus, ces ventes, qui, d'ailleurs, ne peuvent être que peu nombreuses, seront précédées d'estimations contradictoires et soumises à des formalités qui doivent sauvegarder tous les intérêts de l'Etat.

Tels sont, Sire, les trois modes de vente dont le décret détermine les conditions. Le premier, celui qui se rapporte aux ventes à prix fixe, est pour l'Algérie une véritable innovation. Dans la pensée du décret, ce mode est, en quelque sorte, la règle et doit être employé d'abord dans tous les territoires où nous pouvons offrir des espaces assez vastes à la colonisation. C'est celui qui permet à tout émigrant qui arrive de se procurer, sans démarches, sans perte de temps, la terre qu'il vient chercher en Afrique; c'est celui qui, dès lors, semble mériter la préférence pour toute création nouvelle.

Les ventes aux enchères doivent, au contraire, servir lorsque déjà les centres de population sont formés, lorsque les terres qu'il s'agit d'aliéner ont acquis une valeur vénale qui doit les faire rechercher.

Enfin, les ventes de gré à gré ne sont qu'une exception, renfermée dans des limites restreintes, et dont il a fallu maintenir la faculté pour régulariser des situations qui deviennent chaque jour de plus en plus rares.

Pour réunir toutes les règles relatives aux différents modes d'aliénation, le décret consacre une de ses sections aux échanges; il ne fait guère en cela que coordonner, avec quelques améliorations, les prescriptions de la législation actuelle et qui n'ont donné naissance à aucun inconvénient.

Le décret devait-il s'arrêter et proscrire toute faculté de concession? D'accord avec le conseil supérieur et avec les diverses autorités de l'Algérie, je ne l'ai pas pensé.

Sans doute, la règle doit être désormais l'aliénation à titre onéreux; mais, lorsqu'il s'agit de fonder des centres, de population dont la création est souvent commandée par un intérêt politique et n'est pas toujours sans difficulté; lorsqu'il s'agit de l'établissement d'anciens soldats qui ont arrosé de leur sang la terre qu'ils veulent défricher;

lorsque, au moyen de quelques concessions, il est possible de les fixer en Algérie où ils formeront de nouvelles familles, pourquoi répudier le droit de concéder quelques lots nécessaires pour construire les premières maisons d'un village où viendront se grouper des artisans et des cultivateurs?

D'ailleurs, dans ces postes avancés où vont se placer nos pionniers, exiger que toutes les terres soient vendues, ce serait bien souvent en déshériter notre colonisation ; car les premiers, quelquefois les seuls acquéreurs qu'on rencontrerait alors, seraient ces indigènes qui, confiants dans notre justice et dans notre administration, sont toujour prêts à acquérir le sol sur lequel nos nouvelles populations ne se sont pas encore répandues.

Dans l'Amérique du nord, il n'y a d'autres acquéreurs de la terre que les immigrants et les citoyens des Etats-Unis.

On a donc jugé prudent de ne pas renoncer d'une manière absolue à la faculté de concéder ; seulement il était nécessaire qu'elle fût renfermée dans des limites restreintes, et c'est ce que le décret a fait avec beaucoup de soin.

Dans les périmètres de colonisation, après que le lotissement sera fait, quelques lots seront d'avance réservés sur le terrain destiné à l'établissement des villages ou sur celui qui doit être abandonné à l'agriculture. Ces lots, désignés sur le plan livré au public, pourront être concédés. Leur contenance, pour les terres cultivables, ne doit pas dépasser trente hectares. Suffisante pour les besoins d'une famille, cette étendue ne saurait faire naître la crainte d'une spéculation. Enfin, la seule obligation imposée au concessionnaire sera celle de construire une habitation. Voilà les règles prescrites pour l'exercice de cette faculté qu'il a paru indispensable de conserver, pour être à même, dans bien des cas, de former, pour ainsi dire, les rudiments de la colonisation.

Il est encore un autre genre de concession que le décret autorise, mais qui, dans l'esprit qui l'a dicté, ne saurait avoir le caractère d'une aliénation à titre gratuit : ce sont les concessions que j'avais en vue lorsque j'exposais à l'Empereur le tableau des grands travaux publics projetés en Algérie. Je faisais remarquer à Votre Majesté que, pour le dessèchement des marais, pour des travaux d'irrigation, j'ajoute pour certains travaux d'utilité publique, il serait possible de les faire entreprendre quelquefois en concédant une partie des terrains à dessécher, à arroser, etc. Dans ces circonstances, la concession est véritablement le prix du travail exécuté.

C'est, au surplus, par des décrets rendus en Conseil d'Etat que l'Empereur aura à se prononcer lorsqu'il pourra être question de ces concessions exceptionnelles.

En résumé, Sire, le décret que j'ai l'honneur de présenter à votre sanction apporte de profondes modifications au système suivi jusqu'à ce jour pour l'aliénation des terres domaniales en Algérie.

C'est la vente qui désormais sera la règle; et, si le décret a cru nécessaire d'admettre encore quelques exceptions à ce principe, il les a renfermées dans des limites trop étroites pour qu'elles puissent porter atteinte au régime qu'il s'agit d'introduire.

Au moment d'inaugurer ce régime, lorsque, grâce à lui, les nouveaux colons qui voudront se fixer en Algérie pourront disposer, dès le premier jour, comme ils l'entendront, des terres qu'ils se seront procurées, Votre Majesté a pensé qu'il était utile d'affranchir de toutes les obligations relatives soit aux plantations, soit au mode de mise en culture, tous les anciens propriétaires de concession qui auront rempli l'obligation de bâtir, stipulée dans leur acte de concession.

Cette mesure si libérale va dégager de bien des entraves le droit de propriété pour un grand nombre de cultivateurs en Algérie, et c'est avec une profonde reconnaissance que les colons apprendront qu'ils la doivent à l'initiative de l'Empereur.

DÉCRET.

TITRE 1er.

Des périmètres de colonisation.

Art. 1er.—.Les terres appartenant à un titre quelconque à l'Etat sont inscrites sur les sommiers de consistance des domaines et affectées, en totalité ou en partie, à l'établissement de périmètres de colonisation.

Art. 2.— Les projets des périmètres de colonisation sont préparés, en territoire civil, par les préfets; en territoire militaire, par les généravx commandant les divisions.

Ils sont arrêtés par le ministre de l'Algérie et des colonies.

Réserve y est faite, s'il y a lieu, de terrains propres à l'exécution de travaux publics, à la fondation de villes, de villages et hameaux, à la formation de communaux ou autres biens d'établissements publics.

Art. 3.— La décision ministérielle qui arrête un périmètre de colonisation désigne les parties du lotissement et les numéros des lots qui doivent être tenus en réserve, tant pour l'application du paragraphe 3 de l'article précédent que pour le placement immédiat de colons, et détermine le mode d'aliénation des autres lots, conformément aux dispositions du présent décret.

Art. 4.— La décision du ministre est insérée au *Bulletin officiel de l'Algérie et des colonies*, et reçoit, indépendamment des publications et dépôts obligatoires résultant des dispositions qui suivent, tout autre publicité qu'il juge convenable.

Une notice annexe, accompagnée d'un plan de lotissement et d'un tableau indicatif des lots, avec leurs numéros d'ordre, fait connaître la situation du périmètre, sa superficie, les cours d'eau, fontaines et sources qui s'y trouvent, les routes et chemins ouverts ou dont l'ouverture est arrêtée, les centres de population déjà existants, etc.

TITRE II.

Des modes d'aliénation.

Art. 5. — Les terres comprises, en exécution des dispositions précédentes, dans les périmètres de colonisation, sont aliénables par vente à prix fixe ou par vente aux enchères publiques.

Elles peuvent aussi être aliénées, sous les conditions déterminées par le présent décret, par vente de gré à gré, par voie d'échange, par voie de concession.

Section 1re.

De la vente à prix fixe.

Art. 6, — Les ventes à prix fixe sont affranchies de toute charge relative à la mise en valeur du sol.

Art. 7. — Le prix de chaque lot à vendre est fixé par le ministre, sur l'avis d'une commission composée du préfet ou du général commandant la division, suivant le territoire, du chef du service des domaines, d'un membre du Conseil général de la province, désigné par le ministre.

et de deux autres personnes également nommées par lui.

Art. 8. — Le prix est payable par tiers, dont un tiers comptant, et les deux autres d'année en année.

Art. 9. — Au moment du paiement du premier tiers du prix, le receveur des domaines mentionne la vente sur le tableau indicatif et sur le plan de lotissement, fait signer à l'acquéreur le contrat de vente et le fait mettre immédiatement en possession. Il est dressé contradictoirement et sans frais procès-verbal de cette première opération.

Art. 10. — Le contrat de vente est enregistré et transcrit aux frais de l'acquéreur, qui en reçoit une expédition dans le délai d'un mois, à dater du jour de la vente.

Art. 11. — Les ventes à prix fixe sont faites par le receveur des domaines.

La mise en vente est précédée des publications prescrites par l'art. 4. Elle est, en outre, annoncée par voie d'affiches. Le plan de lotissement reste déposé au bureau du receveur pour être communiqué au public pendant deux mois au moins avant le jour de la vente. Il est également à la disposition du public tant que tous les lots qui y sont compris n'ont pas été vendus.

Art. 12. — Les acquéreurs ne sont admis qu'à dater du jour fixé par le ministre pour l'ouverture de la vente.

Le même individu peut se rendre acquéreur de plusieurs lots.

Tout demandeur est tenu, sous peine de nullité de sa demande, de verser immédiatement entre les mains du receveur, à titre de dépôt de garantie, une somme égale au tiers du prix de la vente de chacun des lots soumissionnés. Le lendemain, cette somme est encaissée définitivement.

en déduction du prix de la vente, ou restituée au déposant, suivant que la vente est ou non réalisée.

Si deux ou plusieurs personnes voulant acquérir le même lot se présentent le même jour, pendant le temps compris entre l'ouverture et la fermeture réglementaires du bureau du receveur, une enchère publique est ouverte à huitaine par les soins du receveur, et le lot est acquis au plus offrant, aux conditions de paiement déterminées par l'article 8, et des affiches, dont une apposée dans le bureau du receveur, font connaître le jour et l'heure de l'enchère.

Art. 13.— Au commencement de chaque trimestre, les préfets et les généraux commandant les divisions, suivant le territoire, transmettent au ministère un état des ventes effectuées pendant le trimestre précédent.

Cet état indique le montant du prix de chaque lot par numéro. Il est certifié par le directeur des domaines et visé par le préfet ou le général.

Art. 14.—A l'expiration de l'année qui suit le jour fixé pour l'ouverture de la vente, le ministre détermine à nouveau, conformément aux dispositions du présent décret, le mode d'aliénation des lots qui n'ont pas été vendus.

Section 2.

De la vente aux enchères publiques.

Art. 15.— La mise à prix des terres désignées pour être vendues aux enchères publiques est établie par expertise.

Le jour de la vente est fixé par le ministre sous l'observation des publications et délais prescrits par les articles 4 et 11.

Art. 16. — Les adjudications ne sont valables et exécutoires qu'après l'approbation du ministre.

Cette approbation doit toujours précéder l'entrée en possession de l'adjudicataire, à moins qu'il n'y ait urgence reconnue.

Section 3.

De la vente de gré à gré.

Art. 17. — Sauf en ce qui concerne les départements, les communes et les établissements publics, les aliénations de gré à gré ne peuvent être faites qu'en cas d'indivision, d'enclave et de préemption légale ou de possession de bonne foi.

Art. 18. — Les ventes de gré à gré sont précédées d'une estimation contradictoire.

L'acte de vente, dressé par le directeur des domaines, soumis à l'examen du conseil de préfecture ou du conseil des affaires civiles, est transmis, avec avis, au ministre par le préfet ou le général commandant la division.

Il est statué définitivement par un décret impérial rendu sur le rapport du ministre.

Art. 19. Lorsque l'estimation est inférieure à dix mille francs, l'acte de vente est approuvé par le ministre, qui nous soumet, tous les trois mois, l'état des ventes ainsi effectuées.

Section 4.

De l'échange.

Art. 20.— Toute demande d'échange doit être adressée directement au ministre.

Si le ministre estime qu'il puisse y avoir lieu à échange, la demande est par lui renvoyée, suivant le territoire, au préfet ou au général commandant la division.

Il est fait estimation contradictoire des biens par experts désignés, l'un par le directeur des domaines, l'autre par le propriétaire. Un tiers expert est désigné par le président du tribunal de la situation des biens.

Les résultats de l'expertise sont constatés par un procès-verbal affirmé par les experts.

Le dossier de l'affaire, accompagné des titres de propriété et de l'état des charges, servitudes et hypothèques, est renvoyé à l'examen du conseil de préfecture ou du conseil des affaires civiles, qui délibère sur l'utilité et les conditions de l'échange. Le préfet ou le général commandant la division donne son avis, et le ministre décide s'il y a lieu de passer acte avec l'échangiste.

Art. 21. — Le contrat d'échange détermine la soulte à payer, s'y a lieu; il contient la désignation de la nature, de la consistance et de la situation des immeubles, avec énonciation des charges et servitudes dont ils peuvent être grevés; il relate les titres de propriété, les actes qui constatent la libération des prix, enfin les procès-verbaux d'estimation qui doivent y demeurer annexés.

Si la valeur de l'échange est inférieure à dix mille francs, le contrat est approuvé par le ministre, qui nous rend compte, tous les trois mois, comme il est dit à l'article 19.

Tout échange d'une valeur supérieure est soumis à notre approbation.

L'entrée en possession de l'échangiste n'a lieu qu'après l'approbation. Elle est subordonnée, dans tous les cas, à la radiation des hypothèques de l'immeuble cédé par l'échangiste.

Art. 22.— Le contrat d'échange est enregistré gratis et transcrit sans autres frais que le salaire du conservateur.

La soulte est régie, quant au droit proportionnel d'enregistrement, par les dispositions relatives aux aliénations des biens de l'Etat.

Les frais de l'échange sont supportés moitié par l'Etat, moitié par l'échangiste.

Les formalités établies par l'article 2194 du code Napoléon, par les avis du Conseil d'Etat des 9 mai 1807 et 5 mai 1812, et par l'article 1er de la loi du 23 mars 1855, sont remplies à la diligence de l'administration des domaines.

S'il existe des inscriptions sur l'immeuble cédé par l'échangiste, il est tenu d'en rapporter main-levée et radiation dans les quatre mois de la transcription du contrat d'échange, à moins qu'il ne lui ait été accordé un plus long délai.

Faute par lui de rapporter ces main-levée et radiation, le contrat d'échange est résilié et l'échangiste demeure passible de tous les frais auxquels l'échange a donné lieu.

L'acte d'échange, ainsi que toutes les pièces et titres, est déposé aux archives de la direction des domaines.

Section 5.

Des concessions.

Art. 23. — Sur les lots réservés, conformément aux dispositions des articles 2 et 3 du présent décret, le ministre peut faire des concessions d'une contenance maximum de trente hectares au profit d'anciens militaires, ou d'immigrants et de cultivateurs résidant en Algérie.

Les travaux à imposer à ces concessionnaires sont limités à la construction d'une habitation.

Le ministre peut, par une décision spéciale à chaque lotissement, déléguer aux préfets et aux généraux le droit de faire ces concessions.

Des états trimestriels certifiés des concessions ainsi faites sont adressés au ministre.

Art. 24. — Des concessions d'une plus grande étendue peuvent être exceptionnellement accordées par nous, sur le rapport de notre ministre secrétaire d'Etat de l'Algérie et des colonies, notre Conseil d'Etat entendu.

Le décret qui accorde la concession en détermine les conditions.

Art. 25. — Ne sont pas soumises aux conditions du présent décret, les concessions qui pourront être faites aux communes, aux départements et aux établissements publics.

TITRE III.

Dispositions transitoires.

Art. 26. — Est affranchi des obligations relatives aux plantations et au mode de mise en culture tout propriétaire d'une concession accordée antérieurement au présent décret, qui aura rempli la condition de bâtir stipulée dans son titre.

Art. 27. — Pourront être régularisées, conformément aux dispositions actuellement existantes, les concessions qui ont fait l'objet de mises en possession provisoire ou ou de demandes sur lesquelles les conseils de préfecture ou les conseils des affaires civiles auront délibéré antérieurement à la promulgation du présent décret.

Art. 28. — Les prescriptions des sections 2, 3, 4 et 5 du titre 2, sont applicables aux immeubles urbains.

Art. 29. — Toutes dispositions contraires au présent décret sont et demeurent abrogées.

Art. 30. — Notre ministre secrétaire d'État au département de l'Algérie et des colonies est chargé de l'exécution du présent décret.

Fait au palais de Saint-Cloud, le 25 juillet 1860.

Signé : NAPOLÉON.

TROISIÈME PARTIE

MINES ET CARRIÈRES. — SÉQUESTRE.

CHAPITRE I.

MINES ET CARRIÈRES

§ 1ᵉʳ — Mines.

Le sol de l'Algérie renferme dans ses entrailles de nombreux gîtes de minerai de fer, cuivre, plomb argentifère, antimoine, mercure et autres métaux. Sa configuration a bien vite révélé à la géologie cette richesse métallique.

L'État aurait pu exploiter lui-même; mais, ce système n'étant pas dans ses habitudes, ni dans ses précédents, il lui préféra le système des concessions, plus propre à satisfaire l'industrie privée.

C'est en 1844 et en 1845 que l'Etat pensa sérieusement à l'utilisation des mines d'Afrique, et concéda à MM. Henry frères les gisements de Mouzaïa; à MM. de Bassano, Girard, Didier, Peron et Jules Talabot, ceux du territoire de Bône.

Toutes ces concessions et celles qui eurent lieu à une époque contemporaine, étaient régies par la loi de la métropole du 21 avril 1810, qui était rendue applicable à l'Algérie.

Mais la nature du sol métallifère de l'Algérie amena le gouvernement à modifier la loi de 1810 dans une de ses dispositions les plus importantes. En effet, aux termes de l'art. 59 de cette loi, le propriétaire du fonds sur lequel il y a du minerai de fer d'alluvion, a le droit d'exploiter lui-même, sous certaines conditions. Or, comme en Algérie la plupart des gisements sont des gisements d'alluvion exploitables à ciel ouvert, ce qui leur donne une valeur particulière qui n'a pas encore été suffisamment remarquée, il arriva que certains propriétaires prétendant à l'extraction des affleurements, paralysèrent, dans de larges proportions, l'efficacité de la concession. De là des conflits et des contestations. Le gouvernement fut appelé à intervenir par les réclamations des propriétaires et les plaintes des concessionnaires. Que devait-il faire ? Devait-il s'abstenir, et par conséquent, maintenir purement et simplement la loi de 1810 ? ou devait-il faire exception à cette législation en faveur des concessionnaires C'est ce dernier parti qui fut suivi par l'arrêté suivant :

Arrêté du Chef du pouvoir exécutif du 9 octobre-17 novembre 1848.

Vu la loi sur les mines, minières, carrières, etc., du 21 avr. 1810; — Vu l'art. 25 de la loi du 24 avr. 1833, concernant le régime législatif des colonies; — Considérant que l'art. 3 de la loi du 21 avril 1810, en ce qui concerne les minerais de fer dits d'alluvion et les articles 59 et 69 de la même loi, relatifs à ces minerais et aux mines de fer en filons ou couches exploitables à ciel ouvert, n'ont été adoptés qu'en vue d'un état de choses préexistant en France et qui n'existe pas en Algérie; — Que l'application en Algérie des articles précités aurait pour conséquence de substituer, dans la plupart des cas, le régime des simples permissions accordées aux propriétaires de la surface du sol, au régime des concessions établi par l'art. 5 de la loi, et qui offre les meilleures garanties pour le bon aménagement des mines: — Qu'il est d'intérêt public que les minerais de fer d'alluvion et les mines de fer en filon ou en couches soient assujétis en Algérie au régime des concessions.

Art. 1er — Sont provisoirement déclarés inapplicables en Algérie l'art. 3 de la loi du 21 avr. 1810, en ce qui concerne les minerais de fer dits d'alluvion, et les art. 59 à 69 inclusivement de la même loi, relatifs aux minerais de fer d'alluvion et aux mines de fer en filons ou en couches exploitables à ciel ouvert.

Art. 2. — Les minerais d'alluvion et les mines de fer en filons ou en couches exploitables à ciel ouvert sont assujétis, de même que les mines de fer exploitables par travaux souterrains, au régime établi pour les diverses substances minérales énoncées en l'art. 2 de la loi du 21 avril 1810, et qui, conformément à l'art. 5, ne peuvent être exploitées qu'en vertu d'un acte de concession.

E. Cavaignac.

L'article 5 de la loi du 16 juin 1851, en déclarant « que les mines et minières sont réglées par la législation générale de la France, » abrogea implicitement l'arrêté précédent; mais un décret présidentiel du 6 février-13 mars 1852 le remit en vigueur.

Un arrêté du Gouverneur général du 24-31 mars 1852

promulgua, en exécution de la loi du 16 juin 1851, les lois minières de la métropole, qui étaient devenues applicables à la colonie. Cette législation comprend :

1º Loi du 21 avril 1810 ; — 2º Décret du 6 mai 1811 ; — 3º Décret du 3 janvier 1813 ; — 4º Loi du 27 avril 1838 ; — 5º Ordonnance du 23 mai 1811 : — 6º Loi sur le sel du 7 juin 1846 ; — 7º Ordonnance du 7 mars 1811 ; — 8º Ordonnance du 18 avril 1842 ; — 9º Ordonnance du 26 mars 1843 ; — 10º Décret du 24 décembre 1851.

Cet arrêté de promulgation avec les lois qu'il comprend et celui du 9 octobre 1848, constituent la législation fondamentale sur les mines de la colonie.

Cependant les concessions antérieures à cette colonisation avaient été faites avec certaines conditions restrictives et exhorbitantes du droit commun. Il s'agissait de les régulariser. C'est ce qui eut lieu par le décret impérial du 5 janvier-1er mars 1855.

RAPPORT A L'EMPEREUR

Sur le décret du 5 janvier-1ᵉʳ mars 1855.

Sire, les diverses concessions de mines instituéees en Algérie, antérieurement à la loi du 16 juin 1851 (sur la propriété) qui a rendu exécutoire la législation générale de France sur les mines, ont été faites conformément aux principes généraux de cette législation, mais avec certaines modifications qu'il avait été jugé nécessaire d'y apporter. — Ainsi, la durée des concessions, au lieu d'être perpétuelle aux termes de l'art. 7 de la loi sur les mines, du 21 avr. 1810, avait été limitée à quatre-vingt-dix-neuf ans, et, par dérogation au principe de la libre transmissibilité des concessions de mines, posé par le même article, il avait été stipulé que la propriété des concessions ne pourrait être cédée, vendue ou transmise d'une manière quelconque par les concessionnaires, sans l'autorisation du gouvernement. — Enfin, par des clauses exceptionnelles, l'exportation à l'étranger des minerais provenant des exploitations avait été interdite d'une manière générale, et les concessionnaires étaient astreints à traiter leurs minerais soit en Algérie, soit en France, au lieu d'être simplement soumis en cela aux lois de douane de la métropole.

A ces diverses dispositions, résultant uniquement des actes de concessions antérieurs à la loi du 16 juin 1851, est venue s'ajouter, mais par la voie réglementaire, une autre dérogation à la loi du 21 avril 1810 : un arrêté du chef du pouvoir exécutif, du 9 oct. 1848, a déclaré provisoirement inapplicables, en Algérie, l'art. 3 et les articles 59 à 69 de cette loi, relatifs aux minerais de fer d'alluvion et aux mines de fer en filons ou en couches exploitables à ciel ouvert, et a rangé ces minerais et mines dans la classe des substances minérales énoncées en l'art. 2 de ladite loi et qui, conformément à l'art. 5, ne peuvent être exploités qu'en vertu d'une concession. La loi du 16 juin 1851 avait d'abord eu pour effet d'anéantir implicitement l'arrêté du 9 oct. 1848; mais il a été statué ultérieurement, par décret du 6 fév. 1852, que cet arrêté continuerait à ressortir son plein et entier effet.

Dans cette situation s'est élevée la question de savoir quelles doivent être les conséquences de la loi du 16 juin 1851 à l'égard des concessions antérieures, et cette question a été l'objet d'un examen approfondi de la part du département de la guerre, du département de l'agriculture, du commerce et des travaux publics, du comité consultatif de l'Algérie, et, en dernier lieu, du conseil d'Etat; examen dont le résultat a été de constater la nécessité d'un règlement d'administration publique pour faire rentrer lesdites concessions sous l'application de la législation française, à l'exception, toutefois, de ce qui concerne les minerais de fer exploitables à ciel ouvert, lesquels sont et doivent rester régis par le décr. du 6 fév. 1852.

En effet, à l'égard de la perpétuité des concessions, il existe un précédent qui doit servir de guide dans cette circonstance. Sous l'empire de la loi sur les mines, du 28 juill. 1791, les concessions de mines en France étaient temporaires; la loi du 21 av. 1810, qui remplaça cette législation, étendit le bénéfice de la perpétuité à toutes celles de ces concessions dont le terme n'était pas expiré. On avait compris que, pour donner aux exploitations l'impulsion que réclamait l'intérêt public, il fallait en affermir la possession dans les mains des concessionnaires. Ce que la loi de 1810 a fait en France à l'égard des anciennes concessions de mines, il importe, par le même motif, de le faire aujourd'hui pour l'Algérie, où l'on ne saurait laisser subsister, sans de graves inconvénients, deux catégories distinctes de concessions : les unes temporaires, les autres perpétuelles.

Quant à la libre transmissibilité des concessions, elle dérive de droit de l'art. 9 de la loi du 21 avr. 1810 (portant que les concessions de mines sont perpétuelles et transmissibles comme tous autres biens), sauf certains cas dans lesquels l'autorisation du gouvernement est exigée, par exemple, quand il y a vente par lots ou partage d'une concession de mine (art. 7 précité), ou lorsqu'il s'agit de la réunion par vente, association, acquisition ou autrement de plusieurs concessions de mines de même nature, entre les mains d'une seule personne ou d'une société (décr. du 23 oct. 1852, sur les réunions de mines).

Reste la clause qui obligeait les concessionnaires à traiter ou à faire traiter, soit en Algérie, soit en France, les minerais provenant de leurs exploitations, et prohibait l'exportation à l'étranger. Or, cette clause est devenue sans objet en présence de la loi du 11 janv 1851, sur le régime commercial de l'Algérie dont l'art. 9, notamment, a rendu facultative, par décret, l'exploitation des minerais de cuivre.

Le projet de décret ci-joint, adopté par le conseil d'Etat, consacre les principes ci-dessus énoncés; il reconnaît comme propriétaires incommutables, sauf les droits des tiers, les concessionnaires de mines en Algérie dont le titre est antérieur à la promulgation de la loi du 16 juin 1851, et déclare que leurs concessions sont disponibles et transmissibles, comme les autres biens, dans les termes de l'art. 7 de la loi du 21 avr. 1810, et sauf les restrictions résultant du décr. du 24 oct 1852.— Il abroge en même temps dans les actes constitutifs de ces concessions toutes clauses et conditions contraires à la législation en France sur les mines, ainsi qu'à la loi du 11 janv. 1851 sur le régime commercial de l'Algérie, et il donne, pour ainsi dire, une nouvelle sanction au décr. du 6 fév. 1852 sur les minerais de fer exploitables à ciel ouvert. — En un mot, ce décret, qui établit entre toutes les concessions de mines en Algérie une uniformité aussi juste que nécessaire, me paraît destiné à exercer une heureuse influence au point de vue non-seulement de cette importante industrie, mais aussi du développement de la colonisation qu'elle seconde puissamment....

Le ministre de la guerre,

VAILLANT.

DÉCRET

Vu l'art. 5 de la loi du 16 juin 1851 (*Propriété*, § 1), l'arr. du 9 oct. 1848, le décr. du 6 fév. 1852, la loi du 11 janv. 1851, relative au régime commercial en Algérie (*Douanes*), le décr. du 23 oct. 1852, les ordonnances, arrêtés et décrets antérieurs à la loi ci-dessus-visée du 16 juin 1851, portant concession des mines en Algérie, et les cahiers de charges y annexés,

Art. 1er. — Les concessionnaires de mines en Algérie, dont le titre est antérieur à la promulgation de la loi du 16 juin 1851, sur la constitution de la propriété, en sont reconnus propriétaires incommutables, sauf les droits des tiers. — Leurs concessions sont disponibles et transmissibles, comme les autres biens, dans les termes de l'art. 7 de la loi du 21 avr. 1810, et sauf les restrictions résultant du décr. du 23 oct. 1852.

Art. 2. — Sont considérées comme non avenues, dans les actes constitutifs des concessions mentionnées en l'article précédent, toutes clauses et conditions contraires à la législation générale de la France sur les mines et la loi du 11 janv. 1851, sur le régime commercial en Algérie. — Continueront néanmoins à recevoir leur pleine et entière application, l'arr. du 9 oct. 1848 et le décret du 6 fév. 1852, aux dispositions desquels il n'est en rien dérogé.

NAPOLÉON.

Interdiction de réunion ou association entre conces-sionnaires de mines.

Décret présidentiel du 24 octobre-15 décembre 1855.

Vu les nombreuses réclamations adressées au gouvernement contre les réunions de mines opérées sans autorisation administrative sur divers points du territoire ; — Considérant que, dans certains cas, ces réunions sont de nature à porter un grave préjudice aux intérêts du commerce et de l'industrie ; — Considérant, dès lors, qu'il est du devoir de l'autorité publique de s'y opposer; — Vu la loi du 21 avr. 1810 sur les mines ;— Vu l'art. 6 de la Constitution,

Art. 1ᵉʳ.— Défense est faite à tout concessionnaire de mines, de quelque nature qu'elles soient, de réunir sa ou ses concessions à d'autres concessions de même nature, par association ou acquisition, ou de toute autre manière, sans l'autorisation du gouvernement

Art. 2.— Tous actes de réunion, opérés en opposition à l'article précédent, seront, en conséquence. considérés comme nuls et non avenus, et pourront donner lieu au retrait des concessions, sans préjudice des poursuites que les concessionnaires des mines réunies pourraient avoir encourues en vertu des art. 414 et 419 c. p.

LOUIS-NAPOLÉON.

*Recherches de mines en territoire militaire. — Forma-
lités. — Circulaire du Gouverneur général, du 14
juillet 1856.*

Aux termes de l'art. 10 de la loi du 21 avr. 1810, des
recherches de mines ne peuvent être entreprises qu'avec
le consentement du propriétaire de la surface, ou, à défaut
de ce consentement, en vertu d'une autorisation donnée
par le gouvernement, après que le propriétaire a été entendu. — Des doutes se sont élevés relativement à la
manière dont cette disposition devait recevoir son application en territoire militaire. — Voici, d'après les règlements
sur les mines et le droit commun, la marche qu'il convient
de suivre.

Lorsqu'il ne se présente qu'un indigène comme propriétaire, c'est à l'explorateur, s'il veut agir prudemment, à
s'assurer, près de l'autorité locale, de la validité du titre
de propriété de cet indigène, avant de traiter à l'amiable
avec lui, pour la cession de son droit de recherches. Si
le titre est reconnu valable, l'art. 10 de la loi susindiquée
donne naturellement le moyen de résoudre la question de
recherches, soit avec le consentement du propriétaire,
soit, s'il ne consent pas, avec l'autorisation du gouvernement, à la charge d'une préalable indemnité envers ce

23

propriétaire, après qu'il aura été entendu. — Si le titre n'est pas reconnu valable, le terrain étant alors supposé domanial, l'administration se trouve en position de donner le permis d'exploration demandé.

Quant aux contestations qui peuvent s'élever entre plusieurs individus, relativement à la possession d'un terrain, il est évident qu'elles ne sauraient entraver en rien l'exercice du droit conféré à l'administration par l'art. 10 de la loi, d'autoriser, si elle le juge convenable, un tiers à exécuter des recherches de mines dans ce terrain. — Toutefois, dans ce dernier cas, la personne ou la société qui veut entreprendre les recherches doit adresser, au fonctionnaire investi de l'autorité judiciaire, une déclaration constatant son intention d'explorer le terrain en litige, avec l'offre de consigner la somme nécessaire pour le paiement des indemnités qui pourront être dues pour les dégâts et non-jouissance de terrains, occasionnés par les travaux de reconnaissance. Lorsque le domaine de l'Etat sera au nombre des prétendants à la propriété de l'immeuble, la déclaration devra être faite, conformément à l'art. 13 de la loi du 16 juin 1854, au procureur impérial près le tribunal civil le plus rapproché de la situation des biens.

Ensuite, la personne ou la société présentera à l'administration locale sa demande en autorisation de recherches accompagnée d'une copie de la déclaration, et contenant les indications prescrites par l'instruction ministérielle du 3 août 1810, et la demande sera instruite suivant les règles de la matière. Si l'autorisation est accordée, elle sera notifiée, de même que la déclaration, à l'autorité judiciaire devant laquelle les prétendants seront renvoyés à se pourvoir pour faire décider auquel d'entre eux doivent appartenir les indemnités à payer, s'il y a lieu, par le permissionnaire.— L'essentiel de la part de l'administration est de veiller à ce qu'avant de commencer les travaux, celui-ci dépose, à titre de consignation, la somme nécessaire à cet égard, ainsi que cela se fait habituellement pour les recherches que le gouvernement autorise sur le refus des propriétaires de la surface.

Ces diverses formalités une fois remplies, il est du droit comme du devoir de l'administration d'assurer, par tous les moyens en son pouvoir, l'exécution de l'acte administratif qui a délivré le permis d'exploration. — Du reste, on doit espérer que les mesures dont il s'agit, en conciliant, selon les droits, les divers intérêts, permettront à l'administration d'atteindre complétement le but qu'elle se propose, c'est-à-dire de faciliter et d'activer les recherches de mines, en les dégageant de toute espèce d'entraves.

Comte RANDON.

§ 2. — Carrières.

Exploitation des carrières. — Arrêté ministériel du 29-30 janvier 1854.

Vu la loi sur les mines, carrières, etc., du 21 avril 1810; vu la loi du 16 juin 1851 *(Propriété, § 1)*.

Art. 1. — Les carrières de toute nature, ouvertes ou à ouvrir en Algérie, sont soumises aux mesures d'ordre et de police ci-après déterminées.

TIT. 1. — *Des déclarations.*

Art. 2. — Tout propriétaire ou entrepreneur qui voudra continuer l'exploitation d'une carrière, soit à ciel ouvert, soit par galeries souterraines, ou en ouvrir une nouvelle dans un terrain particulier, ou dans un terrain domanial, est tenu d'en faire la déclaration au maire de la commune où la carrière est située.

Art. 3. — La déclaration sera faite en deux expéditions, dont une sur papier timbré. — Elle contiendra l'énonciation des noms, prénoms et demeure des propriétaire ou entrepreneur, et de ses droits à la propriété ou à la jouissance du fonds où la carrière est située; elle fera connaître d'une manière précise l'emplacement de la carrière et sa situation, par rapport aux habitations, bâtiments et chemins les plus voisins; elle indiquera la nature de la masse à extraire, l'épaisseur et la nature des terres ou bancs de rochers qui la recouvrent, le mode d'exploitation à ciel ouvert ou par galeries souterraines.

Art. 4.— Si l'exploitation doit avoir lieu par galeries souterraines, il sera joint à la déclaration un plan des lieux, également en deux expéditions et à l'échelle de 2 millim. par mètre ; sur ce plan seront indiqués le périmètre du terrain sur lequel l'exploitant aura acquis le droit d'établir des fouilles, ainsi que ses tenants et aboutissants, les chemins, édifices, canaux, rigoles et constructions quelconques existant sur ledit terrain ou dans son voisinage, dans un rayon de 25 m. au moins, l'emplacement des orifices des puits ou des galeries projetés. — S'il existe des travaux souterrains déjà exécutés, ils seront figurés sur le plan en projection horizontale et en coupe verticale.

Art. 5. — Si l'exploitation est entreprise par une personne étrangère à la commune où la carrière est située, cette personne devra faire élection de domicile dans ladite commune. Dans le cas où l'exploitation devrait se faire pour le compte d'une société, le représentant de la société devra faire également élection de domicile dans la commune. Le domicile élu, dans l'un comme dans l'autre cas, sera indiqué dans la déclaration.

Art. 6.— La déclaration sera faite : — 1° Pour les carrières actuellement en activité, dans le délai de deux mois, à dater de la promulgation du présent décret; — 2° Pour les carrières nouvelles à ouvrir, un mois au moins avant le commencement des travaux. Sera considérée comme carrière nouvelle : — 1° Toute carrière abandonnée et dont on voudrait reprendre l'exploitation ; — 2º Toute carrière à ciel ouvert dans laquelle on voudrait introduire le mode d'exploitation par galeries souterraines.

Art. 7.— Les déclarations seront classées dans les archives de la mairie. Un extrait de chacune d'elles, contenant les nom, prénoms et domicile du déclarant, l'indication de la situation de la carrière, de la nature de la masse à extraire et du mode d'exploitation sera inscrit à la date de la réception sur un registre spécial.— Une des expéditions de la déclaration et du plan qui y est joint, quand il s'agit de carrière souterraine, sera transmise sans délai au préfet, par l'intermédiaire du sous-préfet de l'arrondissement ou du commissaire civil.— Le préfet renverra à son tour ces pièces à l'ingénieur des mines, qui les conservera et en inscrira la mention sur un registre ouvert à cet effet dans son bureau.

Art. 8.— Faute par les propriétaires ou entrepreneurs d'avoir fait la déclaration ci-dessus prescrite, l'administration pourra ordonner la suspension provisoire des travaux illicitement entrepris, sans préjudice de la peine encourrue par la contravention résultant du défaut de déclaration.

Tit. 3.— *Des règles de l'exploitation.*

Sect. 1.— *Des carrières exploitées à ciel ouvert.*

Art. 9.— Les terres qui recouvrent la masse seront coupées en retraite par banquettes ou avec talus suffisants pour prévenir tout éboulement.

Art. 10.— L'exploitation de la masse ne pourra être peursuivie que jusqu'à la distance horizontale de 10 m.

des chemins à voiture, édifices ou constructions quelconque, augmentée d'un mètre par chaque mètre d'épaisseur des terres de recouvrement.— La distance prescrite par le paragraphe précédent pourra être augmentée par le préfet du département, sur le rapport de l'ingénieur des mines, lorsque la nature des terres de recouvrement ou toute autre circonstance particulière l'exigeront.

Art. 11.— Le préfet détermine, par des arrêtés pris sur l'avis du maire et le rapport de l'ingénieur des mines, les distances à observer par rapport aux sentiers de piétons et aux tuyaux ou rigoles de conduite des eaux.— Lorsqu'il s'agira de rigoles ou tuyaux de conduites d'eau dépendant du domaine national ou départemental, l'avis du maire ne sera plus obligatoire, mais l'ingénieur des ponts-et-chaussées sera nécessairement consulté.

Art. 12.— Lorsque l'abord d'une carrière sera reconnu dangereux, il devra être garanti, soit par un fossé creusé au pourtour et dont les déblais seront rejetés du côté des travaux pour y former une berge, soit par un mur ou une palissade en bois de 1 m. 0 cent. de hauteur au moins, soit par tout autre moyen de clôture qui sera reconnu offrir des conditions équivalentes de sécurité. Ces clôtures seront accompagnées, s'il y a lieu, d'une rigole pour détourner les eaux.— Les dispositions qui précèdent seront applicables aux carrières abandonnées. Les travaux de clôture seront, dans ce cas, à la charge du propriétaire du fonds dans lequel la carrière est située, sauf son recours contre l'ancien exploitant.

Art. 13.— Les procédés d'abattage de la masse exploitée ou des terres de recouvrement, qui seront reconnus dangereux pour les ouvriers, pourront être interdits par des arrêtés du préfet, rendus sur l'avis de l'ingénieur des mines.— Dans le tirage à la poudre, l'exploitant se conformera à toutes les mesures de précaution et de sûreté qui lui seront prescrites par l'autorité (1). — S'il est fait usage de mines à fourneaux, chargées de 1 kilogr. ou plus de poudre, il sera placé, avant que l'on ne mette le feu, des signaux apparents pour prévenir les passants, dans un rayon de 300 m. au moins de distance du centre du fourneau. L'exploitant sera tenu, en outre, de prévenir, avant le chargement du fourneau, le maire de la commune, qui pourra prescrire telles autres mesures de précaution qu'il jugera convenables, et même interdire le chargement, s'il pense que l'explosion puisse compromettre la solidité des chemins, édifices ou constructions quelconques, sauf recours au préfet de la part de l'exploitant. Le chargement du fourneau sera, en tous cas, ajourné jusqu'à la décision du préfet.

Sect. 2.— Des carrières souterraines

Art. 14. — Les voies par lesquelles on entrera dans les carrières, puits ou galeries, seront toujours maintenues en bon état. Leurs parois seront consolidées par des revêtements en bois ou en maçonnerie, quand il en sera besoin.— Les puits seront garnis d'échelles construites et assujéties solidement, pour l'entrée et la sortie des ouvriers.— Les machines, câbles et tonnes d'extraction se-

____

(1) V. instruction ministérielle du 10 oct. 1856, B. 506, sur l'emploi et les avantages des fusées de sûreté dans le tirage des rochers à la poudre.

ront solidement établis et constamment entretenus en bon état.

Art. 15. — Aucune excavation souterraine ne pourra être ouverte ou poursuivie sans une autorisation spéciale du préfet, que jusqu'à une distance horizontale de 10 mètres des habitations, chemins, rivières, rigoles ou conduites d'eau, édifices et constructions quelconques existant à la surface. — Cette distance sera augmentée de 1 mètre par chaque mètre de hauteur de l'excavation.

Art. 16. — Les exploitants se conformeront, pour tout ce qui concerne la sûreté des ouvriers et la solidité des travaux, notamment pour les moyens de consolidation des puits, galeries et autres excavations, les dispositions ou les dimensions des piliers de masse, les précautions à prendre pour prévenir les accidents dans le tirage à la poudre, aux mesures qui leur seront prescrites par le préfet sur le rapport de l'ingénieur des mines.

Tit. 4. — *Dispositions générales applicables aux carrières à ciel ouvert et aux carrières souterraines.*

Art. 17. — Tout propriétaire ou entrepreneur de carrières est tenu : — 1° De faciliter la visite de sa carrière à tous les fonctionnaires chargés de la surveillance des travaux ; — 2° D'adresser au maire de la commune, toutes les fois qu'il en fera la demande, la déclaration du nombre d'ouvriers qu'il emploie et la liste nominative desdits ouvriers ; — 3° De n'employer que des ouvriers porteurs de livrets, aux termes de la loi du 22 germ. an

XI et des règlements de l'Algérie ; — 4º De ne pas admettre dans ses travaux d'enfants au-dessous de dix ans.

TIT. 5. – *De la surveillance administrative.*

Art. 18.— L'exploitation des carrières est surveillée, sous l'autorité du préfet, par les ingénieurs des mines et les agents sous leurs ordres, et concurremment par les maires et autres officiers de police municipale, conformément aux dispositions des art. 47, 48, 50, 81 et 82 de la loi du 21 avr. 1810, de l'art. 40 du décr. du 18 nov. 1810, et du décr. du 3 janv. 1813 sur la police souterraine.

Art. 19. — Les ingénieurs des mines, gardes-mines et autres agents sous leurs ordres visiteront les carrières dans leurs tournées; ils rédigeront des procès-verbaux de ces visites et laisseront, s'il y a lieu, aux exploitants, des instructions écrites pour la conduite dés travaux sous le rapport de la sûreté et de la salubrité. Les ingénieurs adresseront au préfet une copie desdits procès-verbaux ou instructions.

Art. 20.— L'ingénieur des mines informera le préfet de tout vice ou abus qu'il aurait observé dans sa visite, et provoquera les moyens d'amélioration et les mesures d'ordre dont il aura reconnu l'utilité. Il sera statué par le préfet sur les propositions de l'ingénieur.

Art. 21.— Dans le cas où, par une cause quelconque, l'exploitation d'une carrière compromettrait la sûreté publique, la conservation des puits, la solidité des travaux, la sécurité des ouvriers, celle du sol ou des habitations de la surface, le propriétaire ou l'entrepreneur sera tenu d'en donner immédiatement avis au maire de la com-

.mune où la carrière est située et au préfet du département.

Art. 22. — L'ingénieur des mines, aussitôt qu'il sera prévenu par le préfet ou autrement, et, à son défaut, le garde-mines, se rendra sur les lieux, dressera procès-verbal de leur état, et enverra ce procès-verbal au préfet, en y joignant l'indication des mesures qu'il jugera convenables pour faire cesser le danger. — Le maire pourra aussi adresser au préfet ses observations en ce qui concerne la sûreté des personnes et des propriétés. — Le préfet statuera, après avoir entendu l'exploitant, et sauf recours au gouverneur général, le conseil de gouvernement entendu. En cas d'urgence, l'ingénieur en fera mention dans son rapport, et le préfet pourra ordonner que son arrêté soit provisoirement exécuté.

Art. 23. — Si le propriétaire ou l'entrepreneur, sur la notification qui lui sera faite de l'arrêté du préfet, ne se conforme pas aux mesures prescrites dans le délai qui lui aura été fixé, il y sera pourvu d'office et à ses frais par les soins de l'administration.

Art. 24. — En cas de péril imminent reconnu par l'ingénieur des mines dans la visite d'une carrière, cet ingénieur fera, sous sa responsabilité, les réquisitions nécessaires aux autorités locales pour qu'il y soit pourvu sur-le-champ conformément à l'art. 5 du décr. du 3 janv. 1813. — Le maire pourra toujours d'ailleurs, dans le cas prévu au présent article et en l'absence de l'ingénieur, prendre toutes les mesures que lui paraîtra commander l'intérêt de la sûreté publique.

Art. 25. — En cas d'accident survenu dans une carrière, et qui aurait occasionné la mort ou des blessures à une ou plusieurs personnes, ouvriers ou autres, le propriétaire ou l'entrepreneur est tenu d'en donner avis immédiatement au maire de la commune.— Le maire en informera sans délai le préfet et l'ingénieur des mines ou le garde-mines à la résidence la plus rapprochée. En outre, il se transportera immédiatement sur le lieu de l'événement et dressera un procès-verbal qu'il transmettra au procureur impérial et dont il enverra copie au préfet.— L'ingénieur des mines ou, à son défaut, le garde-mines se rendra sur les lieux aussitôt que possible ; il visitera la carrière, recherchera les circonstances et les causes de l'accident, et dressera du tout un procès-verbal qu'il adressera au procureur impérial et dont il enverra copie au préfet. — L'ingénieur des mines ou le garde-mines se conformera, pour les autres mesures à prendre, aux dispositions du décr. du 3 janv. 1813.— Sur le vu des pièces, le procureur impérial poursuivra, s'il y a lieu, les auteurs de l'accident devant le tribunal de police correctionnelle pour l'application des peines prononcées par les art. 319 et 320 c. pén., sans préjudice de tous dommages-intérêts.

Art. 26.— Il sera procédé ainsi qu'il est dit aux art. 21, 23, 24 et 25 ci-dessus dans le cas où, à défaut d'avis donné par le propriétaire ou l'entrepreneur de la carrière, les faits seront parvenus à la connaissance du maire ou de l'adjoint, sans préjudice des poursuites qui pourront être exercées contre ledit propriétaire ou entrepreneur pour la contravention résultant du défaut d'avertissement.

Tout propriétaire ou entrepreneur de carrières souterraines sera tenu de faire dresser ou compléter le plan de ses travaux dès qu'il en sera requis par le préfet, et dans le délai fixé par ce magistrat.— S'il refuse ou néglige d'obtempérer à cette réquisition, le plan sera levé d'office à ses frais et à la diligence de l'administration.

Art. 28.— Lorsque les travaux auront été exécutés ou des plans levés d'office dans les cas prévus par les art. 23 et 27 ci-dessus, le montant des frais sera réglé par le préfet, et le recouvrement s'en opérera contre qui de droit, comme en matière de contributions, sur des rôles rendus exécutoires par le préfet. En cas de réclamation, le conseil de préfeture sera appelé à statuer, sauf recours au conseil d'Etat.

Art. 29.— Tout propriétaire ou entrepreneur qui voudra abandonner une carrière souterraine, est tenu d'en faire la déclaration au préfet, par l'intermédiaire du maire de la commune où la carrière est située. Le préfet fera reconnaître les lieux par l'ingénieur des mines et prendra, sur son rapport, les mesures qu'il jugera nécessaires dans l'intérêt de la sûreté publique.

Art. 30. Les dispositions des art, 22,23 et 24 ci-dessus sont applicables à toute époque, aux carrières souterraines abandonnées, dont l'existence compromettrait la sûreté publique.— Les travaux prescrits seront, dans ce cas, soit à la charge du propriétaire du fonds dans lequel la carrière est située, soit à la charge de l'entrepreneur en terrain domanial, sauf recours contre l'ancien exploitant.

Tit. 6.— *De la constatation, de la poursuite et de la répression des contraventions.*

Art. 31.— Les contraventions aux dispositions du présent règlement et aux arrêtés préfectoraux rendus en exécution de ce règlement, commises par les propriétaires, entrepreneurs ou exploitants de carrières, seront constatées par les maires et adjoints, par les commissaires de police, gardes-champêtres et autres officiers de police judiciaire, et concurremment par les ingénieurs des mines et les gardes-mines ou agents placés sous leurs ordres et ayant qualité pour verbaliser.

Art. 32.— Les procès-verbaux seront visés pour timbre et enregistrés en débet ; ils seront affirmés dans les formes et délais prescrits par la loi, pour ceux de ces procès-verbaux qui ont besoin de l'affirmation.

Art. 33.— Lesdits procès-verbaux seront transmis en originaux à qui de droit, et les contrevenants poursuivis d'office devant la juridiction compétente, sans préjudice des dommages-intérêts des parties.— Copies des procès-verbaux seront transmises aux préfets.

Art. 34.— Les contraventions aux dispositions du présent règlement, qui auraient pour effet de porter atteinte à la conservation des routes nationales et départementales, des canaux, rivières, ponts ou autres ouvrages dépendant du domaine public, seront constatées et poursuivies par voie administrative, conformément à ce qui est prescrit par la loi du 29 flor. an X et les décr. des 18 août

1810 et 16 déc. 1811.— Les procès-verbaux dressés par les ingénieurs ou conducteurs des ponts-et-chaussées, par les ingénieurs des mines et gardes-mines, et par les autres fonctionnaires et agents désignés en l'art. 2 de la loi du 29 flor. an X, seront visés pour timbre et enregistrés en débet ; ils seront, après affirmation, s'il y a lieu, transmis sans délai au sous-préfet ou au commissaire-civil, qui ordonnera par provision, et sauf recours au préfet, ce que de droit pour faire cesser le dommage.— Il sera statué définitivement par le conseil de préfecture, conformément aux lois et règlements.

Tit. 6. — *Dispositions générales.*

Art. 35.— Les attributious conférées aux préfets, sous-préfets, commissaires-civils et maires, seront remplies, en territoire militaire, par le général commandant la division et par les officiers investis sous ses ordres de commandements militaires, conformément à la législation de l'Algérie.

Art. 36.— Les attributions conférées aux tribunaux de police correctionnelle, aux tribunaux de simple police et aux conseils de préfecture, seront remplies, en territoire militaire, par les juridictions correspondantes.

Art. 37.— Par dérogation aux dispositions contenues dans les tit. 4 et 5 du présent règlement, les attributions confiées par ces dispositions aux ingénieurs des mines seront exercées respectivement par les ingénieurs des ponts-et-chaussées ou par les officiers du génie militaire pour les carrières du domaine de l'Etat, qui sont exploitées pour le compte du service des ponts-et-chaussées ou pour celui du génie militaire.

Art. 38 — Dans les zones de servitude des places de guerre, les carrières ne peuvent être ouvertes sans l'autorisation préalable du génie militaire.

Art. 39. — Le présent arrêté sera publié à la diligence du gouverneur général de l'Algérie et des préfets, et par les soins des maires dans les communes où il existe des exploitations de carrières. Il en sera, en outre, donné connaissance spéciale par les maires aux entrepreneurs de carrières.

A. DE SAINT-ARNAUD.

CHAPITRE II.

SÉQUESTRE.

Le séquestre de guerre, c'est la main-mise d'un État sur les biens ou certains biens d'un territoire étranger dont il s'empare par les armes.

Le séquestre de guerre n'est pas une confiscation; ce n'est qu'une prise de possession provisoire qui cesse ou devient définitive, selon les cas prévus par les lois ou les traités qui interviennent ; aussi, jusque là, le droit de propriété est flottant et incertain, et si le séquestre est levé, le propriétaire dépouillé recouvre ses biens et est censé ne les avoir jamais perdus. Par conséquent, les aliénations et hypothèques consenties. par le séquestré, pendant l'existence du séquestre, sont subordonnées, quant à leur validité et à leur efficacité, au fait de la restitution par le séquestrant.

Outre le droit de séquestre, la guerre entraîne encore le droit de conquête, le droit de s'approprier les biens du gouvernement déchu et même ceux des particuliers.

En général, cette appropriation directe et immédiate n'a pas lieu pour cette dernière catégorie de biens.

Ce principe de droit public ou de droit des gens fut appliqué en Algérie dès l'origine de la conquête. Les biens du Dey, des Beys et des Turcs qui avaient quitté la régence furent attribués au domaine de l'État en pleine propriété (arrêtés du 8 septembre 1830, 10 juin et 11 juillet 1831 (1); mais ceux appartenant à des particuliers qui, dans la guerre et les révoltes successives qui avaient lieu, prenaient les armes contre l'autorité française, étaient mis sous le séquestre proprement dit, en vertu d'arrêtés spéciaux du Gouverneur général.

Les immeubles séquestrés n'échappèrent pas à la spéculation. Les Européens les achetaient à forfait avec l'espoir d'en solliciter et d'en obtenir la restitution. Ces sortes de marchés avaient leurs dangers; un arrêté de l'Intendant général du 24 avril 1834, prohiba, d'une manière absolue, les transactions relatives aux biens séquestrés, sous peine de destitution pour les officiers publics qui les recevraient.

Cet arrêté, dont les dispositions sont reproduites dans celui du 1er décembre 1840, n'a qu'une valeur disciplinaire, en tant qu'il s'applique au séquestre proprement dit; c'est ce qu'a jugé la cour d'Alger et même la cour de cassation d'une manière implicite, par application des règles que nous avons posées plus haut.

---

(1) La mesure édictée par ces arrêtés était une attribution pure et simple à l'État, en vertu du droit de conquête; c'est donc improprement qu'elle est désignée sous la dénomination de séquestre.

En 1840, le séquestre qui, jusque là, avait été soumis aux principes ordinaires du droit public, fut réglementé spécialement pour la colonie.

Arrêté du Gouverneur général, 1er-3 décembre 1840.

Vu les arr. des 8 sept. 1830, 10 juin et 11 juill. 1831, touchant le séquestre ou la réunion au domaine de certains immeubles ; — Vu les arr. des 8 nov. 1830, 4 juin 1832 et 24 avril 1834, qui interdisent l'aliénation et l'achat des immeubles séquestrés ;

Considérant qu'avant et depuis la reprise des hostilités, des indigènes ont abandonné les lieux où l'autorité française est établie pour passer sur le territoire ennemi ; qu'ils se sont livrés à des actes d'hostilité et de brigandage contre la population européenne et contre les tribus restées soumises ; que par là, ils ont pris parti pour les ennemis de la France ; que, dès lors, il y a lieu d'appliquer aux uns et aux autres les lois de la guerre, de reprendre la possession des terres qu'ils occupent et de frapper de séquestre les biens qu'ils possédaient en propre ; — Qu'il convient en même temps de déterminer les effets du séquestre apposé jusqu'à ce jour, soit en vertu des arrêtés ci-dessus visés, soit par mesure politique ou conservatoire ;

Tit. *1. — Du séquestre des biens qui en sont frappés et de la main-mise.*

Art. 1. — Le séquestre apposé, pour quelque cause et en quelque temps que ce soit, sur les propriétés des indigè-

nes, en exécution, soit des arr. des 8 sept. 1830, 10 juin et
11 juill. 1831, soit de tous autres actes de l'administration
dont l'effet n'a pas encore cessé, est confirmé et maintenu
à l'égard de tous les biens qui, depuis le 5 juill. 1830
jusqu'à la promulgation du présent arrêté, ont été, en
l'absence des propriétaires indigènes, affectés à des services publics, inscrits sur les sommiers du domaine ou
mis en sa possession.

Art. 2. — Sont ou seront frappés du séquestre et provisoirement réunis au domaine, les biens immeubles qui
appartiennent :

1º Aux indigènes qui sont ou seront reconnus avoir
commis des *actes d'hostilité* contre les Français ou contre
les tribus soumises à la France, prêté directement ou indirectement assistance à l'ennemi ou entretenu des intelligences avec lui ;

2º A tous ceux qui, depuis le renouvellement des hostilités ont abandonné ou abandonneront, pour passer à
l'ennemi, leurs propriétés ou le territoire qu'ils occupaient.

L'abandon et le passage à l'ennemi sont présumés à l'é-
gard de ceux qui sont absents de leur domicile depuis plus
de trois mois, sans permission de l'autorité française.

Le domaine reprendra immédiatement la libre disposition
des terres qui étaient occupées par les tribus passées à
l'ennemi ou qui auront pris parti pour lui.

Art. 3. — Les dispositions de l'art. 2 seront applicables, alors même qu'il n'y aurait eu ni poursuites ni con-
damnations. et sans qu'il soit besoin d'autres preuves que
le fait administrativement constaté, qui donnera lieu à l'apposition du séquestre ou à la reprise de possession.

Art. 4. —Seront également placés sous le séquestre é-
tabli par l'art. 2 tous les biens meubles, droits et actions,
capitaux, rentes ou créances actives appartenant aux personnes ci-dessus désignées.

Art. 5. — Les effets du séquestres résultant des dispositions qui précèdent remonteront à la date, soit de la
prise de possession de fait, pour ceux des immeubles qui
ont été occupés comme abandonnés depuis la reprise des
hostilité, soit de la publication du présent arrêté, pour
ceux dont le domaine n'a pas encore pris possession.

L'état indicatif des individus ou tribus atteints par le
séquestre sera successivement arrêté par le gouverneur
général en conseil d'administration. — Au fur et à mesure
de la découverte des biens atteints par le séquestre, les
agents du domaine en dresseront successivement état détaillé.

Les états mentionnés au présent article seront publiés dans les deux langues arabe et française, au fur
et à mesure de leur formation.

Art. 6. —Il est enjoint à tous détenteurs ou administrateurs de biens placés sous le séquestre, fermiers, locataires, gérants, notaires, oukils et tous autres, à tous débiteurs généralement quelconque de rentes, créances ou
autres droits incorporels appartenant aux indigènes désignés par l'art. 2, d'en faire la déclaration dans le délai
de deux mois, à partir de la promulgation du présent arrêté, savoir : à Alger, à la direction des finances; dans
les autres localités, à l'agent du domaine le plus élevé en
grade. (Ce délai a été prorogé jusqu'au 1er mars 1841, par
un autre arrêté du 27 janvier 1841.)

Art. 7. — Cette déclaration sera consignée sur les registres ouverts à cet effet : il en sera délivré récépissé.

Elle indiquera aussi exactement que possible : 1° **La nature, la situation, la consistance et les revenus des immeubles ou fermages, rentes ou loyers** ; — 2° **La nature des biens meubles, objets mobiliers, droits et actions, le montant des capitaux et celui des sommes exigibles, avec les noms, profession et domicile des débiteurs ou détenteurs** ; — 3° **Les noms, profession et domicile des propriétaires** ; — 4° **Les noms, profession et domicile des déclarants.**

Art. 8. — **Toute personne assujétie à cette déclaration,** et qui ne l'aurait pas faite dans le délai prescrit, sera traduite en police correctionnelle et condamnée à une amende de 500 fr. à 2,000 fr. Il n'y aura point lieu, dans ce cas, à l'application de l'art. 463 c. pén.

Toutefois, en raison des circonstances, et même après la condamnation, le conseil d'administration pourra, sauf l'approbation du ministre, faire remise au condamné de tout ou partie de l'amende encourue.

Art. 9. — **Toutes personnes autres que celles désignées en l'art. 6, qui feront connaître à l'administration des biens meubles ou immeubles atteints par le séquestre et non déclarés, auront droit après la prise de possession par les agents du domaine, à une prime qui sera fixée par le conseil d'administration.**

Toute découverte sera constatée par procès-verbal des agents du domaine, affirmé et enregistré ; il n'y sera fait aucune mention du nom de l'indicateur qui aura procuré la découverte.

Art. 10. — Les biens séquestrés seront régis par l'administration du domaine, de la même manière que les propriétés domaniales. Cette administration percevra également les capitaux, loyers, prix de rente et toutes autres sommes dues et exigibles. — La perception et la classification des produits s'effectueront conformément à l'ord. du 21 août 1839.

Art. 11. — Nulle inscription hypothécaire, à quelque époque que l'hypothèque ait été fournie, ne peut, à peine de nullité, être prise sur les biens séquestrés postérieurement à la promulgation du présent arrêté. Les droits résultant de l'art. 23 demeurant réservés, la nullité est de droit et n'aura pas besoin d'être prononcée.

Art. 12. — Tous actes translatifs de propriété ou d'usufruit à titre onéreux ou gratuit, entrevifs ou à cause de mort, concernant les biens meubles ou immeubles placés sous le séquestre, sont interdits; tous actes de cette nature faits pendant la durée du séquestre sont déclarés nuls.

Défense est faite aux tribunaux d'y avoir égard lors même que les parties n'en invoqueraient le bénéfice que postérieurement à la levée du séquestre.

Les notaires, cadis, rabbins ou autres officiers publics qui auront reçu les actes prohibés et frappés de nullité par le présent article pourront être révoqués, et seront passibles de dommages intérêts envers qui il appartiendra.

Tit. 2. — *De la mainlevée.*

Art. 13. — Les propriétés maintenues sous le séquestre

en vertu de l'art. 1 pourront être restituées, avec l'autorisation préalable du ministre, aux personnes qui étaient propriétaires à l'époque où le séquestre a été apposé, à leurs héritiers naturels ou ayants cause, pourvu : — 1° Que ces propriétaires, leurs héritiers ou ayants cause, établissent qu'ils ne se trouvent, ni les uns ni les autres, dans aucun des cas prévus par l'art. 2; — 2° Que les droits des réclamants soient justifiés par pièces ou titres authentiques ayant date certaine antérieure à la promulgation du présent arrêté.

Seront admis comme authentiques, sauf les cas de dissimulation ou de fraude, tous actes reçus ou certifiés par un officier public institué ou reconnu par l'autorité française. Les actes passés à l'étranger ne seront admis qu'après avoir été dûment certifiés et légalisés par les consuls ou agents français.

Art. 14.— Sont et demeurent ratifiées, en tant que besoin serait, les restitutions précédemment effectuées, sauf le droit des tiers et la réserve pour le domaine des sommes dues, même par l'impétrant, pour loyers ou fermages échus antérieurement à la restitution.

Art. 15.— La mainlevée des propriétés séquestrées ou reprises en conformité des art. 2 et 4, pourra être autorisée en faveur des indigènes propriétaires dont la soumission aura été faite et acceptée.

Art. 16.— Les mainlevées du séquestre autorisées par le ministre seront insérées au *Moniteur algérien*.

Art. 17.— La mainlevée du séquestre ne peut être réclamée comme un droit : elle ne peut, non plus que le séquestre lui-même, donner lieu à pourvoi en la forme contentieuse, à l'exception toutefois du cas d'erreur matérielle touchant les personnes ou les choses, qui préjudicierait à un individu non sujet aux dispositions de l'art. 2.

Il n'y a jamais lieu à la restitution des fruits perçus, à moins d'une exception motivée dans la décision même qui prononce la mainlevée.— Les individus auxquels la restitution est accordée n'ont droit qu'aux choses, dans l'état où elles se trouvent au moment de la restitution.— Si l'immeuble a été vendu, l'ancien propriétaire n'aura droit qu'au prix principal, sans répétition de rentes ou intérêts échus, perçus ou à percevoir, lesquels demeurent acquis au domaine, sauf les exceptions autorisées par le § 2 du présent article et par l'art. 23.

Art. 18.— Ne seront non plus restituables les immeubles compris à un titre quelconque dans le séquestre, qui seraient affectés à un service public ou colonial, ou désignés pour recevoir une destination quelconque d'utilité publique.

Toutefois les demandes en mainlevée pourront être faites et instruites à l'égard de ces immeubles; et, s'il est déclaré avoir lieu à restitution, la décision fixera l'indemnité, qui devra être calculée d'après la valeur de l'immeuble au moment où il avait été placé sous le séquestre. L'expropriation pour cause d'utilité publique ne sera pas nécessaire dans ce cas.

A l'égard des propriétés anciennement séquestrées, cette indemnité pourra être accordée en tout ou en partie, suivant les circonstances, aux acquéreurs qui auront été relevés des interdictions prononcées par les arrêtés et décisions ministérielles sur la matière.

Tit. 3. — *De la réunion définitive au domaine.*

Art. 19.— Au 1er janv. 1842, seront réunis de droit au domaine colonial tous les biens meubles ou immeubles désignés en l'art. 1, ou séquestrés en vertu des art. 2 et 4, à l'égard desquels la mainlevée n'aura pas été prononcée.

L'effet de cette disposition sera suspendu :

1º A l'égard des propriétés qui auront été l'objet d'une demande en restitution sur laquelle il n'aurait pas encore été statué ;

2e A l'égard de celles appartenant à des individus qui, pour des considérations politiques, seraient relevés, par décision ministérielle, de la déchéance encourue.

Art. 20.— Les biens ainsi réunis au domaine seront gérés, administrés, vendus et concédés, même à des indigènes, s'il y a lieu, comme toute autre propriété domaniale.

Ces biens pourront également être vendus ou concédés avant la réunion définitive au domaine, sauf les droits de qui il appartiendra sur le prix de la vente.

Tit. 4. — *Des effets du séquestre à l'égard des tiers.*

Art. 21.— A partir de la promulgation du présent arrêté, les débiteurs des indigènes dont les biens sont frappés du séquestre ne seront valablement libérés qu'en payant à la caisse de l'administration des domaines.

Tout paiement fait en d'autres mains sera nul, et les débiteurs seront tenus de payer une seconde fois, à la diligence du receveur des domaines. Les intérêts seront dus au taux légal, par les débiteurs, à partir du jour où la dette est devenue exigible.

Les contraintes décernées par les receveurs des domaines, en vertu d'une décision du directeur des finances, pour tous recouvrements dûment autorisés, seront exécutoires même par la voie de la contrainte par corps (art. 60 de l'ord. du 10 août 1834).

Art. 22.— Seront également nuls tous paiements qui auraient été faits par anticipation et avant l'échéance des termes portés aux conventions ou obligations. Sont toutefois exceptés les paiements effectués avant la promulgation du présent arrêté, et dont la preuve résulterait d'actes authentiques certifiés et reçus comme il est exigé au n° 2 de l'art. 13.

Art. 23.— Les créanciers ou leurs cessionnaires, porteurs de titres réguliers ayant date certaine antérieure à la promulgation du présent arrêté, seront payés de leurs créances, dûment vérifiées et constatées par une délibération du conseil d'administration, soit sur les capitaux, soit sur les revenus des immeubles séquestrés au nom du débiteur.

Dans le cas où le revenu annuel serait insuffisant pour éteindre la créance, le conseil pourra, sauf approbation ministérielle, autoriser ou la prolongation du paiement d'année en année jusqu'à l'extinction de la dette ou l'abandon de l'immeuble au créancier.

Si l'immeuble séquestré ne produit pas de revenus ou ne peut être abandonné au créancier, il sera payé sur les produits généraux des biens séquestrés, jusqu'à concurrence de la valeur de l'immeuble ou des immeubles qui forment le gage de la créance.

L'estimation de ces immeubles sera fixée à dire d'experts, d'après leur valeur à l'époque où le séquestre aura été apposé.

Art. 24.— Il est accordé aux créanciers, à peine de déchéance, un délai de six mois, à partir de la publication des états de séquestre, pour effectuer à la direction des finances le dépôt des titres établissant leur créance ; il en sera donné récépissé.

Art. 25.— La réunion au domaine, consommée conformément aux art. 19 et 20, ne préjudiciera pas à l'exécution des dispositions contenues dans le présent titre, en ce qui concerne les tiers dont les réclamations auront été faites en temps utile.

Tit. 5. — *De la compétence.*

Art. 26.— Toute demande en mainlevée du séquestre, indemnité, restitution de fruits, revenus, somme d'argent ou autres réclamations quelconques résultant de l'exécution du présent arrêté, sera instruite par le directeur des finances, portée devant le conseil d'administration et jugée sur simple production de mémoire avec pièces à l'appui.

La décision du conseil ne sera exécutoire qu'après avoir été confirmée par décision spéciale du ministre, contre laquelle, sauf l'exception ci-après, aucun recours ne sera ouvert.

Les réclamants auront trois mois, à partir de la notification de la décision pour déposer au secrétariat du gouvernement tous mémoires ou documents, dont il leur sera donné récépissé et qui seront transmis au ministre avec les autres pièces.

La décision du ministre, dans le cas d'exception prévu au § 1 de l'art. 17, pourra être déférée au conseil d'Etat.

Art. 27.— Les contestations entre les réclamants, sur des questions de propriété ou d'attribution de droit, continueront à être portées devant les tribunaux, sans que les jugements à intervenir, dans le cas même où le domaine aurait été mis en cause, puissent jamais avoir pour effet de modifier les règles de compétence établies par l'article précédent.

Art. 28.— Toutes dispositions contraires au présent arrêté sont et demeurent abrogées.

Comte VALÉE.

Ord. roy. 31 oct.-28 nov. 1845.

TIT. 1.— *Des biens séquestrés antérieurement à la précédente ordonnance.*

Art. 1. — Sont maintenues et sortiront leur plein et entier effet toutes décisions antérieures d'une autorité civile ou militaire, ordonnant la remise de biens séquestrés.— Si la remise ordonnée n'a pas été effectuée, elle se fera immédiatement.

Sortiront également leur plein et entier effet les décisions définitives rendues avant la publication de la présente ordonnance, qui ont rejeté des demandes en mainlevée des biens séquestrés.

Art. 2. — Les biens séquestrés qui seront encore dans les mains du domaine, et sur la remise desquels il a été définitivement statué, seront remis aux anciens propriétaires qui justifieront ne se trouver dans aucun des cas prévus par l'art. 10 de la présente ordonnance.

Art. 3. — Les demandes en remise sont recevables à quelque époque que le séquestre ait été établi depuis 1830.

Elles devront, à peine de déchéance, être formées dans le délai d'un an à partir de la publication de la présente ordonnance.

Art. 4. — Il ne sera statué sur les anciennes demandes non rejetées qu'autant qu'elles auront été renouvelées dans le délai d'un an, à partir de la publication de la présente ordonnance.

Art. 5. — Les demandes en remises seront déposées à la direction des finances à Alger; il en sera donné récépissé.

Dans les trois mois de ce dépôt, la demande sera transmise à notre ministre de la guerre par le gouverneur général, avec son avis et celui du conseil d'administration.

Il sera statué par notre ministre de la guerre dans les six mois de la réception des pièces au ministère.

La décision sera définitive.

Art. 6. — La remise des biens séquestrés antérieurement à la présente ordonnance ne donnera droit qu'à la restitution des fruits perçus depuis les demandes faites ou renouvelées dans le délai établi par les art. 3 et 4.

Art. 7. — Si les immeubles séquestrés ont été, durant le séquestre, baillés à rente, ou vendus par l'Etat, l'ancien propriétaire n'aura droit qu'à la rente constituée ou au prix principal de la vente reçu par l'Etat, avec restitution des arrérages ou intérêts, conformément à l'article précédent.

Art. 8. — Nulle remise de biens séquestrés ne sera faite aux anciens propriétaires, s'ils ne sont pas, à l'époque de la promulgation de la présente ordonnance, établis sur le territoire algérien soumis à notre domination, et s'ils ne se présentent, en personne, devant le directeur des finances à Alger, ou devant le chef du service des domaines dans les provinces.

Le conseil supérieur d'administration de l'Algérie sera juge des cas de légitime empêchement qui seraient allégués, sauf recours devant notre ministre de la guerre dont la décision sera définitive.

Art. 9.— En cas d'aliénation des biens séquestrés, l'Etat pourra se faire tenir quitte par l'acquéreur, en lui remboursant le prix de la vente ou de la cession avec les intérêts, à compter du jour où ledit prix a été payé et les loyaux coûts dûment justifiés.

Si le bien séquestré était, lors de la vente, affecté notoirement à un service public, l'Etat pourra user de la faculté mentionnée au paragraphe précédent, et en ce cas il ne sera tenu de rembourser à l'acquéreur que le prix capital sans intérêts, avec les frais et loyaux coûts.

TIT. 2.— *Des biens séquestrés postérieurement à la présente ordonnance.*

CHAP. 1.— *Etablissement du séquestre.*

Art. 10. A l'avenir, le séquestre ne pourra être établi sur

les biens meubles et immeubles des indigènes que si ces indigènes ont :

1° Commis des actes d'hostilité, soit contre les Français, soit contre les tribus soumises à la France, ou prêté, soit directement, soit indirectement, assistance à l'ennemi ou enfin entretenu des intelligences avec lui;

2° Abandonné, pour passer à l'ennemi, les propriétés, ou les territoires qu'ils occupaient.

L'abandon et le passage à l'ennemi sont présumés à l'égard de ceux qui seront absents de leur domicile depuis plus de trois mois, sans permission de l'autorité française.

Art. 11.— Aucun séquestre ne pourra être établi que par un arrêté du gouverneur général, le conseil d'administration préablement entendu.

L'arrêté indiquera les causes qui l'auront motivé.

Toutefois, le séquestre pourra être ordonné provisoirement et d'urgence, par les commandants militaires, sauf décision ultérieure du gouverneur général dans la forme ci-dessus déterminée.

Tout arrêté portant établissement du séquestre sera soumis par le gouverneur général à notre ministre de la guerre, qui statuera définitivement.

Art. 12.— Les arrêtés ainsi confirmés seront publiés immédiatement en arabe et en français dans le journal officiel de l'Algérie.

Dans le cas où ces arrêtés ne désigneraient pas nominativement les individus atteints par le séquestre, les états nominatifs en seront ultérieurement dressés et arrêtés après avoir entendu le conseil supérieur d'administration.

Ils seront publiés en la même forme que les arrêtés établis
sant le séquestre. .

Il sera également dressé des états des biens immeubles
séquestrés que les agents du domaine découvriront. Ces
états seront arrêtés et publiés en la même forme, aussitôt
après la découverte ou la prise de possession.

CHAP. 2. — *Effets du séquestre.*

Art. 13.— Les biens séquestrés seront régis par l'administration des domaines.

Elle ne pourra consentir des baux pour un temps excédant neuf années.

Les maisons et bâtiments dont l'état de dépérissement
sera constaté pourront être aliénés, sur la proposition du
gouverneur général et l'autorisation de notre ministre de
la guerre, dans la même forme que les immeubles domaniaux.

Il en sera de même des terres incultes, nécessaires
pour l'exécution de l'art. 80 de notre ord. du 1er octobre
1844.

Art. 14.— Toutes les sommes principales échues, les
intérêts desdites sommes, les loyers et fermages, et généralement tout ce qui sera dû à un individu frappé de séquestre, sera versé dans la caisse du domaine.

L'administration des domaines pourra, en cas d'offres
de la part des débiteurs, recevoir les sommes non échues
et le principal des rentes perpétuelles.

Art. 15. — Les paiements faits, durant le séquestre, à
l'individu qui en est frappé ou à ses héritiers, ayants cause ou mandataires, ne libèreront pas le débiteur envers
l'État.

Il en sera de même des paiements des sommes non échues, faits antérieurement au séquestre, s'ils ne sont constatés par des actes ayant date certaine.

Art. 16.— Tous détenteurs, dépositaires, administrateurs et gérants, fermiers ou locataires des biens placés sous le séquestre, tous débiteurs de rentes, créances ou autres droits incorporels, atteints par le séquestre, seront tenus d'en faire la déclaration dans les trois mois qui suivront la publication, soit de l'arrêté du séquestre, soit de l'état nominatif, désignant le propriétaire desdits biens.

Art. 17.— Cette déclaration indiquera, aussi **exactement que possible** :

1° La nature, la situation, la consistance des immeubles et le montant des fermages, rentes et loyers ;

2° La nature des biens meubles, objets mobiliers, droits et actions, le montant des capitaux exigibles ou non exigibles, avec les noms, profession et domicile des débiteurs ou détenteurs ;

3° Les noms, profession et domicile des propriétaires ;

4° Les noms, profession et domicile des déclarants.

Art. 18.— La déclaration sera faite, dans chaque localité, au chef du service des domaines, qui l'inscrira sur un registre à talon, ouvert à cet effet, et qui en donnera récépissé.

Art. 19.— Toute personne assujétie à la déclaration énoncée en l'art. 16, qui aura omis de la faire dans le délai prescrit, pourra, suivant le cas, être condamnée par le conseil du contentieux à une amende qui ne pourra excéder le quart de la valeur des biens non déclarés. Le recours, s'il y a lieu, sera porté devant nous, en notre conseil d'Etat.

Art. 20.— Postérieurement à la publication de l'arrêté qui aura ordonné le séquestre, aucun droit utile ne pourra

être conféré, au préjudice de l'État, sur les biens séquestrés.

Art. 21. — Tous créanciers des individus atteints par le
séquestre devront, à peine de nullité, inscrire les hypothèques et privilèges établis en leur faveur par des actes
antérieurs au séquestre, et présenter leurs demandes, avec
les titres à l'appui, à la direction des finances à Alger,
dans le délai d'un an, à partir de la publication de l'arrêté
ou de l'état contenant le nom du débiteur.

Le dépôt de la demande et des titres sera constaté par
un procès-verbal énonçant la nature du titre, le montant de la créance et l'époque de son exigibilité. Il en sera
donné récépissé.

Art. 22. — Nul titre de créance sur un individu frappé
de séquestre ne sera admis, s'il n'a une date certaine et
antérieure au séquestre.

Art. 23. — Le conseil du contentieux prononcera sur
l'admission ou le rejet des titres déposés.

Si la créance antérieure au séquestre n'est pas établie
par titre, le conseil statuera sur la légitimité des droits des
réclamants.

Art. 24. — Les créances admises ne seront payées qu'a-
près que les biens séquestrés auront été définitivement
réunis au domaine, conformément à l'art. 28 ci-après, et
jusqu'à concurrence seulement de la valeur totale de ces
biens.

En cas d'insuffisance, les biens séquestrés seront vendus, et il sera procédé, devant les tribunaux, à l'ordre ou
à la distribution, à la requête de la partie la plus diligente.

Chap. 3. — *Mainlevée du séquestre.*

Art. 25 — Toute demande en remise de biens séquestrés devra établir, ou que le propriétaire desdits biens n'était pas l'individu désigné dans l'arrêté du séquestre, ou qu'il ne s'est rendu coupable d'aucun des faits énoncés en l'art. 10 ci-dessus.

Art. 26.— Les demandes seront formées. et il y sera statué conformément aux art. 3 et 5 ci-dessus.

Art. 27.— La remise des biens séquestrés postérieurement à la présente ordonnance, donnera droit à la restitution des fruits ou intérêts perçus depuis le jour de la demande en remise, sauf déduction des impenses faites par e domaine.

Les immeubles seront repris dans l'état où ils se trouveront, sans aucun recours contre l'Etat, et à la charge de maintenir les baux existants.

Chap. 4.— *Réunion des biens séquestrés au domaine.*

Art. 28. — Seront réunis définitivement au domaine, sauf les droits des créanciers, les biens frappés de séquestre qui n'auront pas été réclamés dans le délai de deux ans, à compter des publications prescrites par l'art. 12 de la présente ordonnance.

Il en sera de même en cas de rejet des réclamations, prononcé dans les formes prescrites par les art. 25 et suivants.

Art. 29. — Lorsque le séquestre sera établi sur des terres villes ou villages abandonnés en masse par la population, l'arrêté qui l'établira ou une décision ultérieure, pourront en ordonner immédiatement, soit la réunion au domaine, soit l'affectation à un service public, soit la concession à

d'autres populations indigènes, ou à des colons européens.

Tit. 3. — *Dispositions générales.*

Art. 30. — Si, antérieurement à la demande en remise
de biens séquestrés, soit avant, soit après la présente ordonnance, les immeubles réclamés ont été affectés à un
service public, et si l'administration veut maintenir cette
affectation, l'ancien propriétaire dont la réclamation aura
été admise, n'aura droit qu'à une indemnité qui sera réglée par le conseil d'administration, sauf recours devant
nous en notre conseil d'Etat.

Cette indemnité sera liquidée conformément aux dispositions de l'art. 47 de notre ordonnance du 1er oct. 1844.

Art. 31. — Les actions en revendication et toutes actions
des tiers prétendant un droit quelconque sur les biens
remis en vertu de la présente ordonnance seront portées
devant les tribunaux, sans recours contre l'État.

Si la remise n'a pas encore été effectuée, elle sera suspendue jusqu'après les jugements définitifs ou arrêts à intervenir.

Art. 32. — Nonobstant toutes déchéances ou tout rejet
de réclamations, les biens séquestrés pourront, tant qu'ils
seront dans les mains du domaine, être remis par nous,
par grâce spéciale et en vertu de notre pleine autorité,
aux anciens propriétaires ou à leurs héritiers, qui les re-
prendront dans l'état où ils se trouveront, et sans aucune
restitution de fruits perçus.

Art. 33. — Toutes dispositions des ordonnances, arrêtés
ou règlements antérieurs sont abrogées en ce qu'elles
ont de contraire à la présente ordonnance.

25*

TABLE DES MATIÈRES

—

DEUXIÈME PARTIE.
Propriété en territoire de colonisation.

CHAPITRE I.

Modifications apportées par la conquête dans l'état de la propriété indigène. — Historique. — Ordonnance du 1er octobre 1844. — Loi du 16 juin 1851...

CHAPITRE II.

Colonisation. — Concessions..........   298

TROISIÈME PARTIE.

Mines et Carrières. — Séquestre.

CHAPITRE I.

Mines et carrières.

CHAPITRE II.

FIN DE LA TABLE DES MATIÈRES.